우리는

가치가 성장하는

간을

듭니다.

GOLDEN RABBIT

서비스 디자인과 디자인 씽킹은 이론으로는 많이 알려져 있다. 하지만 막상 실무에 적용하려 들면 어떻게 적용해야 할지 막막하다. 저자는 디자인 씽킹을 실제로 현업에서 진행하고 경험해 쌓은 노하우를 기반으로 문제를 개선하는 방법을 이 책에 담았다. 이 책을 통해 그런 막막함에서 탈출하기 바란다.

_김민지
엔씨소프트 UXD 팀장

서비스 디자이너가 되겠다고 생각했을 때 무엇을 어떻게 해야 할지 몰랐다. 그래서 6개월 넘게 책, 교육, 세미나, 커뮤니티를 직접 찾아 헤매었는데 그 6개월이란 기간이 이 책 한 권에 담겨 있다. 서비스 디자이너가 되고 싶은 대학생이나 기획력을 갖추고 싶은 디자이너라면 서비스 디자인 씽킹의 A부터 Z까지 다루고 있는 이 책을 꼭 읽어보길 바란다.

_임재철
롯데정보통신 DCX팀 CX담당

서비스 디자인에 반해 2012년부터 줄곧 관련 세미나를 찾아다녔다. 그로부터 적지 않은 시간이 흘렀지만 지금도 우리나라에서 서비스 디자인을 제대로 하기란 쉽지 않다. 그 프로세스를 제대로 아는 이가 드물기 때문이지 않을까? 나처럼 어설픈 지식을 가진 이들에게 이 책을 추천한다. 이 책을 바탕으로 회사 일이나 개인 프로젝트에 서비스 디자인 씽킹을 더한다면 더욱 탄탄한 결과물을 마주할 것이다.

_윤정은
웹/모바일 서비스 기획

서비스 디자인이 사회의 광범위한 영역에서 자리 잡아가고 있다. 환자의 서비스 경험을 주요 평가지표로 설정한 환자 중심 의료 평가가 의료 서비스 분야에 도입된 것이나, 행정 전 과정에서 국민 참여를 확대한 시행령을 행자부가 선포하면서 공공서비스 디자인 기법을 구체적인 국민 참여 방법으로 규정한 것이 대표적인 사례이다.

이제 서비스 디자인은 서비스를 주요 상품으로 다루는 분야에서는 필수 키워드가 되었다. 제품에서 서비스 중심으로 산업 지형이 바뀌어가고 있는 점을 감안한다면 사실상 전 영역에서 서비스 디자인을 고민해야 하는 셈이다. 이 책에는 저자의 오랜 실무 경험과 깊은 지식을 토대로 한 국내외 다양한 서비스 디자인 사례와 지식이 집약되어 있다. 서비스 디자인에 대해 고민하는 분들(디자이너, 경영자, 연구자, 공무원 등)에게 훌륭한 지침서가 될 것이다. 자신 있게 일독을 권장한다.

_김성우 교수
한림대학교 미래융합스쿨 디지털인문예술전공

우리가 사는 기술산업 사회 환경은 제품, 서비스, 콘텐츠, 디바이스 등의 구분이 어려울 뿐만 아니라, 더는 구분조차 큰 의미가 없다. 미래 사회의 산업적 가치는 기술 자체보다는 기술에 대한 사용자 경험을 어떻게 다루느냐에 달려 있기 때문이다. 그러한 측면에서 이 책은 사용자 중심의 경험 기반 기술과 서비스 시대를 깊이 고민하는 자세로 우리가 직면한 사업적 가치의 새로운 도전을 해결하는 접근 가능한 방법론을 모색한다. 특히 접근 사고방식으로서의 '디자인 씽킹'과 문제 해결 과정으로서의 '서비스 디자인 프로세스'의 개념을 상세히 소개하고, 국내외 사업에서 진행한 실무 사례들 또한 이해하기 쉽게 정리했다.

　이 책은 실무 가치를 기반으로 다양한 시도로 점철된 잠정적 솔루션을 제공한다. 방대한 필수 개념과 풍부한 사례를 관통하는 내용을 따라가다 보면 우리 앞에 놓인 기술 산업의 비즈니스 가치를 발견할 수 있는 새로운 태도를 갖게 되고, 또한 각자의 실무 문제 해결 방향성을 탐지하는 데 필요한 잘 정리된 나침반을 만나게 될 것이다.

_이주환 교수
서울미디어대학원대학교(SMIT) 인터랙션랩

　'서비스 디자인 씽킹'은 매력적이고 혁신적인 서비스를 만드는 데 필요한 두 가지 핵심 개념을 매우 영리하게 담고 있다. 실제로 이 책에서는 경험 디자인, 혁신 전략, 애자일과 린 프로세스, 참여적 디자인, 고객 개발 등 발견되지 않은 사용자 니즈를 가장 가치 있는 경험으로 연결하는 모든 과정에 필요한 다양한 개념과 방법론을 소개한다.

　이 책은 방법론을 다루는 대다수의 서비스 디자인 및 사용자 경험 책과는 다르다. 서비스를 만드는 실무자가 어떤 계획으로 문제에 접근해, 어떤 과정을 거쳐 어떻게 결과물을 만들어내야 하는지를 여러 실증적인 예를 통해 쉽게 설명한다. 비즈니스 관점에서 분석적으로 접근해 가장 창의적인 아이디어를 만드는, 마법 같지만 현실적인 디자인 프로세스를 경험해보고 싶은 사람들에게 일독을 권한다.

_김동환 교수
연세대학교 커뮤니케이션대학원, 《스토리텔링으로 풀어보는 UX 디자인》 저자 서비스 중심 시대다. 이 순간에도 새로운 서비스가 나타나고 또 사라진다. 이러한 시대에 대응하려면 고객 중심의 혁신으로 사람들이 원하는 진정성 있는 경험을 제공해야 한다. 그렇다면 어떻게 고객 중심의 혁신을 시작해야 할까?

이 질문의 답을 찾고자 많은 기업과 조직은 새롭고 다양한 프로세스와 실행을 거듭하고 있다. 그리고 그 해결 방법으로 디자인 씽킹, 서비스 디자인, 경험 디자인을 자주 검토하며, 이제는 검토를 넘어서 실무 현장에 적극적으로 도입하고 적용하려는 노력이 꾸준히 늘고 있다. 그런데 제시된 해결 방법은 완전히 새로운 활동이 아니다. 이미 십수 년 전부터 국내외 기업은 이러한 활동을 수행하는 조직을 갖추고 다양한 프로젝트를 진행해왔다. 아울러 비영리 조직이나 공공 단체로 확산되고 있다.

'서비스 디자인 씽킹 프로세스'를 살펴봐야 할 이유는 명확하다. 비즈니스 흐름이 기술에서 사람 중심으로 바뀌면서 혁신을 위한 관점이나 문제 해결을 위한 접근에 변화가 필요하기 때문이다. 즉, 사람을 이해하고 그들의 니즈를 해결하는 데 집중해 우리가 제안할 문제 해결 방법에 반드시 반영해야 한다. 서비스 기획, 고객 및 사용자 경험, 비즈니스 혁신 관련 등의 업무 담당자는 당장 이 숙제를 풀어야 한다. 이러한 상황에서 서비스 디자인 씽킹 프로세스는 고객 및 사용자를 중심에 두고 새롭고 의미 있는 경험을 전달할 수 있는 해결 방법을 제공하고 있으므로 충분히 이해하고 현장에 적용할 가치가 있다.

이 책은 서비스 디자인 씽킹을 '처음부터 다시 배우는'이라는 관점으로 충실히 다루기 위해 노력했다. 서비스 디자인 씽킹 프로세스에 대한 변화의 흐름이 어떠한지 파악하고, 실제로 현장에서 이를 어떻게 다루는지 실행 단계를 살펴본다. 특히 그동안 업무에서 확인한 내용과 경험 외에 이 책을 위한 별도의 프로젝트를 진행해 다양한 환경과 현장에서 적용 가능한 내용을 제시하려 노력했다. 그리고 이 한 권으로 서비스 디자인 씽킹의 모든 것을 알 수는 없더라도 어떤 부분을 더 준비해야 하는지 방향을 찾을 수 있도록 정리했다. 차별화된 비즈니스 경험과 서비스 혁신을 원하는 독자가 고객 중심으로 접근할 때 이 책이 착실한 길잡이로 독자 곁에서 늘 크고 작은 도움을 줄 수 있기를 바란다.

짧지 않은 시간 동안 많은 분의 도움으로 이 책이 세상의 빛을 보았다. 특히 저술 기간 내내 최선을 다한 디자이너 김경환, 중요한 순간마다 독자와 저자 편에서 고민해주신 최현우, 조희진 편집자님 덕분에 이 책은 더 좋아질 수 있었다. 직장과 학교의 동료 및 선후배에게 감사드리며, 커뮤니티와 사회 활동에서 만난 수많은 인연에게 응원을 보낸다. 새로운 출발을 맞이한 희경에게 행복을, 어머니, 은정, 재현, 재정, 민경, 정욱, 은우, 은솔에게 사랑을, 그리고 언제 어디서나 나를 응원해주고 계실 그리운 아버지께 존경을 전한다.

_배성환

이 책은 '처음부터 배우는'이라는 관점을 놓치지 않기 위해 노력했다. 만약 이 책을 중심으로 클래스 또는 그룹 형태의 학습이 진행된다면 1부는 세미나 형식으로, 2부는 워크숍과 실습 중심으로 진행할 것을 권한다. 물론 서비스 디자인 씽킹 프로세스가 알고 싶고 궁금한 모두에게 도움이 되겠지만, 특히 다음의 독자에게 더욱 적합할 것이다.

- 서비스 기획자, 서비스 디자이너, 서비스 마케터, UX 및 CX 업무 담당자
  이론과 흐름을 짚어본 뒤 현장에서 활용하는 서비스 디자인 씽킹 프로세스 전반을 단기간 내 정리하고 확인할 수 있다.

- 혁신 프로젝트를 진행하거나 새로운 형식의 프로세스를 검토하는 관리자나 창업자
  이 책은 변화의 기회를 찾는 기업가 및 조직 관리자에게 혁신적인 접근 방향을 제시한다. 프로세스 전체가 아니더라도 일부 또는 단계별 단위로 현장에 적용해볼 만한 아이템을 찾아낼 수 있을 것이다.

- 학생
  이 책은 주로 현장에서 다루거나 검토되는 방법을 다루고 있다. 특히 프로젝트의 모든 단계를 다루는 기업과 커뮤니티 사례를 포함하고 있어 현업 중심의 내용을 확인할 수 있다.

　결국 사람 중심의 새로운 경험을 제공하고 싶은 모두에게 이 책이 다루는 서비스 디자인 씽킹 프로세스는 반드시 도움이 될 것이다.

이 책은 서비스 디자인 씽킹 프로세스가 어떻게 진행되는지 설명하고자 여러 사례를 소개한다. 책 전반에서 다음 세 프로젝트를 중요하게 다룬다.

- **놀 프로젝트**
  서준선 학생 외 '꽃피는 학교'의 문화디자인팀이 지역 사회 중심으로 아이들의 놀이터를 만들고자 노력한 자발적인 프로젝트다. 한정된 자원과 다양한 제약이 존재하는 비영리 조직에서도 서비스 디자인 씽킹 프로세스를 충분히 운영할 수 있음을 보여주는 사례다(2부 각 장의 마지막 절).

- **캣치캣츠 프로젝트**
  스타트업 리틀보이사이언(대표 장민준)이 진행한 실제 비즈니스 과정이다. 스타트업이 디자인 씽킹 프로세스를 어떻게 따라가고, 어떤 활동을 선택 및 운영하고, 그 결과는 어떠했는지 전체 과정을 살펴본다(3장).

- **소규모 요양원 경쟁력 강화 프로젝트**
  충청남도에 있는 요양원을 대상으로 진행한 정다운 디자이너의 프로젝트다. 국내 요양원 산업의 발전 과정에서 경영난을 해결하고자 디자인 경영 관점에서 어떻게 접근했는지 연구했다(6장, 9장, 10장).

이 책에 프로젝트를 실을 수 있게 도움을 준 서준선 님, 장민준 대표님, 정다운 님께 감사드린다. 서비스 기획 커뮤니티 서브디, Fly!Unicorn은 워크숍을 함께 진행하였고, 그중 실습 결과의 일부는 단계별 내용에 반영되었다. 그리고 이와 함께 방법론과 사례 등의 내용 게재를 위해 검토 작업을 해주신 팀인터페이스 이성혜 대표님, pxd 이재용 대표님, 문병우 님 외 문화디자인 놀 프로젝트팀, BJ Fogg 교수님, 이재웅님, Smaply, 백상훈 님, 김민지 님, 윤정은 님, 임재철 님, 이솔 님, J비주얼스쿨 정진호 대표님, 쿠퍼실리테이션 그룹께도 감사드린다. 책의 본문 진행을 함께한 디자이너 김경환의 작업은 instagram.com/superkimbob에서 확인할 수 있다.

개정판에서 달라진 점

이 책을 통해 서비스 디자인 씽킹을 소개한 지 5년이 지났다. 개정판에 그 동안 발생한 크고 작은 변경 사항을 반영했다. 책에 실린 모든 그림을 서비스 디자인 씽킹에 대한 이해를 높이는 방향으로 검토하여 다시 그렸다. 이 책에서는 50가지 이상의 서비스 디자인 씽킹 도구를 다루고 있는데 그 내용을 표로 정리해놓았다.

또한 서비스 디자인 씽킹을 이해하는 데 꼭 필요한 기초 용어를 골드색으로 강조하였고, 특히 '서비스·경험 디자인 기사' 국가기술자격검정과 같은 수험 과정에 참고해야 할 용어는 연두색으로 표시해 놓치지 않고 확인할 수 있게 했다. 그리고 주요 용어를 쉽게 찾아볼 수 있게 인덱스를 추가했다.

개정판에 반영된 다양한 노력이 서비스 디자인 씽킹을 독자가 더 쉽고 즐겁게 학습하는 데 도움이 되길 바란다.

이 책은 크게 두 부분으로 나뉜다. 1부는 서비스 디자인 씽킹 프로세스를 충분히 이해하기 위한 이론 중심으로 구성되어 있다. 서비스 디자인 씽킹과 프로세스가 무엇을 의미하는지, 어떻게 발전해왔고 또 변화해가는지 등의 전반적인 소개와 함께 흐름을 이해할 수 있다. 2부는 서비스 디자인 씽킹 프로세스의 6단계를 자세히 살펴본다. 각 단계에 대한 소개와 활동을 중심으로 다루어 실제 현장에 적용할 때 참고할 수 있다.

1부 서비스 디자인 씽킹과 프로세스 이해

1장. 서비스 디자인 씽킹 : 한눈에 살펴보기

서비스 디자인 씽킹 프로세스가 무엇인지, 또 어떻게 실행하는지 압축해 살펴본다.

2장. 관점 정비 : 사람 중심으로 이동하기

현장에서 서비스 디자인 씽킹 프로세스를 시행하려면 고객 중심의 관점을 가져야 한다. 이를 위해 필요한 접근과 자세는 무엇인지, 혁신과 변화를 위해 어떠한 부분을 고려해야 할지 살펴본다.

3장. 실전 사례 : 고양이 스마트 장난감

캣치캣츠 프로젝트를 통해 서비스 디자인 씽킹 방법론이 실제로 어떻게 적용되는지 거시적인 관점을 익히게 된다.

4장. 서비스, 디자인 : 새롭게 정의하기

서비스 디자인 씽킹을 이해하는 데 필요한 기본 정의와 내용을 서비스와 디자인으로 크게 나누어 살펴본다. 디자인에서는 디자인과 디자인 씽킹 순서로, 서비스 디자인에서는 서비스, 서비스 디자인, 서비스 디자인 씽킹, 서비스 디자인 씽킹 프로세스 순서로 점차 범위를 확장해가며 살펴본다.

5장. 연결 고리와 경계 : 사람 중심의 접근 영역

서비스 디자인 씽킹을 이해하는 데 필요한 영역과 개념을 살펴본다. 컨설팅, 린 고객 개발, 경험 디자인 등 유사한 개념을 비교해 살펴본다.

2부 서비스 디자인 씽킹 프로세스의 여섯 단계

6장. 이해하기 : 프로젝트 시작하기

서비스 디자인 씽킹 프로세스를 시작한다. 이 단계에서는 팀을 구성하고 프로젝트 문제를 정의하고 계획을 세우는 활동이 진행된다. 공개된 자료와 관련 내용을 중심으로 콘텍스트를 파악하기 위한 조사 활동도 다루게 된다.

7장. 관찰하기 : 접근하고 발견하기

현장으로 나가 문제에 접근하고 배운다. 이 단계에서는 현장 조사를 위한 사전 활동부터 인터뷰 중심의 조사와 현장 중심의 관찰 조사를 알아본다. 심층 현장 인터뷰, 포커스 그룹 조사, 거리 관찰, 섀도잉, 카드 활용 등의 방법론을 상세히 살펴본다.

8장. 분석하기 : 발견점 해석하기

관찰 내용을 어떻게 해석하고 어디에 집중할지 살펴본다. 핵심 인사이트 찾아내기, 퍼소나로 고객 모습 만들기, 고객 여정 지도로 경험 시각화하기 등의 활동을 살펴본다.

9장. 발상하기 : 해결책을 위한 아이디어 확보

발견점을 중심으로 아이디어를 내고 다듬어 새로운 문제 해결 방법을 어떻게 이끌어내는지 확인한다. 시각화와 코크리에이션 등의 접근을 기반으로 어떻게 아이디어를 발상하고 구체화해 선정하고 또 다듬을 것인지 다룬다.

10장. 제작하기 : 해결 방안 전달하기

아이디어를 어떻게 전달하고 공유할지 살펴본다. 이야기 중심으로 구성하는 방법, 기본 형태를 현실화하는 프로토타이핑, 서비스 경험을 현실화하는 다양한 접근, 문제 해결의 전체 지도 그리기 등을 확인한다.

11장. 성장하기 : 측정, 학습, 제시

서비스 디자인 씽킹 프로세스를 통해 도출한 내용을 실제 현장에 적용해 평가하고 여기서 학습한 내용을 어떻게 발전시키고 다음 활동으로 제시할지 다룬다. 사람 중심의 측정 활동, 학습과 실험 내용을 중심으로 제안하고 나아가기 위한 준비를 살펴본다.

이 책은 총 50가지 도구를 단계별로 소개하고 어떻게 하면 더 나은 활동으로 이끌 수 있는지 이론과 경험을 제시한다.

1단계_ 이해하기	2단계_ 관찰하기	3단계_ 분석하기
• 디자인 챌린지 • HMW • 프로젝트 계획 • 세컨더리 리서치 • 전문가 인터뷰 • 이해관계자 지도	• 현장 조사 계획 • 프로토 퍼소나 • 인터뷰 가이드라인 • 5Why • 심층 인터뷰 • 다이어리 연구 • 사진 연구 • 가정 방문 • 포커스 그룹 조사 • 고객 되어 보기 • 거리 관찰 • 섀도잉 • 쇼핑 따라하기 • 비디오 에스노그라피 • 카드 활용 • AEIOU	• 행동 모델 • 친화도 분석 • 관점 방정식 • 퍼소나 • 고객 여정 지도 • 디자인 원칙
4단계_ 발상하기	5단계_ 제작하기	6단계_ 성장하기
• 시각화 • 퍼실리테이션 • 브레인스토밍 • 브레인라이팅 • 스캠퍼 • 콘셉트 스케치 • 콘셉트 시나리오	• 서비스 시나리오 • 스토리보드 • 비즈니스 가상 기사 • 페이퍼 프로토타입 • 디지털 프로토타입 • 하드웨어 프로토타입 • 서비스 스테이징 • 데스크탑 워크스루 • 비디오 프로토타입 • 서비스 청사진 • 비즈니스 모델 캔버스 • 린 캔버스	• 핵심 지표 관리 • 전략 계획 워크숍 • 비전 기술서

PART 1

서비스 디자인 씽킹과
프로세스 이해

01

서비스 디자인 씽킹

한눈에 살펴보기

대부분 사람은 물건을 살 때 생기는 잔돈을 귀찮게 여긴다. 잔돈이란 주머니에 넣고 잊거나 저금통에 모으는 사소한 존재다. 그런데 이 잔돈이 자연스럽게 계좌에 모여 어느 날 큰돈으로 돌아온다면 어떨까? 뱅크오브아메리카는 사소해 보이는 사람들의 이 습관을 새로운 저축 서비스로 디자인했다. 1달러 미만의 잔돈이 자동으로 저축되도록 하는 '잔돈은 가지세요' 서비스를 통해 첫해에만 250만 명 이상의 고객을 유입시키는 성공을 거두었다.

이처럼 사람들의 행동을 관찰해 새로운 경험을 제공한 사례가 금융 분야로만 국한되는 것은 아니다. 필립스는 아이들이 CT나 MRI 촬영을 할 때 의료 영상 장비 안에서 불안감에 움직여, 결국 아이에게 진정제를 투여하는 경우가 흔하다는 사실을 발견했다. 그래서 진정제를 투여하지 않고 검사를 받게 하고자 검사 전 아이에게 장난감 인형으로 촬영 과정을 체험시킨 뒤 놀이를 하듯 검사를 받도록 했다. 키튼 스캐너를 사용한 이 과정의 결과는 놀라웠다. 간단해 보이는 새로운 경험을 추가한 것만으로 아동 환자의 촬영 소요 시간을 15% 이상 단축하고 진정제 투입 역시 30% 이상 줄이는 성과를 냈다.

치열해진 비즈니스 환경은 한 치 앞을 예측할 수 없다. 더더구나 최근에는 생산자와 소비자, 제품과 서비스, 온라인과 오프라인처럼 구분 지었던 과거의 경계가 사라지고 또 융합된다. 예상치 못했던 새롭고 다양한 변화와 그 안에서의 더욱 치열한 경쟁은 성공하려는 이들에게 더 많은 고민을 안겨준다. 그러한 비즈니스 환경에서 앞선 두 사례는 굉장히 고무적이다. 그렇다면 두 사례가 성공할 수 있었던 이유는 무엇일까? 바로 고객 또는 사용자 중심으로 이루어지는 혁신이다. 그리고 경험이라는 더 큰 범위에서의 관점의 재정비다. 두 사례 모두 과제를 제대로 실행하고자 '서비스 디자인 씽킹'과 '서비스 디자인 씽킹 프로세스'라는 강력한 실천 방법을 활용했다.

'우리 서비스는 굉장히 단순해서 굳이 거창한 서비스 디자인 씽킹은 필요 없다'고 생각할지 모른다. 그런데 단순해 보이는 서비스일지라도 실제로 제공하려면 그리 간단하지 않다. 서비스는 현장에서 끌어낸 인사이트를 중심으로 좋은 경험이 사람들에게 가치를 전달하도록 디자인되어야 한다. 또한 서비스는 서비스를 구성하는 여러 요소가 어떻게 상호작용하고 또 자연스럽게 연결되는지 다양한 각도에서 고려되어야 비로소 사람들에게 제대로 전해진다. 비즈니스 현장은 늘 주어진 인력과 비용 안에서 적절한 시점에 이를 반영해야 한다. 때로는 기업의 생존과 연결된 새로움과 혁신을 만들어야 할 때도 있다. 서비스 디자인 씽킹 프로세스는 그러한 실천적 해결책이다. 서비스가 간단하냐 아니냐에 따라 고려할 대상이 아니다.

서비스 디자인 씽킹을 본격적으로 알아보기에 앞서 두 가지 용어의 의미를 다음과 같이 약속하자. 첫 번째는 '서비스'다. 서비스에 대한 정의는 다양할 뿐 아니라 끊임없이 변화해왔다. 최근 들어 서비스는 고도화되고 융합화된 서비스 중심Service dominant의 흐름까지 고려한다. 그러한 이유로 이 책은 모든 산업이 서비스업이라는 넓은 관점을 갖는다. 따라서 일반적인 서비스는 물론 확장된 범위에서 제품을 포함한 제조 부문의 서비스까지 서비스다. 두 번째는 '디자인'이다. 디자인하면 모양을 예쁘게 만드는 것을 떠올릴지도 모른다. 그것은 굉장히 협소한 생각이다. 디자인은 새로운 가치를 만들고 이를 구현하는 혁신적인 모든 행동을 말한다. 이는 덴마크 디자인센터가 디자인 사다리 모델에서 발전 단계에 따라 혁신을 이끄는 디자인과 전략적 디자인을 제시한 것과 같은 맥락이다. 서비스와 디자인에 대한 더 자세한 내용은 4장에서 확인할 수 있다.

1.1 왜, 서비스 디자인 씽킹인가?

"어떻게 하면 더 좋은 경험을 만들어 고객 심의 혁신을 이끌 수 있을까?"

제품 중심에서 고객 중심으로 산업의 무게 중심이 빠르게 바뀌고 있다.

이러한 변화는 지금 우리에게 고객 중심의 통찰력을 요구한다. 따라서 혁신의 결과는 이 흐름을 분명히 이해하고 능동적으로 적용할 때 얻을 수 있다.

과거에는 산업을 공급자의 제품 중심으로 접근했다. 이는 기능 개선 관점으로 개발, 생산, 공급 등의 활동이 더 높은 효율을 가지도록 가격을 낮추고 비용을 절감해 대량 생산을 유도한다. 하지만 시장 내 선도 서비스나 제품이 이미 존재하면 기준점 자체를 그에 맞추고 머무르게 한다. 또한 각 단위 기능별 성능 개선에만 집중하거나, 단위 기능을 단순한 합의 형태로 구성한 뒤 프리미엄 제품으로 소개하는 일도 흔하다. 제품 중심 사고는 개별 역할을 나누어 강조하므로 효율성이라는 분명한 장점을 갖고 있어 중요하다. 반면에 각자 맡은 범위의 일만 잘 처리하면 되므로 전체 흐름은 누구도 바라보지 않게 된다. 이는 결국 커뮤니케이션 문제를 만들며 더 높은 관점에서의 판단이나 의사 결정에 어려움을 낳는다.

그럼 고객과 사용자 중심의 관점은 어떨까? 단순한 기술 개선과 결합이 아닌 고객의 총체적Holistic 경험을 새롭게 할 수 있는 관점이 중요하게 다뤄진다. 이유는 간단하다. 더는 기술 우위의 제품 중심 사고로는 경쟁에서 주도권을 잡을 수 없기 때문이다. 경제 가치의 발전이라는 측면에서, 농업 경제에서 산업 경제를 지나 서비스 경제에서 체험 경제Experience economy 시대에 접어들었다. 농업 경제에서는 단순한 수요 공급을 따르며 차별화가 어려운 범용품이 다뤄졌고, 산업 경제에서는 제품 차별화가 가능한 제조품이 중심이 되었다. 서비스 경제에서는 고객 요구를 맞추기 위해 제조품을 사용하고 서비스 혜택을 더 높이 평가하기 시작했다. 체험 경제 단계에서는 기억할 만한 경험 제공이 중요해졌으며 차별화된 경쟁력을 갖추고 고객의 니즈를 더 적극적으로 수용하는 방향으로 움직이고 있다. 이 이야기는 이미 1998년에 조셉 파인 2세와 제임스 길모어가 《고객 체험의 경제학The Experience Economy》(세종서적, 2001)에서 소개했다.

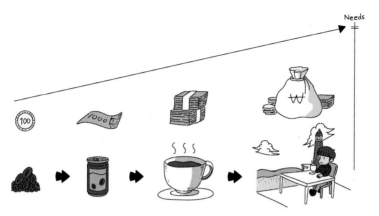

커피를 사례로 살펴본 체험 경제 시대로의 단계별 변화와 가치의 발전 《고객 체험의 경제학》에 따르면 체험 경제에서는 단순히 일상용품이나 제조품을 구입하거나 커피숍에서 커피를 사는 것이 아니라 커피를 통해 인상적인(Memorable) 경험을 구매하게 된다. 그리고 이 과정에서 고객의 니즈를 고려한 차별화를 통해 가치를 높이게 된다.

경쟁이 더욱 치열해지는 최근의 비즈니스 환경에서 살아남으려면 서비스와 경험 관점으로 접근해야 한다. 이제 기술 우위를 점하기보다 고객의 니즈를 찾고 충족시켜야 한다. 결국 사용자 중심으로 제품 및 서비스를 디자인할 때 사업에 긍정적 영향을 줄 수 있고 성공할 수 있기 때문이다. 최근 비즈니스 관련 기사나 글에서 '고객의 표면적 니즈를 넘어서 숨겨진 니즈까지 해결하는 게 목표'라는 문구를 자주 접하는데 같은 맥락이다.

하지만 숨겨진 니즈를 찾아 이를 해결하는 일은 말처럼 쉽지 않다. 사고방식의 변화는 물론 행동으로 옮기고 실행해야 한다. 어렵고 까다로운 일이라 일시적 구호나 관심을 기울이는 정도에 그치는 경우도 적지 않다. 특히 전체를 관통하는 전략이라는 측면에서 조직 내 여러 변화가 필요하므로 실행이 더욱 어렵다. 그렇지만 고객에 대한 새로운 인사이트 없이는 새로운 비즈니스 기회를 만들고 시장 내에서 선도자의 위치에 설 수 없다는 점을 다시 한번 상기하자.

어려움이 있더라도 기존과 다른 관점과 접근 방법이 중심이 되는 새로운 프로세스의 적용을 꾸준히 고민해야 한다. 이러한 혁신을 위한 고민 해결에 서비스 디자인 씽킹이 필요하다. 그렇다면 서비스 디자인 씽킹이란 무엇인가? 서로 다른 관점을 가진 다양한 분야의 방법과 도구를 사용해 서비스를 디자인할 때 수반되는 사용자 중심의 사고방식이다.* 학제적인 접근으로 다양한 영역을 포함하고 연결하는데. 이를 이론적인 이해에 그치지 않고 실무 현장에 적용하는 데 필요한 도구와 방법으로 구성한 것이 바로 서비스 디자인 씽킹 프로세스다.

이러한 서비스 디자인 씽킹은 총체적 경험을 만들기 위해 관점을 변화하라고 강조한다. 또한 고객의 니즈를 충족시키고 새로운 경험을 제공할 수 있는 접근 방법을 제공하며 결국 사람의 행동 변화까지 끌어내는 데 초점을 맞춘다. 기술 과시가 아닌 사람 중심의 접근, 지금 우리가 원하고 기대하는 혁신은 여기에서 시작될 수 있다.

잔돈은 가지세요

체험 경제의 시대에 사는 우리에게 경험 디자인The design of experience은 중요하다. 그래서 사람에 대한 깊은 통찰력으로 니즈를 찾고 해결하여 고객에게 새로운 경험을 제공하고, 결국 혁신을 끌어내는 서비스 디자인 씽킹에 주목하는 것이다. 서비스 디자인 씽킹 프로세스는 비즈니스가 성공하여 원하는 목표를 달성할 수 있게 한다. 지금부터 성공적인 성과를 만든 사례를 살펴보자.

'IDSAThe Industrial Designers Society of America'와 《비즈니스위크Business week》가 '비즈니스와 생활에 영향을 미친 최고의 서비스'로 2007년 선정한 '잔돈은 가지

---

* 《서비스 디자인 교과서》(안그라픽스, 2012, 마르크 스틱도른 외 저, 이봉원 외 역), 27, 62쪽

세요Keep the change'는 미국의 금융기관 뱅크오브아메리카가 디자인 혁신 컨설팅 기업 IDEO와 함께 만든 서비스다.* 저축이 줄어드는 문제점을 타개할 목적으로, 고객이 신규 계좌를 개설하도록 유도하고자 진행한 이 프로젝트는 2005년 첫해에만 250만 명 이상의 고객을 유입시켰고, 결과적으로 1천 200만 명의 고객을 유치하는 성공적인 결과를 얻은 비즈니스 사례다.

이 서비스는 잔돈을 저금통에 넣어버리는 어찌 보면 사소한 행동을 그냥 넘기지 않았다. 이를 체크카드를 사용할 때 달러 단위 이하로 발생하는 거스름돈을 고객의 계좌로 바로 입금해주는 새로운 저축 계좌 서비스 형태로 반영하여, 사람들이 조금씩 저축하고 싶은 니즈를 어렵지 않은 방법으로 자연스럽게 충족시킬 수 있게 유도했다. 예를 들어 3.5달러의 커피를 구입한다고 가정하자. 체크카드로 이를 결제하면 달러 이하 단위를 자동 올림해 4달러를 인출하여 물건값을 지불하고, 이때 발생하는 거스름돈은 바로 고객의 계좌로 입금해 자연스럽게 저축하게 된다. 이 서비스를 이용하는 고객이 자주 커피를 마신다면 어떻게 될까? 자신의 주머니나 저금통 속에 잠자고 있을 잔돈이 저축에 사용되고 또 그만큼 자연스럽게 더 많은 돈을 모을 수 있게 된다.

이 서비스를 위한 첫 번째 접근으로 볼티모어, 애틀랜타, 샌프란시스코 등 미국 여러 지역의 고객들을 관찰하고 그들의 행동 양식을 파악했다. 그리고 그 안에 숨겨진 의미를 찾아내고 분석해서 해결책을 제시했다. 대부분 사람은 저축을 원하지만 번거로움, 귀찮음, 의지 부족 등으로 실제 은행과 연계된 저축이라는 행동으로 연결되는 경우가 많지 않았다. 또 현장에서 만난 주부들은 거스름돈을 저금통에 모았다가 저축하고 있음을 관찰할 수 있었는데, 특히 주부들은 액수 자체보다 절약하는 행동을 중요하게 여기며 절약 자체를 감성적인 행위로 여기고 있었다. 하지만 이에 대한 해결책을 은행은 제공하지 못했다.

---

*   www.ideo.com/jp/news/idsa-and-businessweek-magazines-2007-idea-awards, www.dexigner.com/news/11490

뱅크오브아메리카의 '잔돈은 가지세요' 사례　저금통에 잔돈을 넣는 사소한 행동을 새로운 형태의 서비스로 디자인해 비즈니스 성공은 물론 사회적 변화를 만들었다.

출처 www.designdeservices.org/exemples/8

　　이러한 관찰, 검증, 분석 과정 등을 통해 얻은 결과물인 '잔돈은 가지세요' 서비스는 거스름돈을 모으는 무의식적이고 익숙한 행동을 바탕으로 저축하고 싶은 사람들의 니즈를 자연스럽게 해결한다. 어렵지는 않지만, 한편으로는 조금은 반강제적이고 저축 역시 고객의 돈으로 하는 형태다. 하지만 사람들이 저축해야 한다는 생각에만 그치지 않고 자신의 행동을 직접 바꿀 수 있게 서비스를 새롭게 디자인했다는 점에 주목해야 한다. 이를 통해 고객은 손쉽게 저축할 수 있고 은행 역시 원하는 신규 고객을 확보할 수 있었다. 초기 타깃인 주부는 물론 다양한 고객을 끌어들여 개인의 행동에 변화를 만들었고, 비즈니스 관점에서도 70만 개의 당좌 예금, 100만 개의 보통 예금 계좌를 신규 유치하는 성공적인 결과를 만들었다. 이러한 '잔돈은 가지세요' 서비스의 과정과 결과에 대해 IDEO의 팀 브라운은 '기존의 행동 방식에 새로운 서비스를 접목하여 익숙하므로 안심할 수 있고, 새롭기 때문에 고객의 시선을 끌 수 있는 신선한 체험을 디자인했다'고 강조한다.*

　단순히 빠르고 편리한 금융 프로세스에 대해 고민만 하거나 주변 기업과의 경쟁 안에서 이를 해결하려 했다면 완전히 새로운 해결책을 찾긴 쉽지 않았을 것이다. 마찬가지로 이 주제를 경영 컨설팅 회사에 의뢰했다면 사람들의 행동과 니즈를 기반으로 하는 '잔돈을 가지세요'와 같은 새롭고 혁신적인 해결책을 만들기는 역시나 어려웠을 것이다. 고객의 숨겨진 니즈까지 찾고 문제를 해결해내는 혁신적 역할을 고려해 'IDEO는 맥킨지, BCG, 베인 등의 경영 컨설팅 업계 전통 강자들의 경쟁자로 부상했다'고 《비즈니스위크》는 강조한 바 있다. 결국 서비스 디자인 씽킹은 고객을 중심에 두고 고객의 니즈를 찾고 충족시켜 가치 있고 의미 있는 경험을 하게 해야 한다. 우리가 지금 이야기하는 혁신 또한 여기에서 출발한다. 그런 관점에서 '잔돈은 가지세요'는 고객과 서비스 제공자인 은행의 성공은 물론 사회적으로도 긍정적인 효과를 가져온 서비스 디자인의 대표 사례다.

1.2 서비스 디자인 씽킹, 무엇인가?

"어떻게 하면 고객 중심의 가치 있는 경험을 제공할 수 있을까?"

서비스 디자인 씽킹은 '서비스 디자인'과 '디자인 씽킹'이 결합한 용어다. 《서비스 디자인 교과서This is Service Design Thinking》의 저자 마르크 스틱도른은 서비

---

* 　《디자인에 집중하라》(김영사, 2010, 팀 브라운 저, 고성연 역), 179~180쪽

스 디자인과 디자인 씽킹은 각각의 주제만으로 충분히 복잡하며 사람들은 서비스 디자이너, 디자인 사고자, 디자인 전략가, 서비스 마케터 등으로 각자의 역할을 서로 다르게 설명한다고 언급한다. 하지만 그 속에서도 특정한 접근 방식을 공유하고 있다는 사실에 주목할 필요가 있는데, 이것을 바로 서비스 디자인 씽킹이라고 정의한다.*

서비스 디자인 씽킹을 이해하기 위해 마르크 스틱도른이 분리해 설명한 디자인 씽킹과 서비스 디자인에 대해 알아보자. 디자인 씽킹은 인간 중심Human-centered의 이해를 바탕으로 아이디어를 시각화하고 현실화해 새로운 비즈니스로 이어질 수 있게 하는 분석과 직관의 균형 잡힌 가능성 중심의 사고를 의미한다. 초기 디자인 씽킹은 제품에 대한 접근 방법 중심으로 주목받았다. 하지만 이제 디자인 씽킹은 혁신에 갈증을 느끼는 사람들에게 반드시 고려해야 할 접근 방법으로 자주 언급된다. 전략 수립이나 혁신적 경험 제공 등 비즈니스 전반에서 힘을 얻고 있으며, 가능성을 고민해야 하는 다양한 영역에서 중요하게 다뤄지고 있다.

서비스 디자인은 서비스와 디자인이 합쳐진 용어이며 보이지 않는 서비스를 눈으로 볼 수 있게 만든다는 의미가 담겨있다. 예를 들어 사람들은 고가의 뮤지컬 공연을 즐기다 공연 중간 쉬는 시간이 되면 포토존을 방문해 티켓을 손에 들고 인증샷을 찍으며 "남는 건 사진과 티켓밖에 없다"고 말한다. 이처럼 서비스는 무형이고 시간이 흐르면 존재하지 않겠지만 사람들은 유형의 증거Physical evidence를 원한다. 즉, 우리는 서비스가 지닌 무형성을 디자인이 가진 물리적이고 유형적인 특성을 통해 고객에게 구체적인 경험으로 제공할 수 있어야 한다. 디자인 사고와 방법을 활용해 문제를 해결하고 고객의 경험을 최적화하는 과정이 서비스 디자인이다.

---

* 《서비스 디자인 교과서》(마스크 스틱도른 외 저), 27쪽

고객의 경험과 연결 고리 만들기 사례 무형의 공연은 유형의 티켓과 포토존이라는 공간에서 자신의 경험으로 전환되어 개인 SNS를 통해 공유된다. 즉, 생산자나 제공자가 아닌 고객 자신의 관점에서 특별한 경험이 될 수 있게 연결해줄 때 소비자도 서비스 가치를 함께 만드는 협력자의 모습을 보이게 된다.

서비스 디자인 씽킹은 앞서 소개한 내용과 관점이 종합적으로 상호작용하여 이루어진다. 즉, 서비스 디자인 씽킹은 '다양한 분야의 방법과 도구를 사용해 서비스를 디자인할 때 수반되는 사용자 중심의 사고방식'이다. 그렇다면 서비스 디자인 씽킹이 다루는 사용자 중심의 사고방식을 갖추려면 우리에게 무엇이 필요할까? 여러 가지가 필요하겠지만, 특히 전체적인 경험 향상을 위한 고객 콘텍스트Context, 맥락의 관점을 갖추어야 한다. 하지만 현재의 고객은 과거와 달리 경계가 사라지고 융합이 강조되는 복잡한 이용 행태를 보이고 있어 고객 콘텍스트를 이해하고 고객 움직임을 예상하기가 쉽지 않다.

이런 상황에서 고객 콘텍스트 관점의 접근과 해결을 위해 서둘러 준비해야 할 것은 무엇일까? 미국의 마케팅 전문가들은 고객 중심의 변화에 대처하기 위한 필수 요건으로 다음 두 가지 항목을 주요하게 제시한다. 각각 78%의 응답률을 보인 '고객 행태를 이해하고 설명할 수 있는 분석 능력'과 '고객의 구매 경로 전반에 걸친 콘텐츠 기획 및 환경 조성'이 그것이다.* 즉, 변화를 가져오는 방법은 다양하겠지만 고객 행태의 이해와 분석에 우선순위를 두고 고객 중심의 관점으로 다양한 접근을 해야 한다. 이 책이 다루는 내용 역시 고객 중심의 통찰을 가능하게 하는 관점과 활동에 집중하고 있다.

사람 중심의 더 의미 있고 가치 있는 경험

서비스 디자인 씽킹은 균형 잡힌 사고, 아이디어의 시각화, 구체적 경험 제공 등의 다양한 요소를 고려해 디자인 사고를 중심으로 비즈니스 전략을 수행한다. 그 결과 사람들에게 새로운 변화를 만들고 더 의미 있고 가치 있는 경험을 제공한다. 이는 건강과 관련된 병원, 헬스케어 등의 산업 영역에서도 마찬가지다. 관련 사례를 살펴보며 서비스 디자인 씽킹이 무엇인지 좀 더 살펴보자.

디즈니 지정 병원인 플로리다 병원의 부원장이었던 프레드 리Fred Lee는 《디즈니 병원의 서비스 리더십》에서 디즈니의 모델은 더 좋은 서비스 제공이 아닌, 고객의 경험을 어떻게 하면 더 나아지게 하는지에 초점을 두므로 병원 역시 마찬가지여야 한다고 강조한다. 디즈니월드가 단편적인 서비스가 아닌 재미라는 경험을 제공하는 무대인 것처럼 병원 역시 변화의 경험을 만드는 무대로 봐야 한다는 의미이다. 즉, 우리의 초점을 케어 제공자의 서비스에서 환자 경험으로 바꿔야 한다.**

헬스케어를 위한 앰비언트 경험Ambient experience for healthcare, AEH이라는 개념을 도입해 아동 환자의 거부감과 공포심을 줄인 필립스의 사례도 같은 맥락으

---

* 〈2015 Marketing Disruption Survey, Association of National Advertisers〉(McKinsey & Company and Gfk)

** 《디즈니 병원의 서비스 리더십》(김앤김북스, 2010, 프레드 리 저, 강수정 역), 167~168쪽

로 볼 수 있다. MRI 등의 의료 영상 촬영 검사 시, 장비 안에서 어린이들이 불안해 움직이게 되는데 기존에는 검사를 하고자 진정제를 투여했다. 이는 아동 환자의 위험 요소를 늘리고 추가 비용을 발생시키는 요소가 됐다. 필립스는 이러한 아동 환자의 경험에 초점을 맞추고 디자인 리서처, 디자이너, 기술자들이 함께 새로운 의료 경험을 할 수 있게 만들었다.

키튼 스캐너　헬스케어를 위한 앰비언트 경험이라는 개념을 도입해 더 나은 경험을 환자에게 제공한 사례다. 출처 twitter.com/philips/status/657236248281686019

영상 촬영 전 아이는 대기실에서 자신이 의사가 되어 키튼 스캐너Kitten scanner를 통해 코끼리나 악어 모양의 동물 인형으로 영상 촬영을 하는 놀이를 한다. 이야기로 구성된 이 과정을 직접 진행한 아이는 영상 촬영이 무섭지 않다고 인식하게 되는데, 이때 아이에게 인형과 함께 여행을 떠나자고 유도해 불안감을 줄인 상태에서 검사를 하게 된다. 이렇게 아동 환자의 경험을 바꾼 결과, 아동 환자의 촬영 소요 시간을 15% 이상 단축하고 방사선에 노출되는 사례도 25% 이상 감소했다. 특히 아동 환자의 마취 역시 30% 이상 줄이는 효과를 얻었다.

그렇다면 서비스 디자인 씽킹이 큰 규모의 비즈니스에서만 변화를 가능하게 할까? 그렇지는 않다. 의외로 간단한 변화가 의미 있는 큰 성과를 만들기도 한다. 미국의 타깃Target 사가 바꾼 의료 용기가 그러한 사례다. 타깃 클리어 RXTarget clear RX 약병은 눈이 나쁜 할머니가 다른 가족의 약을 잘못 먹는 것을 관찰한 디자이너 데보라 애들러가 문제를 해결하고자 시제품을 프로토타입Prototype으로 디자인한 것이 출발점이다. 이를 타깃과 협업해, 더 많은 관찰과 발견 과정을 거쳐 더욱 완성도 있게 변경했다. 기존의 작은 원통형 약병들은 나이가 젊은 사람들도 내용을 읽거나 모양을 보고 구분하기 까다로워 잘못 복용하기 쉽다. 타깃 클리어 RX는 용기가 넓적하게 생긴 평면화된 형태라 인쇄된 정보를 읽기 쉽고, 뚜껑의 컬러 링과 글을 읽지 못하는 사람들을 위한 아이콘 등을 통해 누구라도 금방 자신의 약을 구분할 수 있게 했다.

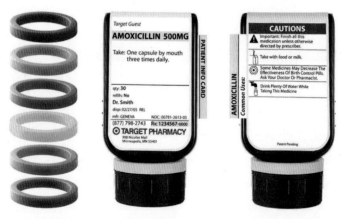

타깃 클리어 RX 사례   디자이너가 투약 오류라는 심각한 문제를 발견하여 약병의 디자인을 개선했다. 출처 www.adlerdesign.com/project/clear-rx-medication-system

누군가는 이 변화를 간단하게 생각할지도 모른다. 하지만 사용자에 대한 관찰, 시제품을 통한 구현, 현장에서의 실행 등이 결합해 이루어진 결과다. 이에 대해 미국산업디자인협회IDSA는 2010년 '지난 10년의 디자인Design of the

Decade' 수상작으로 이 약병을 선정하며 '미학적, 기능적, 사회적 혜택이 완벽하게 어우러진, 수백만의 사용자를 돕는 우아한 디자인 솔루션'으로 평가하기도 했다.

앞의 사례를 통해 서비스 디자인 씽킹은 고객의 행동을 이해하고 그들의 경로를 파악하고 분석해 문제를 해결하도록 이끌고 있음을 확인했다. 그리고 실행에 있어 필요한 자원과 접근 방법 등이 모두 같지 않다는 점 또한 살펴볼 수 있었다. 앞으로 이 책이 더 중요하게 다룰 접근 방향은 시간과 예산 등이 풍부한 경우만은 아니다. 한정된 자원 속에서 가능한 아이디어를 찾고 빠르게 실천하는 것 역시 중요하게 고려한다. 하지만 관점은 동일하다. 서비스 디자인 씽킹은 고객 중심의 접근과 관찰을 기초로 아이디어의 시각화, 협업, 빠른 실행 등의 과정을 통해 더 의미 있고 가치 있는 구체적인 경험을 고객이 접할 수 있도록 전달해야 한다.

1.3 서비스 디자인 씽킹, 어떻게 실행할 것인가?

"어떻게 하면 서비스 디자인 씽킹을 프로젝트에 현실적으로 적용할 수 있을까?"

서비스 디자인은 디자인 사고를 중심으로 혁신을 끌어내는 방법론이다. 그리고 서비스 디자인 씽킹 프로세스는 콘텍스추얼Contextual. 맥락적 조사를 통한 고객 통찰을 중심으로, 디자인 사고를 행동으로 구현하는 인간 중심의 구조적 접근법을 의미한다. 서비스 디자인 씽킹 프로세스는 크게 보면 전반부에서는 고객의 니즈를 찾기 위한 공감 기법을, 후반부에서는 콘셉트 개발을 위한 프로토타이핑을 흔히 강조하게 된다. 이는 기존 프로세스들이 주로 정량 조사 진행 후 브레인스토밍에 의존해 새로운 사업 기회나 콘셉트를 개발해 온 것과는 차이가 있다.

	기존 프로세스	서비스 디자인 씽킹 프로세스
사고	논리적 사고	디자인 사고
관점	경쟁 우위를 위한 자원 효율화	사람(고객 및 사용자) 중심
조사 방법	설문 등 정량 조사 중심	인터뷰, 관찰 등 정성 조사 중심
아이디어	평가와 기준 수립에 집중	생성과 창의적 해석에 집중
주요 활동	전반	정량 데이터 기반의 브레인스토밍	공감 기법 중심의 니즈 찾기
	후반	문서화된 사업 기회와 콘셉트	프로토타이핑을 통한 콘셉트 개발

서비스 디자인 씽킹 프로세스 vs 기존 프로세스 가장 큰 차이점은 프로젝트의 중심이 경제적 합리성이 아닌 사람을 중심에 두고 있느냐이다.

예를 들어 프로세스 전반에 진행되는 관찰하기 단계에서는 공감 디자인을 위한 조사 활동이 이루어지는데, 이때 설문과 같은 일반적인 조사 방법 대신 사용자의 내면을 이해하기 위한 다양한 접근 방법이 진행된다. 사람들은 자신이 원하는 바를 말로 표현하기 어려워하거나 아예 원하는 바를 잘 알지 못한다. 따라서 기존에 흔히 고려되던 조사 방법으로는 사용자의 숨은 니즈를 파악하기 어렵다. 서비스 디자인 씽킹 프로세스에서 이러한 한계를 넘어 사용자로부터 인사이트를 충분히 확보하려면 관찰 조사 등의 정성 접근이 중요하다. 물론 이러한 연구에서 얻은 많은 양의 조사 내용과 정보를 그대로 둔다면 사실에만 그치게 되므로, 의미를 추출하고 이를 엮고 분석하는 통합 작업이 중요하게 다루어진다.

서비스 디자인 씽킹 프로세스는 확산과 수렴 단계 사이에서 끊임없이 움직이는 과정이다. 팀 브라운은 현실에 디자인 사고를 구현하는 과정은 혁신을 위한 선택의 여지를 넓히고(확산), 다시 후보를 줄이며 결정하는(수렴) 과정이 리듬감 있게 되풀이되며 이뤄지는 연속된 교류에 가깝다고 설명했다.*

---

* 《디자인에 집중하라》(팀 브라운 저), 105쪽

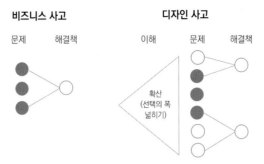

확산과 수렴 단계를 가지는 디자인 사고 디자인 사고에서는 확산 과정에서 우선 선택의 폭을 넓힌 후에 후보를 줄여 해결책을 결정한다. 따라서 비즈니스 사고 중심의 문제(분홍 점)와 해결책(흰 점) 보다 더욱 다양한 측면에서 해결책을 제시할 수 있다. 출처 https://www.ksri.kit.edu/SDT.php

영국의 디자인 카운슬은 이러한 내용을 반영하여 더 정밀하게 표준화하고자 더블 다이아몬드 모델을 소개했다. 더블 다이아몬드 모델은 확산과 수렴 단계로 구성된 두 개의 다이아몬드가 연결된 형태로, 디자인 사고를 실천하는 가장 익숙하고 기본이 되는 프로세스다.

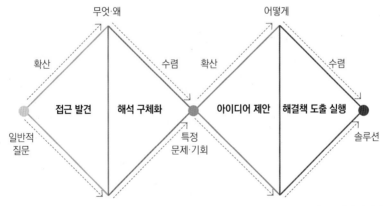

디자인 씽킹 프로세스를 설명한 더블 다이아몬드 모델 확산과 수렴 과정의 반복이 두 개의 다이아 몬드가 연결된 형태로 표현된다. 출처 www.designcouncil.org.uk

더블 다이아몬드 모델의 확산과 수렴이 만드는 첫 번째 다이아몬드는 발견과 정의 단계로 이루어진다. 문제를 찾고 사람들을 이해하고 공감하는 과정으로 사회과학적 접근이다. 새로운 기회를 찾는 확산 과정이 진행된 후 다양한 영감을 검토하고 정리하는 수렴의 과정이 이루어진다. 두 번째 다이아몬드는 개발과 전달 단계다. 문제 해결을 위한 아이디어를 다양하게 구성하고 적용할 해결책을 찾고 선택하는 과정이며, 우리가 디자인이라고 이야기할 때 쉽게 떠올리는 활동과 비슷한 접근이다. 다양한 콘셉트와 아이디어가 만들어지고 공유되는 확산 과정과 최종 확정하고 해결책을 만드는 수렴 과정으로 구성된다. 이 책에서 다루는 서비스 디자인 씽킹 프로세스 역시 이를 기본 과정으로 고려한다. 이해하기 → 관찰하기 → 분석하기 → 발상하기 → 제작하기 → 성장하기의 여섯 단계로 구성하여 실행 과정에 있어 관점의 차이는 존재할 수 있지만, 확산과 수렴으로 구성된 접근과 반복을 반영해 프로세스가 진행된다. 서비스 디자인 씽킹 프로세스는 고객 경험을 위한 디자인 씽킹 프로세스의 다양한 도구와 방법론이 활용되며, 고객은 물론 다양한 이해관계자를 고려하기 위해 서비스 마케팅 등에서도 중요하게 다루는 고객 여정 지도Customer journey map, 서비스 청사진 등을 주요 활동으로 다루게 된다.

때로는 이러한 서비스 디자인 씽킹 프로세스가 혁신을 위한 완전히 새롭고 기존과 전혀 다른 접근으로 소개되는 경우가 있다. 물론 예전보다 최근에 더 강조되거나 새롭게 다뤄지는 부분은 존재한다. 하지만 서비스 디자인은 학제적인 것으로 다양한 방법과 도구를 사용하는 만큼, 다양한 기업이나 조직에서 이미 많은 부분 적용하거나 고민하던 방법론을 기초로 한다. 다만 이를 얼마나 중요하게 생각해왔는지, 어떤 형태의 조직이 다뤘는지, 현장 중심으로 기본 활동을 제대로 실행하고 적용해왔는지 등은 각기 다를 것이며 그에 따라 지금까지 얻을 수 있었던 결과와 효과에도 차이가 있다.

특히 기존의 프로세스 접근 방법은 확산과 수렴의 반복으로 구성된 모델을 충실히 따르며 전체 과정 대부분을 따라가고 실행해 혁신을 추구하고 이끌게 하는 경우가 대부분이다. 물론 시간과 인력 등 자원이 허용한다면 다양한 방법을 모두 적용해 더 성공적인 프로젝트로 운영하고 싶을 것이다. 예산과 일정 등에 비교적 여유가 있는 규모가 큰 조직으로서, 혁신을 중심에 두는 프로젝트라면 프로세스의 활동 대부분을 고려하고 적용할 것을 권유한다. 또한 연구와 학술 결과를 목적으로 하는 경우에도 전체 단계를 촘촘히 운영하는 방법을 선호할 것이다.

하지만 이러한 접근이 현실적으로 이상에 가깝게 느껴지는 경우도 적지 않다. 프로젝트를 진행하다 보면 시간이나 돈 등의 자원이 풍부하기보다는 오히려 기대치보다 부족한 경우가 대부분이며, 특히 인력은 전문성과 숙련도 등 고려할 요소도 많고 제대로 찾기도 쉽지 않다. 이에 대한 고민은 규모가 작은 조직에서만 발생하는 것은 아니다. 검증을 중심에 두고 있거나, 고객 중심의 프로세스 적용이 없었거나, 프로젝트 경험이 부족한 조직에서도 비슷하다. 스타트업이나 비영리 조직 등에서도 쉽게 찾을 수 있다. 이들이 모든 단계와 과정을 고려하고 적용한다는 건 그다지 현실적이지 않다. 이런 상황에서는 서비스 디자인 씽킹 프로세스의 모든 단계를 적용하는 것보다는 전체 흐름을 챙기며 꼭 필요한 부분을 잊지 않고 운영하는 것이 더 중요할 수 있다.

즉, 우리의 목표 고객을 찾고 이해하도록 노력해야 하며 그들이 선택할 유용한 서비스를 만들어 정확히 전달하는 데 꼭 필요한 과정들을 주어진 시간에 수행해야 한다. 이 책에서 다루는 서비스 디자인 씽킹 프로세스는 이러한 관점을 반영해 각자 입장에 따른 업무와 현장 상황을 충분히 고려하고 접근할 것을 권유한다. 그리고 서비스 디자인 씽킹을 이미 접해보고 막상 그 프로세스를 현장에 적용하려는데 어떻게 해야 할지 모르는 경우도 있을 것이다. 이 책의 상당 부분이 그런 의문의 답을 찾아가는 데 도움이 되는 안내자가 되어줄 것이다.

의미 있는 경험을 제공하는 과정

서비스 디자인 씽킹은 여행 분야에서도 즐겁고 의미 있는 경험을 만들수 있다. 공항과 호텔에서 어떻게 변화를 만들 수 있었는지 확인해보자. 이를통해 서비스 디자인 씽킹의 실행에 대한 이해를 높일 수 있을 것이다.

많은 사람이 낯선 곳으로의 여행을 꿈꾸며 공항에서 더 커질 설렘을 기대하곤 한다. 하지만 막상 현실에서 만나는 공항은 꼭 그렇기만 한 공간은 아니다. 번잡하고, 시간에 쫓기고, 복잡해서 불편함을 경험하게 될 때가 더 많은데 영국 내 공항 역시 마찬가지였다. 다양한 정부 및 기업 프로젝트를 성공적으로 진행한 영국의 서비스 디자인 컨설팅 업체 엔진Engine Service Design은 2008년 런던의 히스로 공항의 터미널 3을 버진 애틀랜틱 항공사용 공간으로 새롭게 구성하는 서비스 디자인 프로젝트를 진행했다. 프로젝트는 우선 심층 인터뷰 등으로 고객을 관찰하고 이해하기 위해 노력했다. 이를 고객 여정 지도로 구성해 공항에서 비행기 탑승까지 고객들의 행동과 니즈를 전체 시각에서 확인할 수 있게 했고, 이후 단계별 내용을 구체화했다.

고객 동선을 줄이거나 효과적으로 만들어야 한다는 등의 문제점을 확인하고 분석했고, 다양한 해결 방안을 제안한 뒤 이를 바탕으로 실행 방안을 구체화하여 적용했다. 무인 탑승 처리 시스템이나 수하물 요금 처리 저울을 추가 설치해 고객 동선을 줄였을 뿐 아니라, 터미널 입구 쪽에서 고객이 혼란을 피하고 도움을 받을 수 있도록 직원을 배치하는 등 새로운 서비스를 적용했다. 그 외의 여러 개선 사항을 반영해 특별하고 수월한 여행 여정을 만든 결과, 오픈 4개월 만에 비즈니스 이상 탑승객이 10%가량 증가한 것은 물론 고객 만족도 조사에서 90%의 만족도를 얻었다. 더 나은 고객 경험의 제공은 물론 기업 성과 면에서도 성공적인 결과를 얻은 이 사례 외에도 런던 히스로 공항과 버진 애틀랜틱 항공사의 서비스 디자인 활동은 꾸준히 계속되고 있다.

공항에서의 고객 경험을 새롭게 디자인한 엔진의 사례 심층 인터뷰, 고객 여정 지도와 같은 방법론을 활용해 고객 동선에 대한 문제점을 확인하고 해결했다. 출처 www.enginegroup.co.uk

　　물론 해외에서만 서비스 디자인 씽킹을 활용하는 것은 아니다. 이미 국내의 다양한 기업과 기관이 서비스 디자인 씽킹을 활용하고 있으며 그 성공 사례가 속속 공유되고 있다. 2007년 서비스 디자인 경영을 도입한 '파라다이스 호텔 부산'의 프로젝트 사례를 살펴보자. 부산 해운대에 위치한 파라다이스 호텔 부산은 2010년 당시 비즈니스 환경에 변화를 겪고 있었다. 부산시의 산업 변화에 따른 외국 비즈니스 고객의 증가도 있었지만, 국내 이용 고객의 연령이 낮아지면서 인터넷으로 호텔을 이용하는 수요가 늘어나고 있었다. 호텔은 이러한 변화에 대응하고자 처음에는 웹사이트 개편 수준의 프로젝트를 고려했다. 하지만 임직원 대상 인터뷰를 진행하는 과정에서 단순한 온라인 서비스 개선으로는 해결할 수 없는 고객의 니즈가 있음을 깨닫게 되었고, 국내 서비스 디자인 컨설팅 업체인 팀인터페이스와 함께 고객 경험을 개선하는 서비스 디자인 프로젝트를 진행했다.

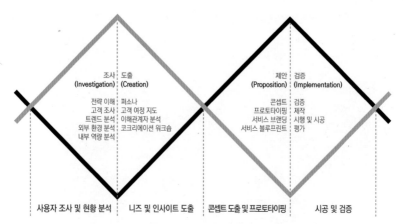

| 사용자 조사 및 현황 분석 | 니즈 및 인사이트 도출 | 콘셉트 도출 및 프로토타이핑 | 시공 및 검증 |

팀인터페이스가 정의한 기본 서비스 디자인 프로세스 조사, 도출, 제안, 검증의 단계를 통해 좋은 서비스 경험(Good service experience)를 만든다. 출처 www.teaminterface.com

　　비교적 짧은 프로젝트 기간을 고려해 프로세스는 핵심 방법론 중심으로 구성되었다. 서비스 동향 조사, 이해관계자 인터뷰, 직접 고객이 되어보기, 고객 대상 집단 좌담회 등을 진행했고, 이를 퍼소나^{Persona}와 고객 여정 지도로 연결해 문제점을 파악했다. 이 과정에서 프로젝트팀은 포털 검색 결과에서 호텔 웹사이트를 방문하기 어렵고, 웹사이트를 방문해도 정보 파악이 힘들며, 호텔에서 제공하는 서비스를 제대로 알지 못해 이용하지 못하는 등 고객들이 겪는 다양한 어려움을 발견할 수 있었다.

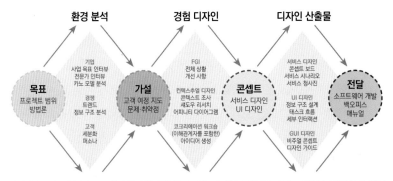

파라다이스 호텔 부산 프로젝트에 맞춰 적용한 서비스 디자인 프로세스 요약 기본 프로세스의 핵심 방법론을 중심으로 프로젝트 일정, 자원 등을 반영해 운영했다. 이처럼 서비스 디자인 프로세스는 프로젝트 상황에 맞춰 활용된다. 출처 www.teaminterface.com

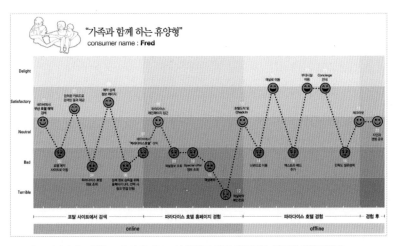

프로젝트 과정에서 도출한 고객 여정 지도 이 외에도 여러 방법론을 활용해 진행되었다.
출처 www.slideshare.net/teaminterface

분석된 결과를 토대로 팀인터페이스와 호텔은 아이디어 도출 워크숍을 실시한 뒤 최종 해결책으로 발전시켜 '7가지 천국Seven heavens'이라는 새로운 서비스 경험을 선보였다. 그 주요 결과로 정보와 선택을 한 번에 제공하는 스마트 온라인 예약과 KTX 이용 고객이 호텔까지 가지 않고도 체크인할 수 있는 부산역 레일데스크 등의 서비스를 제공했다. 프로젝트 진행 후 2% 정도였던 온라인 예약률은 새로운 시스템 오픈 후 16% 수준으로 증가했고, 레일데스크 등 새로운 서비스 또한 고객으로부터 좋은 반응을 얻으며 이용률이 꾸준히 증가했다. 프로젝트를 진행한 팀인터페이스는 호텔을 구성하는 온·오프라인의 모든 서비스 경험 요소를 파악해 새로운 고객 경험을 제공하는 이러한 프로세스를 '고객 중심의 맥락적 조사를 통하여 지속적으로 고객 만족 서비스를 제공하는 디자인'으로 설명한다.*

서비스 디자인 씽킹 프로세스는 고객 중심으로 확산과 수렴을 반복해 문제를 해결하고 가치 있는 경험을 제공해야 한다는 점을 기억하자. 살펴본 사례들에서 확인할 수 있었던 것처럼 프로세스의 적용이 단순히 학문적이고 이론적인 접근을 의미하는 것은 아니다. 다양한 방법으로 고객을 이해하고 고객에 대한 인사이트를 기반으로 정말 원하는 것을 파악해 더 가치 있는 경험을 제공하며, 서비스 디자인 씽킹이 반영된 비즈니스 전략으로 시장에서 경쟁력 있는 혁신을 이끌어내야 한다. 또한 그 과정과 결과물이 사람과 사회에 바람직한 영향을 줄 수 있는지 책임감을 갖고 문제를 해결하고 경험을 제공해야 한다.

프로세스의 단계별 과정이 어떻게 진행되는지는 3장에서 고양이 스마트 장난감 사례를 통해 자세히 알아볼 것이다.

---

* 팀인터페이스가 추구하는 서비스 디자인은 다음 영상에서 확인할 수 있다. www.teaminterface. com/aboutteamservicedesign

관점 정비

사람 중심으로 이동하기

서비스 디자인 씽킹 프로세스를 통해 고객에게 인상적인 경험을 제공하고 긍정적 가치를 더하고 싶을 때 혁신의 실마리를 원하는 우리에게 가장 먼저 필요한 것은 무엇일까? 바로 사고의 변화, 특히 새로운 경험을 위한 관점 정비다. 그리고 그 첫걸음은 사람들을 깊이 이해하려는 노력이다. 하지만 사람들은 각자의 생각과 경험이 다를 뿐 아니라 다양한 외부의 영향을 받고 있으며 이 둘이 같은 비중으로 영향을 주는 것도 아니므로 이해하기란 쉽지 않다.

우리가 원하는 혁신은 사람 중심의 고민과 이해에서 나온다. 사람들은 공식에 따라 획일적으로 움직이지 않고 이성과 감성의 움직임에 따라 영향을 받는다. 따라서 행동의 이유를 쉽게 단정 지을 수 없다. 그들이 어떤 환경의 변화에 놓여 있고, 어떻게 생각하고, 무엇을 왜 원하는지 등을 다각도로 면밀히 살펴봐야 한다.

이번 장에서는 변화와 혁신을 이해하고 서비스 디자인 씽킹 프로세스를 실행하는 데 필요한 내용을 다룬다. 그렇다고 여기에 소개된 내용이 충분하다는 의미는 아니다. 그보다는 앞으로 계속될 서비스 디자인 씽킹을 더 잘 이해하기 위한 출발점일 것이다.

2.1 사람 중심의 변화를 위한 3가지 확인 사항

사람 중심의 균형 있는 혁신을 고민한다면 지금까지 당연하게 여겨온 것들을 다시 생각해봐야 한다. 예를 들어 '합리성'을 들 수 있다. 경제학에서 합리성은 모순이 없고 명확한 자신의 기호를 토대로 자신의 효용이 가장 커질 수 있는 선택을 하는 것을 의미한다. 그런데 우리는 의사 결정을 위한 모든 정보를 입수할 수도 없고 결심한 것을 반드시 실행하지도 않으며 물질적 이익만을 최대화하지도 않는다. 그러한 의미에서 사람들은 그리 합리적이지 못하다.

특히 비즈니스로 관점을 돌리는 순간, 대부분 숫자로 된 정량적 근거에 의존해 논리 중심으로 접근한다. 물론 경영을 다루는 데 여전히 중요한 관점이지만 사람은 생각보다 논리적이지 않으며 사람과 그들의 행동을 논리로만 설명할 수는 없다. 여러분은 코카콜라와 펩시콜라 중 무엇을 더 선호하는가? 이런 질문을 받으면 흔히 더 맛있다는 이유로 한쪽을 더 선호한다고 말한다. 그런데 정말 맛으로만 판단한 걸까? 사람들의 눈을 가린 채 콜라를 마신 후 선호 평가를 하면 두 제품에 대한 선호 결과는 거의 같게 나온다는 실험은 이제 너무 유명하다. 왜 이런 일이 벌어질까?

2003년 베일러 의과대학의 리드 몬터규 교수의 실험 내용을 살펴보자. 연구팀이 지원자 67명에게 상표 없이 맛을 보게 했을 때 평소 선호하는 콜라와 상관없이 두 음료가 비슷한 평가를 받았다. 다음에는 두 잔 모두에 코카콜라를 넣고 한 잔에는 코카콜라 상표를 표시하고 다른 한쪽은 아무 표시도 하지 않은 상태에서 마시게 했다. 이때의 실험 결과는 어땠을까? 응답자 중 85%가 코카콜라 상표가 붙은 음료가 더 맛있다고 답했다. 즉, 맛과는 상관없이 코카콜라라는 브랜드에 대한 선호가 높았던 것이다. 연구진이 MRI를 활용해 뇌 반응을 확인했을 때도 마찬가지 결과를 얻었다. 코카콜라 이미지를 보았을 때 뇌가 더 활발히 반응한 것이다. 이처럼 브랜드라는 상대 가치를 가진 문화적 정보는 우리의 반응과 선호에 영향을 주고 현실 정보에 영향을 미치게 된다.

비즈니스에서의 결정적인 선택은 선호 음료수 선택과는 비교할 수 없을 만큼 다양한 고려가 필요하다. 사람을 중심에 둔 다양한 접근을 본격적으로 알아보기에 앞서 다음과 같은 3가지 고려 사항을 알아보자.

- 주위의 말만 듣고 무작정 움직이지 마라.
- 정량과 정성, 선택이 아니다.
- 사무실 밖으로 나가 고객을 만나라.

주위의 말만 듣고 무작정 움직이지 마라

고객을 제대로 이해하려는 활동이 없거나 자신과 주위의 판단에 지나치게 의존하는 비즈니스는 생각보다 많다. '단계별로 조목조목 다시 짚어봐야 한다'는 조언에 스티브 잡스를 예로 들며 고객에 대한 이해가 필요 없다거나 아이디어를 제대로 이해하지 못했다고 답하기 일쑤다. 그렇다면 스티브 잡스는 정말 고객을 이해할 필요가 없다고 말한 것일까? 이 의문에 대한 해답은 《비즈니스위크》와의 인터뷰에서 아이맥iMac의 고객 조사에 대한 잡스의 말에서 찾을 수 있다.

"사람은 제품을 보여주기 전까진 자신이 원하는 게 무엇인지 정확히 모르는 경우가 많다."

사람 중심의 문제 해결에 필요한 객관적 시각과 분석력   드라마 '셜록'을 보면 에피소드마다 주인공은 예상치 못한 곳에서 문제 해결책을 찾는데 의뢰인의 이야기와 사건 자료에만 의존한 것이 아니다. 늘 현장에서 객관적인 시각으로 찾은 인사이트와 이에 대한 분석이 존재한다. 이와 유사한 자세와 과정이 사람을 중심에 둔 다양한 접근에도 필요하다.

로저 마틴 역시 디자인 씽킹의 사례로 스티브 잡스를 언급했고 분명 스티브 잡스와 애플은 많은 사례에서 자주 등장한다. 하지만 우리 자신이 스티브 잡스에 맞먹는 통찰력을 지녔는지, 그저 현실의 어려움으로 피하고자 한 말은 아닌지 돌아볼 필요가 있다. 오히려 고객이 답을 가지고 있는 만큼 그들이 필요한 것을 파악해야 한다고 강조한 피터 드러커의 말을 경청해야 한다.

"고객이 가치 있다고 생각하는 것이 무엇인지는 고객 그 자신만이 대답할 수 있다. 그 대답을 들으려면 집요하고 체계적으로 고객에게 다가가야 한다."

피터 드러커는 고객으로부터 비즈니스의 가치를 찾아낼 수 있으며 그러려면 고객에 밀착해 그들이 생각하는 가치를 확인해야 한다고 강조한다. 막연히 제품의 사용자를 잘 안다고 믿고 던진 의견이나 나와의 관계를 고려한 의견은 사실을 왜곡하기 마련이다. 왜냐하면, 나와 밀접한 사람이 객관적으로 나와 나의 비즈니스에 대해 날카롭게 조언하거나 평가하는 건 쉽지 않기 때문이다. 스티브 블랭크의 명언을 상기하자.

"사무실 안에는 입증된 사실이 아닌 의견만 있을 뿐이다."

고객에게 다가가자! 블랭크의 명언을 들지 않더라도 탁상공론의 덧없음을 우리는 잘 안다. 고객에게 다가가지 않는 한, 세상과 고객을 더 잘 알 수 없다는 것을 인정하자. 사람이 비합리적인 존재인 것만은 아니지만, 이성적인 것만도 아니다. 사람의 행동을 이해하고 고객에게 다가가야 원하는 바를 제대로 알아낼 수 있다. 따라서 사람의 행동을 이해하는 방법을 알아야 한다. 여러 접근법 가운데, 그중 사람의 경제 활동에 대한 심리학에 가까운 접근법인 **행동경제학**Behavioral economics(행동 결정 이론Behavioral decision theory)을 살펴보자.

행동경제학에서 바라보는 사람은 제한적으로 합리적이며 감성적인 존재라 상황에 따라 선호가 바뀐다. 또한 효용 극대화Maximizing보다는 자신이 만족하는Satisficing 대안을 선택하기에 행동을 예측하기 어렵다. 《브랜드, 행동경제학을 만나다》에는 이중 정보처리 이론Dual process theory을 통해 사람들이 어떻게 정보를 처리하는지 자세히 설명한다. 이에 따르면 사람들은 정보를 직관에 의존해 자동으로 빠르게 처리한 후, 인지적 노력을 바탕으로 느리고 연역적인 특성의 논리적인 방법으로 처리한다. 이때 직관적 판단에서 발생한 오류를 논리 시스템에서 모니터링하고 수정하지 못하면 판단 오류Error와 편향Bias이 생기게 된다. 즉, 사람은 직관으로 판단하여 생긴 오류를 반드시 수정하지는 않는다.

이와 관련해 고객 개발 등에서 자주 언급하는 **확증편향**Confirmation bias이 있다. 확증편향이란 자신의 신념과 일치하는 정보를 받아들이고 신념과 일치하지 않는 정보를 무시하는 현상이다. 또한 관련성과 상관없이 제시된 기준점을 가설로 받아들이고 나면 이를 지지할 수 있는 증거를 찾게 되며(선택적 접근 가능성 모델Selective accessibility model) 이에 따라 중립적인 내용을 나를 지지하는 증거로 해석하거나 주관적 정보를 믿고 싶은 대로 해석해 실패의 원인을 만들게 된다. 이 외에도 사람의 예측할 수 없는 행동을 이해하려는 다양한 관점이 존재한다.

그런데도 우리는 사무실 안에서 논리적 사고에 기대어 많은 것을 가정하고 고객을 합리적 존재로만 판단해 계획한다. 스티브 블랭크가 《기업 창업가 매뉴얼》에서 꼽은 신사업 추진 전략의 9대 죄악 중 첫 번째는 '고객이 무엇을 원하는지 안다고 생각한다'는 것이다. 흔히들 고객이 누구이고 고객에게 무엇이 필요하고, 또 어떻게 제품을 팔 수 있을지 안다고 착각한다. 고객을 잘 안다는 추측을 바탕으로 가설을 마치 사실처럼 여긴다. 우리에게 지금 당장 필요한 활동은 사무실 밖으로 나가 사람들을 관찰하고, 만나고, 묻는 것이다.

데이터가 강조되고 정보가 넘치는 시대를 맞아 우리는 많은 정보를 손쉽게 사무실에 앉아 구하고 받아들인다. 하지만 큰 어려움 없이 얻어지는 너무 많은 정보는 오히려 표면에 드러난 내용이나 유행을 확인하는 것만으로 충분하다고 느끼게 한다. 이 과정에서 사람들의 숨겨진 니즈에 접근하겠다는 의지 역시 희미해진다. 우리는 숨겨진 니즈를 파악하고 고객 인사이트를 얻기 위한 의식적 노력을 해야 한다. 지금 나를 포함한 내 주위 가장 가까운 것부터 지금까지와는 다른 시선으로 관찰해보고 끝없이 '왜'라는 질문을 던져보자. 이것이야말로 서비스 디자인 씽킹 프로세스를 시작하는 자연스러운 첫걸음이다. 이를 통해 우리가 당연하다고 생각하던 것들을 새롭게 확인하는 계기를 마련할 수 있다. 그리고 당연한 듯 보이지만 흐릿하기만 한 시장을 새롭게 재구성하고 다양한 각도에서 이해해야 명확한 전략을 구성할 수 있다. 이런 과정을 끝까지 이끌어주는 것이 바로 서비스 디자인 씽킹 프로세스가 가진 힘이다.

● 나는 사용자가 아니다

그렇다면 '세상과 고객'에 어떻게 접근해야 더 잘 알게 될까? 《넛지 Nudge》 (리더스북, 2009, 리처드 탈러·캐스 선스타인 저)에서 저자는 사람을 경제적 인간인 이콘 Econ과 현실적 인간인 휴먼 Human으로 구분하여 행동경제학으로 사람을 더 잘 이해하는 현실적인 전략을 제시한다. 이러한 기회를 통해 접했음에도 우리는 자꾸 사람을 논리적으로만 접근하거나 쉽게 예상하려 한다. 지금부터 더 현실적이고 실질적인 관점으로 서비스 디자인 씽킹 프로세스에 접근해보자.

사람은 생각하기 싫어하고 인지적 노력을 최소화하려는 성향이 있으며 직관을 자주 활용한다. 이를 휴리스틱 Heuristic이라 한다. 휴리스틱은 문제를 해결하거나 불확실한 상황에 대해 판단을 내리는 데 사용하는 편의적이고 발견적 방법을 의미한다. 아인슈타인이 불완전하지만 도움이 되는 방법으로 거론한 휴리스틱은 재빨리, 큰 노력 없이, 어느 정도 만족스러운 답을 준다. 하지만 완전한 해답은 아니며 실수의 원인이 되기도 한다.* 예를 들어 우리는 흔히 어떤 사건의 발생 확률을 판단할 때 실제 발생 빈도와 같은 객관적 정보가 아닌 그와 관련된 구체적인 사례나 연상이 얼마나 쉽게 떠오르느냐에 근거해 판단할 때가 있다.

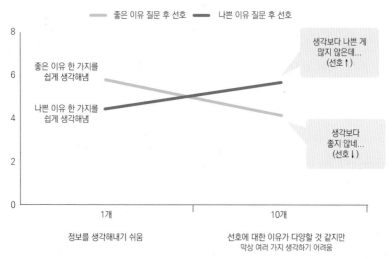

이용가능성(회상 용이성) 휴리스틱 사례 BMW가 좋은 이유를 1개 또는 10개 생각하라고 요청한 뒤 BMW에 대한 선호를 확인했을 때, 좋은 이유 한 가지를 떠올리게 했을 때가 좋은 이유 10가지를 떠올리게 했을 때보다 선호가 더 높았다. 이는 얼마나 쉽게 떠오르는지(회상 용이성)가 내용 자체보다 선호에 더 영향을 미친 것으로 일상에서 고객이 서비스를 좋아하는 이유를 찾는데 어려움을 느끼면 생각보다 좋지 않은 서비스라고 여기게 되는 경우와 유사하다. 사람들의 이러한 현실적인 모습을 서비스 제공 과정에 검토하고 반영해야 한다. 출처 Wänke, Bohner and Jurkowitsch(1997)

이를 이용가능성 휴리스틱Availability heuristic이라고 한다. 이용가능성 휴리스틱을 자주 활용하면 나타날 수 있는 편향 중의 하나가 결과를 알고 나서 마치 예측하였던 것처럼 생각하는 사후 판단 편향Hindsight bias이다. 우리는 흔히 어떤 결

---

* 《행동 경제학》(지형, 2007, 도모노 노리오 저, 이명희 역), 69쪽

과를 본 후 "그렇게 될 줄 알았어"라고 자주 말하게 되는데 사람들은 흔히 어떤 결과가 나타나면 그 결과와 관련해 알 수 있었던 정보를 과대평가하면서 이미 예상했던 것으로 착각해 일어나는 일이다. 이런 사후 판단 편향은 전문가도 자주 영향을 받고 있으며, 서양보다 동양 사람에게 더 강하게 나타난다.

판단이나 의사 결정 과정에서 감성이 휴리스틱으로 작용하여 선택에 영향을 미치기도 한다. 이를 감정 휴리스틱Affective heuristic이라고 한다. 이는 편향을 유발하기도 하는데 그중 하나가 통제에 대한 환상Illusion of control으로 자신이 통제할 수 없는 상황을 통제할 수 있다고 과대평가하는 경우다. 저녁 뉴스 시간은 9시라는 고정 관념이 있던 시기에 SBS에서 8시에 뉴스를 하며 '1시간 빠른 뉴스'라고 이름 지은 것도 시청자의 통제에 대한 환상을 자극한 사례. 즉, TV 매체의 힘이 강했던 시절, 1시간 빨리 세상 소식을 접하는 것이 남보다 앞선 통제력을 가질 수 있다는 느낌을 주어 이를 활용한 사례라고 할 수 있다.*

효용이나 의사 결정에 영향을 미치는 시간이라는 관점에 대해 생각해보자. 다른 시점 간의 선택Inter-temporal choice은 구매 결정 시점과 손익 시점이 떨어져 있을 때의 의사 결정을 의미한다. 다이어트를 결심했다고 말하면서 당장 주어진 눈앞의 디저트를 먹거나, 설레는 마음으로 여행을 계획해놓고서 막상 날짜가 가까워지면 귀찮아하거나 불안해하는 경우가 그 예다. 이와 같은 경험을 누구나 한 번쯤 겪어봤을 것이다. 이처럼 사람의 마음이 합리적인 것만은 아니다. 사람은 미래의 자신은 현재와 같지 않을 수 있고 미래는 불확실하다고 여긴다. 그로 인해 미래보다 현재의 이익을 더 중요하게 여기게 되고 총액이 일정하더라도 시간이 지남에 따라 점점 좋아지는 방향을 선호하게 된다. 그리고 몇 개월 후와 같은 막연한 지연보다는 5월 5일처럼 특정 날짜를 지정해줄 때 인내심이 강해지며 시간상으로 멀고 가까움에 따라 아예 선호가 바뀌기도 한다. 이처럼 다른 시점 간의 선택은 중요하지만 복잡한 원인

---

* 《행동경제학 관점에서 본 소비자 의사결정》(학현사, 2011, 안광호·곽준식 저), 122~123쪽

과 심리 프로세스를 파악해야 현실적인 의사 결정이 가능하다.

　　사람 중심으로 접근하려면 이처럼 주의 깊게 살펴보고 이해해야 할 내용이 다양하다. 그렇지만 주위의 이야기만을 듣고 편향된 판단을 하거나 때로는 자신이 모든 사람의 의견을 대표한다고 판단하고 주관적인 해석으로 가득 찬 프로세스를 진행하는 경우가 흔하다. 카네기 멜런 대학교의 HCI 과정에서 주문처럼 가르치는 '나는 사용자가 아니다 am not the user'라는 말에 공감할 필요가 있다.* 고객과 시장을 이해하기 위한 노력을 게을리해서는 안 된다. 반드시 사무실 밖으로 나가 사람들을 만나야 한다.

정량과 정성, 선택이 아니다

　　마블 세계관에서 아이언맨과 캡틴 아메리카는 협력자이고 경쟁자이면서 한 팀이다. 기술과 돈의 뒷받침이 필요한 아이언맨과 정의와 육체적 힘을 바탕으로 하는 캡틴 아메리카는 흡사 정량과 정성, 데이터와 경험, 숫자와 직관의 관계 같아 보인다. 결론부터 이야기하면 언뜻 서로 대립하는 듯 보이지만 같은 목적을 바라보는 영화 속 주인공들처럼 정량과 정성 역시 함께 공존하고 융합해 새로운 해결책을 제시해야 한다. 정성 접근이든 정량 접근이든 문제를 명확히 정의하고, 데이터를 모아 분석하고, 전략과 실행 방안을 구성하여 행동에 옮기고, 결과를 분석하는 전체 과정은 큰 관점에서 유사하다. 과거에는 하나의 방법에 집중해 프로젝트에 접근하는 경우가 많았지만, 최근에는 다양한 방법을 복합적으로 고려하고 사용해 업무 효과를 극대화하는 경우가 늘어났다. 여러 방법을 함께 활용하려면 각각의 특징과 상호 차이를 이해해야 한다.

---

* 　《스토리텔링으로 풀어보는 UX 디자인》(에이콘출판사, 2011, 김동환·배성환·이지현 저), 225쪽

영화 '시빌 워'에서 서로 대립하는 아이언맨과 캡틴 아메리카 　인간의 최대 역량과 신념, 기술과 지식 등 뚜렷이 나뉘는 상반된 캐릭터를 가진 주인공들은 협력과 경쟁을 반복하지만 결국 세상을 지킨다는 같은 목적을 가진 어벤저스다.

정량 조사는 숫자를 중심으로 중요한 의미를 찾아내고 전략적 접근을 하는 방법으로 설문 조사가 보편적으로 활용된다. 설문 조사는 조사 주체가 다수의 반복된 조사 활동에서 정형화된 질문지와 진행 방식을 구축하고 제공해 효율적으로 운영할 수 있다. 또한 크기, 빈도, 선호도 같은 숫자 중심의 통계 결과를 제공해 결과를 쉽게 이해할 수 있다. 비교적 비용이 적고 진행 기간이 짧아 투자대비 효과가 크므로 우선적으로 고려할 만하다.

그렇다면 정량 접근 방법의 한계는 없는 것일까? 응답자들이 기억에 주로 의존하다 보니 기억 기반 편향이 존재하며, 조사를 의식해 솔직한 생각이나 반응보다는 사회적으로 올바른 답변을 제시하는 경우도 흔하다. 또한 질문지 형태로 구조화하기 어려운 내용이나 말 또는 글로 표현하기 어려운 잠재 니즈Latent needs에 대한 질문은 현실적으로 묻기도 답을 찾기도 쉽지 않다. 그리고 습득된 정보를 상관관계를 중심으로 파악하는 경우가 흔하다. 하지만 서로 어떤 연관성을 가지는지 알게 된 것이 반드시 원인과 결과의 관계를 찾은 것과 동일한 의미는 아니다Correlation does not imply causation.*

---

* 　ko.wikipedia.org/wiki/상관관계와 인과관계

그럼에도 여전히 정량의 결과에만 의존해, 즉 상관관계에만 기대어 결정을 내리는 일이 드물지 않다. 이러한 경우 성공하더라도 왜 성공했는지 그 이유를 정확히 알기 어려워 또 다른 전략으로 이어지기 힘들다. 그럼에도 설문조사와 공개된 일반 리서치 자료만으로 고객을 충분히 파악했다고 흔히 이야기한다. 그리고 기업의 관점에 맞춘 조사 활동이 진행된 후 마치 고객의 목소리인 것처럼 소개하기도 한다.

	정량 조사	정성 조사
관점	어떤 일들이 벌어지고 있는지 확인	왜 그런 현상이 생겨나는지 이해
중심 질문	What	Why
진행 형태	정형화된 질문지 사용	직접적인 인터뷰와 관찰
주요 방법	설문 조사	심층 면접, FGD
표본 수	많은 표본	적은 표본
결과물	숫자 중심으로 객관화	구체적이고 본질 중심

정량 조사와 정성 조사 비교표 기본적으로 정량 조사는 숫자를 중심으로 'What'의 의미를 찾고, 정성 조사는 직접 관찰하고 인터뷰해 'Why'의 답을 찾는다는 차이가 있다.

우리는 혁신을 위해 사람들의 숨겨진 니즈를 찾고 인사이트를 얻어야 한다. 하지만 정량 조사는 앞에서 살펴본 한계점으로 인해 숨겨진 니즈를 찾기가 쉽지 않다. 아무리 많은 양의 시장조사 자료도 현장에 직접 나가야만 찾을 수 있는 내용과 기회를 대신할 수는 없기 때문에 정량 조사는 의사 결정의 참고 자료라고 여겨지기도 한다. 정량 접근이 완벽할 수는 없지만 그렇다고 필요 없다는 얘기는 아니다. 전통적인 조사 방법은 현재 제품이나 서비스를 더 좋게 만드는 존속적 혁신에서 꽤 유용하다.

하지만 기존 비즈니스에 도전하고 새로운 가치를 창출하는 혁신을 이루는 데는 한계점이 있음을 이해하고 이를 극복할 방법을 고려해야 한다. 이러한 측면에서 정성 접근은 고객의 구체적인 상황과 그들의 입장을 이해하게 해주어 정량 접근을 훌륭히 보완할 수 있는 또 다른 축이 될 수 있다. 예를 들어 정량 조사를 통해 기본 정보를 모은 뒤, 정성 조사를 실시해 고객의 니즈를 확인하고, 이를 다시 정량 조사를 통해 검증할 수도 있다. 이와 같은 정량과 정성 기법의 균형 있는 결합으로 잠재 니즈를 확인해 더 다양한 부분을 고려한 시장 세분화도 가능하다. 사람들에 대한 직접적이고 면밀한 관찰을 해야 비로소 빠르고 다양하게 변화하는 환경 속에서 고객이 직면한 본질을 확인할 수 있다. 그리고 그로부터 새로운 기회를 찾아내 올바른 전략적 선택이 가능해진다.

정량이 중요하냐 정성이 중요하냐, 어느 한쪽을 선택하는 건 사실 무의미하다. 어느 쪽이든 한쪽만을 고려한 판단은 위험할 수밖에 없다. 빅데이터의 유행에서도 알 수 있듯이 이미 많은 영역에서 숫자에 기반을 둔 데이터와 정량의 가치는 계속 강조되고 있다. 하지만 데이터에만 의존한 활동이 항상 예상한 결과를 만드는 것은 아니다. 결국 우리가 의식적으로 관심을 가지고 놓쳐서는 안 될 부분은 명확하다. 감정, 직관 등이 만드는 '정성'이다.

● 넷플릭스의 성공과 아마존의 실패

빈지 워칭Binge watching은 드라마를 한 번에 몰아보는 행동을 의미한다. '하우스 오브 카드House of cards'라는 미국 드라마의 몰아보기 현상이 계기가 되어 유명해진 용어다. 미디어 서비스 제공 기업으로 자리 잡은 넷플릭스가 제작한 이 드라마는 고객 데이터를 기반으로 시청자의 욕구를 반영해 만든 시리즈로 언급되며 데이터에 대한 관심을 환기시키는 사례로 빈번하게 등장한다. 과연 데이터가 전부였을까? 넷플릭스와 마찬가지로 데이터를 기반으로 제작했다고 알려진 미국의 또 다른 거대 IT 기업인 아마존의 드라마 '알파하우스Alpha house'의 현실은 그 반대인 실패에 가까웠다.

데이터 분석에 관해 둘째가라면 서러울 아마존은 왜 넷플릭스와 다른 결과를 얻었을까? 데이터 과학자 세바스찬 워닉Sebastian Wernicke은 TEDxCambridge 발표에서 데이터를 이용해 시청자들을 깊이 이해했다면 이를 통해 결론을 내리고 결정을 하는 것은 결국 사람의 몫이라고 강조하였다. 넷플릭스와 아마존의 결과에 중요한 차이를 만든 건 전문가의 관점에서 결정을 내리고 위험을 감수하는 사람의 활동이다.*

넷플릭스의 데이터 역량은 시청자의 인적 정보나 시청 패턴 등을 분석하는 데 중요한 역할을 했다. 하지만 그 외에도 기업 내 의사 결정 과정과 판단, 투자 형태와 스타일, 기업이 보유한 콘텐츠에 대한 이해, 대외 이미지 등 여러 요소가 복합적으로 작용해 성공에 영향을 주었다. 데이터의 성공 사례로 거론되는 내용의 뒷면엔 이와 같은 데이터 외의 요소들에 대한 고려와 분석이 존재한다. 데이터를 기반으로 하는 활동이 강조되고 중요한 것도 사실이다. 하지만 정성적인 요소들이 가져오는 숨은 핵심을 간과한다면 단순한 숫자 맞추기에 그칠 수 있다.

다시 강조하지만 데이터 기반 근거와 상황에 따른 사람의 직관 중 선택을 하자는 이야기가 아니다. 데이터를 잘 이해하고 있는 넷플릭스와 아마존이라는 기업의 사업적 차이가 어디에서 발생했을지 다시 한번 생각해본다면 이에 대한 대답을 스스로 얻을 수 있을 것이다.

사무실 밖으로 나가 고객을 만나라

서비스 디자인을 주도하는 IDEO, 어댑티브 패스 등에서는 사람을 제대로 이해하고 깊이 공감하기 위해 현장으로 나가 맥락을 파악해야 한다고 강조한다. 이를 위해 다양한 정성적 접근을 선택할 수 있겠지만 그들이 하나같

---

* www.ted.com, 'How to use data to make a hit TV show

이 강조하는 방법으로 에스노그라피가 있다. 마치 벽에 붙어 있는 파리처럼Fly on the wall 사람들의 삶 속에 자연스럽게 녹아 들어가 그들을 관찰하고 연구하는 에스노그라피Ethnography는 이제 낯선 기법은 아니다(국내에서는 민족지학이라고도 부르는데 사람들이 어떻게 살아가는지 이해하는 사회연구학이다). 에스노그라피는 연구 공간이 아닌 현장, 즉 사람들이 생활하는 집, 일터, 학교, 식당, 쇼핑 공간, 거리 등에서 자연스럽게 이루어진다. 에스노그라피 전문가를 에스노그래퍼Ethnographer라고 부른다. 퀄리데이터 리서치 설립자인 하이 매리엄폴스키Hy Mariampolski는 《마케터를 위한 에스노그라피》에서 에스노그라피의 기원을 다음과 같이 정리한다.

> "에스노그라피는 20세기 초에 학자들이 사회적 삶과 사회 제도를 과학적으로 연구하면서 발전했다. 개척자들의 의도는 자연과학에서 사용되던 탐색 도구들, 즉 직접 관찰, 엄밀한 측정, 분류, 비판적 탐구 등을 다양한 인간 사회의 연구에 활용하는 것이었다. 이들은 인간의 본성, 사회적 협력, 일상생활의 영위 등에 관한 근본적인 진리를 발견하고자 했다."
>
> — 《마케터를 위한 에스노그라피》(일조각, 2012)

에스노그라피는 1980년대부터 본격적으로 활용되었다. 다만 이때는 전통적인 에스노그라피와 달리 복수의 조사자로 구성된 연구팀이 상대적으로 짧은 시간에 집중적인 관찰을 수행하는 응용 형태를 띠었다. 인간 중심의 접근을 위해 자주 언급되고 차용되는 이 방법은 기업으로선 현재 사용자가 원하는 것뿐만 아니라 앞으로 원할 것 또한 알 수 있어 고객과 시장에 대한 전략적 통찰을 얻게 한다. 특히 타깃 시장에 대한 이해가 부족하거나 사용자에 대한 새로운 관점이 필요할 때 적절히 활용될 수 있다. 정성 접근이 기본이지만 때로는 통계 방법 등의 정량 접근을 접목하기도 한다.

학술 관점의 전통적 에스노그라피와 비즈니스 측면의 응용적 에스노그라피를 좀 더 비교해보자. 전통적 에스노그라피는 학문 및 사회 공공 이익을 연구 안건으로 다루며 집단 안에서 관계를 형성하고 상호작용을 통해 총체적으로 이해하는 것이 중요하다. 따라서 장기간 진행되며 근본적인 사회 연구 중심의 활동이 이루어지는 경우가 많다.

반면 마케팅과 같은 비즈니스 측면의 에스노그라피는 고객 행동과 사업 활동을 중심으로 조사 의뢰 집단과 이해관계자의 이익이 주로 안건을 정하는 기준이 된다. 그러다 보니 결과를 소유하고 비밀을 보장해야 하는 경우가 많다. 특히 전통적 방법과 비슷한 경우도 있지만 대부분 일정과 예산에 제약이 있다. 전통적 방법과 비교해 주 또는 월 단위의 짧은 기간 동안 진행되고 평가 역시 신속하게 진행된다. 그리고 팀 구성과 협업이 중요한 요소가 되는데 집단 형태의 연구를 통해 제한된 일정을 어느 정도 보상할 수 있기 때문이다. 결국 학술 관점에선 학문적 목적과 성취가 활동의 주요 이유가 되지만 비즈니스에선 실용적 통찰력이 더 중요하다.

	전통적 에스노그라피	응용적 에스노그라피
주요 분야	학술 연구 관점	마케팅, 디자인 등 비즈니스 측면
중심 안건	학문 및 사회 공공 이익	고객 행동과 사업 활동
결정 기준	근본적인 사회 연구 중심	이해관계자의 이익
접근 형태	장기간 집단 안에서 관계 형성	팀 구성과 협업 강조
일정 기간	장기간 진행	주 또는 월 단위의 단기간
결과 관점	학문적 목적과 성취	실용적 통찰력과 비즈니스 반영

전통적 에스노그라피와 응용적 에스노그라피 비교표 학술 및 비즈니스 분야에 따라 접근 형태, 기간, 관점 등에 차이를 보인다.

뻔하고 당연한 얘기지만 오늘날 정성 조사의 원형으로 설명되는 에스노
그라피 역시 용어 그 자체가 중요한 것은 아니다. 그 안에 녹아 들어있는 사
람에 대한 자연스러운 관찰의 중요성과 가치를 이해해야 한다. 실제로 사회
학과 인류학이라는 입장에 따라서도 그 범위를 다르게 설명할 수 있다. 사회
학에서는 에스노그라피가 현장 조사Field research, 관찰 조사Observational research, 참여
관찰Participant observation과 차이 없이 언급되기도 하지만, 인류학에서는 현장 조사
와 참여 관찰을 에스노그라피에 포함되는 개념으로 설명한다.* 어느 쪽이든
서비스 디자인 씽킹에서는 현실 세계를 다룬다는 점에 초점을 맞춰야 한다.

기차 여행에 대한 관찰 활동과 스케치를 통한 시각화   사람들이 처한 환경으로 들어가 그들을 이해
하고 때로는 직접 대상 커뮤니티의 일원이 되는 참여 관찰을 통해 공감하는 것은 사람 중심의 변화
를 만드는 데 중요하다.

디자인 사고에 기반을 둔 전략적 접근도 유사한 관점을 가진다. 전략을
수립하기 위해 일반적으로 활용하는 설문 조사 방식은 주로 직접적이고 닫
힌 질문을 통해 다수의 인원을 대상으로 쉽고 간편하게 답을 얻을 수 있지만
그 한계도 분명하다. 사람들은 자신이 정말 원하는 바를 제대로 표현하지 못

---

* 《마케터를 위한 에스노그라피》(일조각, 2012, 하이 매리엄폴스키 저, 이용숙 외 역), 27쪽

하거나 심지어 때로는 모를 때도 있다. 이를 넘어서려면 정성 기법이 필요하다. 이때의 디자인 에스노그라피Design ethnography는 전통적 에스노그라피와 유사한 연구 방법을 통해 사람들과 그들을 둘러싼 환경을 총체적으로 이해하고 공감대를 형성해 통찰을 얻는 종합적 관점의 접근 방법이다.* 결국 실제 환경에서 사람들의 행태를 직접 관찰하고 이를 통해 숨겨진 단서를 찾고 모아서 일정한 유형을 찾아야 한다. 그리고 행태와 콘텍스트에 대한 깊이 있는 이해를 기반으로 숨어 있는 비즈니스 기회가 어느 영역에 있을지 찾아야 한다. 이러한 접근을 시장 지향 에스노그라피 관찰법Market-oriented ethnographic observation이라고도 한다. 놓치기 쉽거나 발견하기 어려운 부분에 대한 다양한 관찰과 관심을 통해 우리는 새로운 전략 기회를 발견할 수 있다.

● 콘텍스트를 이해하라

사람을 깊이 인터뷰하고 사람의 행동과 환경을 관찰하는 이유는 뭘까? 이는 콘텍스트Context를 이해하고 확인하려는 것이다. 요약되고 일반화되거나 사람이나 제품(서비스) 같은 한 개체에 집중하는 것과는 다르다. 사람과 제품의 상호작용, 주변 환경, 시간적 흐름 등 다양한 요소가 어떠한 관계를 맺고 작용하는지 전체적인 맥락에서 관찰하고 구체적으로 만들어야 한다. 《콘텍스트를 생각하는 디자인》의 저자 캐런 홀츠블랫은 콘텍스트를 '실제 현장에서 실제 일을 수행하는 사용자에게서 데이터를 수집해 실제 환경에서 나타나는 사용자 니즈를 이해하는 것'으로 설명한다.** 고객이 있는 곳으로 가서 콘텍스트를 확인하기 위해 노력할 때 정말 원하는 것이 무엇인지, 해결되지 않은 어려움은 무엇인지, 숨겨진 니즈는 무엇인지 등을 공감하고 이해할 수 있다.

콘텍스트를 사전에서 찾아보면 '맥락', '상황', '전후 관계' 등으로 소개

---

* 《디자인 방법론 불변의 법칙 100가지》(고려문화사, 2013, 벨라 마틴 외 저, 유다혜 외 역), 60쪽
** 《콘텍스트를 생각하는 디자인》(인사이트, 2008, 캐런 홀츠블랫 외 저, 팀인터페이스 역), 96쪽

된다. 서비스 디자인 씽킹 프로세스에서 콘텍스트가 무엇을 의미하는지 얀 칩체이스가 DHBR과의 인터뷰 중 언급한 사례를 들어보자.* 전기를 사용하게 된다는 건 어떤 의미일까? 마을에 전기가 들어온 후 어떤 변화가 생겼는지 현장 조사 중 물었을 때 뜻밖의 대답을 들을 수 있었다. 사람을 만나러 가는 데 약 1시간 정도 더 시간이 걸리게 되었는데 전기의 사용으로 인해 다림질할 수 있게 되었기 때문이다. 그렇다면 1시간이 더 걸리더라도 다림질한 옷을 입는 것이 왜 중요한 걸까? 그곳에서 다림질한 옷은 마치 도시의 명품 가방처럼 자신을 드러내고 삶의 수준을 나타내는 상징이기 때문이다.

인터뷰를 통해 전기가 들어오자 다림질을 할 수 있어 외출에 1시간 더 걸린다는 표면에 드러난 변화를 아는 것도 중요하다. 하지만 우리에게 필요한 건 표면에 드러난 생각과 행동의 변화 이상을 이해할 수 있는 콘텍스트다.

결국 혁신을 위해서는 사람들의 콘텍스트가 반영된 인사이트Insight, 통찰력를 찾아야 한다. 인사이트는 우리가 고객과 그들이 있는 현장에서 보고 들은 것에 대한 해석이다. 즉, 현장에서 행동을 관찰해 발견한 흥미로운 발견점이나 고객의 행동과 콘텍스트 속에서 일정한 패턴을 찾아내 본질을 바라보는 것을 의미한다.

하지만 인사이트가 거창한 내용을 뜻하는 것은 아니다. 예를 들어 학교에서 벌어지는 상황을 생각해보자. 학생들의 낮은 수업 참여라는 문제의 해결책을 찾고자 수업을 관찰하고 학생을 인터뷰해보자. 관찰을 통해 교수가 참여를 유도하려고 해도 학생들은 쉽게 손을 들지 않는다는 점을 발견했다. 인터뷰를 해보니 사람들이 쳐다보는 것이 부담스러워 손을 들지 않았다는 점을 확인할 수 있었다. 그래서 학생들을 여러 그룹으로 나눠 교류할 수 있는 접점을 늘리면 부담이 줄어들어 더 활발하게 수업에 참여할 수 있다는 인사

---

*   〈행동 관찰의 얀 칩체이스에게 듣는다 : 디자인 리서치는 'Why'를 알아내는 것이다〉(DHBR, 2014년 4월24일 인터뷰). www.dhbr.net/articles/-/2505

이트를 도출할 수 있다. 이처럼 인사이트는 사람과 그들이 처한 환경에서 맥락을 고려해 찾고 느낄 수 있었던 크고 작은 발견점을 의미한다.* 그리고 이렇게 발견한 인사이트는 다시 디자인 원칙을 거쳐 문제 해결의 아이디어로 이어져 혁신을 만드는 또 다른 출발점이 된다.

학교 수업 사례를 통해 살펴본 인사이트 발견 과정 낮은 수업 참여라는 문제를 해결하기 위해 우선 ① 수업을 관찰하고, ② 학생을 인터뷰한 후, 이를 통해 그룹 형태의 수업 방식 도입이라는 인사이트를 얻을 수 있었다. 이처럼 사람을 깊이 인터뷰하고 그들의 행동과 환경을 관찰해 콘텍스트가 반영된 인사이트를 찾아낼 수 있다.

콘텍스트가 반영된 인사이트를 찾는 것은 서비스 디자인 씽킹 프로세스의 핵심이다. 물론 이러한 인사이트가 곧 혁신은 아니며 혁신으로 연결되려면 여러 단계와 활동을 거쳐야 한다. 하지만 콘텍스트를 이해하고 인사이트를 찾는 것은 프로세스의 시작점을 만드는 기본이며 주요 활동이라는 점을 잊어선 안 된다.

---

* 《스토리텔링으로 풀어보는 UX 디자인》(김동환·배성환·이지현 저), 97쪽

2.2 혁신을 위한 접근과 기회 찾기

우리는 혁신이나 고객 중심을 실천한다고 생각하지만 정말 그런지 한 번쯤 다시 짚어볼 기회가 필요하다. 잠시, 서비스를 이용하면서 만나게 된 어려움을 사용자의 잘못으로 치부하는 경우를 떠올려보자. 적지 않은 서비스와 제품 안내문 등에서 쉽게 만나게 되니 그리 어렵지는 않을 것이다. 이는 과거에 공급자의 시각에 사로잡혀 비즈니스 기준을 잡고 접근하기 때문에 발생한다. 때로는 제공자 편의를 개선한 기능과 요소마저도 오히려 또 다른 장애 요인이 된다.

지속적인 혁신을 이루며 앞으로 나가기란 쉽지 않다. 모두가 변화에 익숙한 것도 아니며 어려움을 느끼는 경우도 흔하다. 그리고 앞에서 살펴본 바와 같이 사람은 생각보다 논리적이지도 않아서 막연히 자신을 믿고 지나치는 것이 더 큰 어려움의 원인이 될 수 있다. 분명한 건 사람은 기억할 만한 인상적인 경험을 원하며 이를 위한 서비스를 제공받을 수 있기를 원한다. 혁신을 위한 기준과 관점을 기르는 데 무엇이 필요한지 살펴보자.

파괴적 혁신

모바일과 사물 인터넷을 통해 시공간의 경계가 무너지면서 변화의 속도에 가속도가 붙었다. 많은 이가 비즈니스 성공을 위해 단기간의 유행이 아닌 지속적이고 꾸준한 혁신에 갈증을 느낀다. 그리고 혁신의 흐름을 만드는 접근 가능한 효율적이고 효과적인 방법을 원한다.

클레이튼 M. 크리스텐슨 하버드 교수가 1990년대 중반 소개한 파괴적 혁신Disruptive innovation 이론은 혁신을 위한 다양한 관점과 접근 방법을 제시한다. 파괴적 혁신 이론은 혁신을 언급할 때면 빠지지 않는 익숙한 방법론으로 신생 기업이 성장하면서 강력한 기존 기업에 우위를 확보하려면 비교적 간단하고 편리하며 비용이 적게 드는 혁신을 이뤄야 한다고 주장한다.* 여기서 말하는 파괴는 작은 기업이 기존 기업의 안정된 비즈니스에 성공적으로 도전하는 과정을 의미한다. 자원이 부족한 조직이나 스타트업 등이 신규 비즈니스를 성장시키려면 자연스럽게 파괴적 혁신 이론을 살펴보게 된다. 파괴적 혁신 이론이 설명하는 두 가지 측면, '존속적 혁신Sustaining innovation'과 '파괴적 혁신'에 대해 생각해보자.

존속적 혁신은 유지Sustaining라는 측면으로 접근한다. 기존에 꾸준히 고려해오던 고객을 중심으로 이미 제공되던 좋은 제품과 서비스를 더 좋게 만드는 활동이다. 수익성이 높은 기존 고객은 이미 까다로운 품질 기준을 가지고 있다. 따라서 이들이 가지고 있는 기준을 만족시키려면 더 빠른 속도나 더 선명한 이미지 등 향상된 품질 개선에 무게 중심을 두게 된다. 이는 기술 로드맵 관점의 개선 포인트를 중요하게 다루는 활동으로 자주 나타난다.

반면 **파괴적 혁신**은 저가 시장과 신규 시장을 기반으로 기존의 비즈니스에 도전하는 과정에서 주로 발생하는데, 두 가지 방법이 있다. 첫 번째는 요구 수준이 낮은 고객이 쓸 제품을 공급하여 시장의 기존 기업을 위협하는 '저가 시장 발판Low-end footholds' 방법이다. 두 번째는 존재하지 않던 시장을 창조해 비소비자를 소비자로 바꾸는 '신규 시장 발판New-market footholds' 방법이다. 기본적으로 파괴적 혁신 모델은 기존 기업이 무시한 수익성이 낮은 시장에서 이 두 가지 사업 발판을 기반으로 기존과 다른 비즈니스 모델을 구축하며 발생한다. 존속적 혁신에 익숙하고 유리한 기업들은 파괴적 혁신으로 시장을 공격해오는 기업이 위협적일 수밖에 없다.

하지만 모든 비즈니스가 같은 방향으로 접근할 것도 아니고 유행에 따르듯 쫓을 수도 없다. 사람들이 파괴적 혁신을 자주 언급한다고 잘되던 기존의 모든 사업을 급격히 바꿔야 하는 것은 아니다. 일부의 오해와 달리 파괴적 혁

---

* 《미래 기업의 조건》(비즈니스 북스, 2005, 클레이튼 크리스텐슨 저, 이진원 역), 14쪽

신이 성공한 모든 비즈니스를 설명할 수도 없다. 즉, 기업이 성공했다는 결과를 근거로 파괴적이라고 주장 하는 것은 위험할 수 있다. 파괴적 혁신의 개념을 만든 크리스텐슨 교수의 지적처럼 오히려 기존 고객층을 강화하는 존속적 혁신에 지속적으로 투자하는 활동과 더불어서, 기존 사업과 분리된 파괴적 혁신의 기회를 만들 새로운 사업 조직을 운영하는 것이 현실적인 성공 전략이 될 수도 있다. 그리고 단순히 기술의 발전으로 혁신이 얻어지는 것도 아니지만 파괴적 혁신을 다루는 많은 사례는 여전히 기술 중심으로 다룬다. 반드시 고객 인사이트 중심의 관점으로 차별화를 살펴보고 확인해야 한다.

1. 기존 사업자는 점진적으로 개선해나가는 것을 혁신으로 여긴다. 그들은 현재 비즈니스 모델을 유지하기 위해 프리미엄 제품의 품질을 개선하는 데 집중한다.예를 들면 타임스의 '스노우폴'이 존속적 혁신이다.

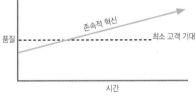

2. 파괴자는 새로운 제품을 소개하지만, 처음에는 위협적으로 보이지 않는다. 그들은 낮은 품질을 가진 더 싼 제품으로 시작한다. 예를 들면 버즈피드의 소셜 미디어 배포가 파괴적 혁신이다.

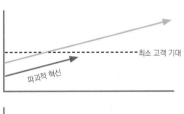

3. 시간이 흐르면서, 파괴자는 보통 새로운 기술을 도입하는 형태로 그들의 제품을 개선한다. 그들의 제품이 대부분의 고객에게 '그럭저럭 충분한' 때가 되면 그 순간 발화점이 발생한다. 그들은 이제 기존 사업자의 시장 점유를 빼앗으며 성장할 태세가 된다.

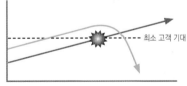

파괴적 혁신의 접근 유형 파괴적 혁신은 요구 수준이 낮은 고객 중심으로 저가 서비스와 제품으로 공략하는 '저가 시장 발판'과 경제적이고 기술적 이유로 기존의 서비스와 제품을 사용하지 않던 고객을 대상으로 존재하지 않던 시장을 만드는 '신규 시장 발판'으로 이루어진다. 2014년 유출된 뉴욕 타임스의 내부 혁신 보고서에서도 기존 사업자를 위협하는 파괴적 혁신을 다룬다.
출처 www.mashable.com/2014/05/16/full-new-york-times-innovation-report

그뿐만 아니라 우리는 파괴적 혁신의 목적이 제품과 서비스를 만드는 요령과 방법을 말하는 것이 아니라는 점 또한 고려해야 한다. 현상에 대한 예측이나 결과에 대한 설명이 아닌 실행 측면에서 바라본 파괴적 혁신은 분명 접근하기 쉽지 않다. 실제로 크리스텐슨 교수는 파괴적 혁신 이론의 이 부분을 보완하고자 고객이 왜 어떤 선택을 했는지 알려주는 해결 과제Job to be done 이론을 새롭게 제시했다.*

고객들은 어떤 제품과 서비스가 자신의 니즈를 충족시킬지 말할 수 없을 뿐 아니라 자신이 무엇을 원하는지도 정확히 알지 못한다. 어떤 전략적 접근을 선택하든 혁신이 이러한 고객의 문제를 해결하거나 도와줘야 한다는 건 분명하다. 파괴적 혁신도 마찬가지다. 우리는 지금까지 찾지 못했거나 없던 해결책을 제시해 새로운 고객 경험을 만들어야 한다. 혁신으로 접근하는 서비스 디자인 씽킹의 목표도 다르지 않다. 특히 혁신을 위한 접근 방법을 설명하고 있는 서비스 디자인 씽킹 프로세스는 현장 적용에 있어 분명한 강점이 있다. 펩시콜라로 유명한 펩시코 최고 경영자 인드라 누이는 다음과 같이 이야기했다. "디자인은 혁신으로 이어지고 혁신은 디자인을 요구한다." 혁신을 고민하면서 디자인을 연결하는 것은 그만큼 이상적이고 자연스러운 일이다.

성공과 파괴적 혁신 간의 오해

흔히들 혁신을 강조하며 비즈니스의 성공을 파괴적 혁신이라 간주한다. 하지만 성공에 파괴적 혁신 이론을 잘못 적용하여 소개하는 일이 빈번하다. 이와 관련해 크리스텐슨 교수는 《하버드비즈니스리뷰》 2015년 12월호에서 파괴적 혁신이 많은 경우 부적절하게 적용되고 있으며 시장에서 빠른

---

* 《하버드비즈니스리뷰》(2016년 9월호), '고객의 해결과제를 파악하라', 클레이튼 크리스텐슨 외 저, 64쪽

속도로 성장세를 보이는 모든 비즈니스 모델에 파괴적 혁신을 언급하는 건 용어 남용이라고 언급했다. 파괴적 혁신 이론은 기업의 행태와 위협 등을 설명하고 예측하게 해주지만 성공할 수도 있고, 또 그렇지 않을 수도 있다.

기업의 성공이 곧 파괴적 혁신의 결과는 아니다. 크리스텐슨 교수는 이 해를 돕기 위해 우버와 아이폰의 사례를 들어 구분해서 설명한다. 우버와 아이폰은 모두 성공한 플랫폼 기반 모델이지만 우버는 존속적 혁신의 성 격을, 아이폰은 파괴적 혁신의 성격을 갖고 있다. 우버가 미국의 택시 비즈 니스를 변화시킨 것은 분명하다. 하지만 우버는 스마트폰을 통해 운전자와 승객을 연결해 기존 택시에 대해 우위를 확보하고 이를 통해 택시 이용에 익숙한 기존의 주요 소비자를 대상으로 성장 기반을 마련했다. 즉, 저가 시 장이나 비소비자 대상의 신규 시장에서 시작한 것이 아니라 먼저 주류 시 장에서 출발했다는 점에서 파괴적 혁신 이론과는 정반대 접근을 했다. 반 면에 아이폰은 다른 스마트폰과의 경쟁이 아닌 이동성이 좋은 인터넷 접 속 기기라는 측면에서 개인용 컴퓨터와의 경쟁하는 방향으로 성장했다. 그 리고 앱 개발자와 사용자를 이어주는 비즈니스 모델을 통해 새로운 생태계 구축에 집중했다. 초기 아이폰은 기존 고객에게 더 좋은 제품을 제공한 것 으로 이야기될 때도 있지만, 그 후 이루어진 성장 과정은 신규 시장을 개척 한 파괴적 혁신으로 볼 수 있다.[*]

모든 성공을 하나로 설명할 수 없다. 혁신 방법 역시 하나의 관점으로 접 근하면 안 된다. 오히려 다양한 문제 영역에 관심을 두고 시장의 변화를 여 러 각도에서 고민하고 이해해야 한다.

---

[*] 《하버드비즈니스리뷰》(2015년 12월호), '파괴적 혁신이란 무엇인가', 클레이튼 M. 크리스텐슨 외 저, 51~54쪽

고객 중심으로의 변화

더 많은 기능을 제공한다고 고객이 더 좋아하는 건 아니다. 오히려 필요 없는 명목으로 지불할 비용만 느는 건 아닌지 걱정할 수도 있다. 기술 주도 변화는 구현을 위해 분명 중요하며 때로는 여기에서 새로운 고객의 니즈가 만들어지기도 하지만 고객이 정말 원하는 부분을 해결할 수 없다면 단지 마케팅 카피 한 줄 늘이는 용도로 그치게 된다. 하지만 여전히 혁신을 고민할 때 기술에 집착하게 되는 습관을 버리기 어렵다. 기술이 중요하지 않다는 얘기가 아니다. 하지만 결국 서비스나 제품의 가치를 평가하고 그 대가를 지불하는 것은 고객, 즉 사람이다. 그러므로 사람을 중심에 두는 것은 너무 당연한 일이다.

사람의 마음을 사로잡고 지속적으로 필요한 서비스를 제공하는 것은 과거에도 서비스 공급자의 숙제였다. 하지만 오늘날에는 온·오프라인 경계가 없으며 사물이 연결되어 기존에는 고려하지 않았던 상황이 빈번하게 발생한다. 이제 필요한 서비스를 만드는 숙제는 갈수록 더 풀기 어려운 문제가 되었다. 이 풀기 힘든 문제를 해결하고 살아남고자 고객을 중심에 둔 기업의 다양한 접근을 살펴보자.

아마존의 **고객 집착**Customer obsession은 고객이 정말 원하는 것을 찾아 비즈니스 전략을 구성하는 잘 알려진 사례다. 아마존의 제프 베조스는 2014년 주주에게 보낸 편지에서 아마존의 방식 네 가지를 소개했는데 그중 첫 번째가 바로 고객 집착이다. 고객 집착은 언제나 경쟁사가 아닌 고객으로 시작하며 고객이 요구하기 전에 먼저 움직인다는 의미다.

고객을 중심에 둔 사례는 맥도날드에도 있다. 2010년대 들어서 맥도날드는 쉑쉑 버거, 인앤아웃 등 경쟁사를 분석하여 수제 버거와 유사한 옵션과 고급 샐러드 등을 시장에 소개했지만 번번이 실패하였고, 2014년 최악의 실적으로 평가 받았다. 2015년 새롭게 맥도날드를 이끌게 된 스티브 이스터 브룩은 사람들이 왜 맥도날드를 찾는가에 집중했다. 그리고 메뉴 혁신 등을 통해 저렴한 가격에 빠르게 식사할 수 있는 패스트푸드 본연의 가치를 제공하기 위해 노력했다. 그러한 분석 결과, 그동안 고객의 니즈가 있었지만 조리 기구나 재고 관리 등의 이유로 아침 시간에만 한정 판매했던 맥모닝을 종일 판매하기로 했다. 그 결과 한 달 동안 증가한 신규 고객의 30%가 맥모닝 판매 연장 시간에 맥모닝을 구입하려고 방문했다. 그 외에도 2달러에 두 가지 메뉴를 고객이 직접 고를 수 있게 해 고객층을 다변화했다. 이 노력에 대해 파이낸셜타임스는 2015년 3분기 실적 발표 기사에서 고객에게 선택권을 주고 고객의 취향을 고려한 전략으로 평가했다. 2016년 1분기에 맥도날드는 총 순익 11억 달러로 전년 동기 대비 35% 개선된 실적을 올렸다. 레스토랑 수준의 음식을 빠르게 제공하는 패스트캐주얼 체인점의 성장, 경쟁 패스트 체인점에 비해 낮은 성장률 등 맥도날드가 넘어야 할 과제는 여전히 많다. 그럼에도 고객 중심의 변화가 기업의 전환점을 만들 수 있음을 확인할 수 있는 계기가 되었다.

간단해 보이는 시도와 노력이 고객의 불편을 해소하고 더 좋은 경험을 제공하는 혁신이 되기도 한다. 봉지 커피를 손으로 손쉽게 가로로 찢어 즐길 수 있게 한 포장 방법도 그러한 노력이 반영된 결과다. 스틱형 봉지 커피를 뜯을 때 점선을 따라 가로로 찢는 건 누구에게나 당연하다. 하지만 가로로 뜯는 이지컷Easy cut은 2008년에 처음 등장했다. 1987년 봉지 커피가 소개된 이후 우리는 포장지 위의 V자 홈을 따라 커피믹스를 세로로 찢어왔다. 세로로 찢으면 끝 부분만 뜯어져 다시 반대 부분을 뜯어야 할 때도 있고 자칫 너무 많이 찢어져 쏟아져 버리기도 했다. 동서식품이 선보인 이지컷은 이 문제를 해결하기 위해 가로로 커팅 선을 내어 쉽고 안전하게 뜯을 수 있게 한 것이다. 가로로 뜯는 포장이라는 접근은 간단해 보이지만 사람들의 행동을 관찰해 불편함을 찾고 숨겨진 니즈를 해결하기 위한 노력의 산물이다. 커피믹스는 맛도 중요하지만 간편하게 즐길 수 있는지도 중요하다. 혁신은 아주 큰 변화에서 이루어지기도 하지만 이처럼 작은 변화에서 예상치 못한 좋은 경험으로 비즈니스 경쟁력을 높이기도 한다.

공감에 기초한 고객 중심의 접근에서 한 가지 더 고려할 부분이 있다. 바로 정서적 가치Emotional value에 기반을 둔 전달이다. 정서적 가치 제안Emotional value proposition은 소중함, 편안함, 즐거움 같은 느낌에 대한 약속을 의미하며 실용성을 넘어 이를 표현하는 것이다.* 고객을 중심에 두고 있다면 성능이 아닌 경험과 관련된 감정을 표현에 담아내야 한다. 즉, 사람들의 행동과 니즈에 대한 내용을 전달하는 과정에서 사용되는 정서적 언어의 역할은 매우 중요하다.

고객이 실제로 어떤 환경에서 서비스를 어떻게 활용하고 행동하는지 또 그들이 그에 대해 어떻게 생각하고 말하는지 직접 관찰할 때, 현재 비즈니스에 필요한 통찰력을 얻을 수 있다. 더 나아가 고객 중심의 접근은 새로운 전략 방향과 시장 기회를 찾는 중요한 도구가 된다. 이 부분은 서비스 디자인 씽킹 프로세스를 실제 현장에서 구현할 때 중요하므로 이 책에서 꾸준히 언급될 것이다. 시장의 변화와 고객의 니즈를 파악하고 이를 반영하려면 어떤 활동이 필요한지 그 구체적인 내용은 2부에서 6단계를 거치며 더 차근히 알아보자.

● **고객 자신도 모르는 진짜 니즈를 쫓아라**

비즈니스에서 사람 중심, 인간 중심은 꾸준한 관심사다. IDEO의 팀 브라운은 디자인 씽킹을 '혁신을 향한 인간 중심적 접근 방식'으로 강조하며, 니즈를 수요로 전환하기 위한 해답으로 '인간을 모든 이야기의 중심으로 되돌려야 한다'고 제안한다. 그는 사람들 대부분이 불편에 적응해 스스로 불편

---

* 《하버드비즈니스리뷰》(2015년 9월호), 'Design Thinking Comes of Age', Jon Kolko 저

을 인식하지 못하게 되는데 이것이 사람들의 니즈를 디자인으로 구현하는 일을 가로막는 가장 기본적인 문제라고 언급했다. 따라서 사람들이 스스로 깨닫지 못하는 잠재 욕구를 끄집어내어 뚜렷이 밝히는 활동이 디자인 사고를 실천으로 옮기는 혁신가들의 과제라고 강조한다.*

사람 중심 접근을 구체적으로 이해하려 들 때 빠지지 않고 등장하는 내용이 있다. 바로 잠재 니즈다. 이는 알고 있더라도 표현되지 않거나 자각하지 못하는 욕구이다. 많은 경우, 고객이 불편하다고 명확하게 표현하는 표면적 니즈를 언급한다. 하지만 사람들은 자신이 말하거나 생각하는 대로 행동하지도 않고, 또 반대로 자신의 행동을 늘 말하는 것도 아니다. 결국 표면적으로 드러난 니즈에 집중해서는 우리가 원하는 혁신의 기회를 얻기 어렵다. 따라서 우리는 고객의 숨겨진 니즈를 찾고자 노력해야 한다. 설문 조사처럼 사람들에게 직접 물어서는 잠재적인 문제를 찾을 수 없다. 겉으로 드러나지 않지만 해결된다면 기쁘거나 놀랄 만한 부분을 확인해야 한다. 따라서 에스노그라피를 활용한 관찰 기법의 적용이나 정량과 정성 접근의 균형 잡힌 활동 등을 통해 깊고 넓은 인사이트를 얻어야만 한다(이 부분은 2부의 관찰하기, 분석하기 단계를 통해 공감을 바탕으로 하는 인간 중심의 접근을 현장에 적용할 수 있다).

많은 사람은 넷플릭스를 스트리밍 서비스와 콘텐츠를 제작하여 공급하는 기업으로 생각한다. 넷플릭스의 시작이 회원제 비디오 대여 서비스였다는 것도 블록버스터라는 대형 비디오 대여 체인의 후발주자였다는 것도 이제는 기억하지 않는다. 지금은 사라진 블록버스터가 오프라인 대여 시장에 계속 집중하는 동안 넷플릭스는 고객이 원하는 바가 변하고 있으며 이를 뒷받침할 기술 또한 발전하고 있음을 놓치지 않았다. DVD 중심의 대여 서비스 시장을 위해 노력하면서 동시에 온라인 스트리밍 시장의 가능성을 살폈

---

* 《디자인에 집중하라》(팀 브라운 저), 66~67쪽

다. 고객이 정말 필요로 하는 건 비디오나 DVD를 대여하는 활동 그 자체가 아니다. 어떤 비즈니스 형태를 취하든 자신이 원하는 영화를 제때 편하게 즐길 수 있는 것이 사람들이 원하는 가치다. 결국 사람들이 정말 원하고 필요로 하는 것을 찾아 이를 해결하는 선제적 변화가 필요하다. 한때 블록버스터와 경쟁하던 넷플릭스가 이제는 전혀 다른 사업영역에서 세계 1등 기업으로 발돋움하게 된 이면에는 이러한 잠재 니즈를 찾아내는 노력이 있었던 것이다.

팀 브라운의 언급처럼 인간 중심 접근은 사람들의 행동을 관찰하고 경험을 파악해 그들이 미처 말하지 못했거나 또는 스스로 깨닫지 못했던 욕구를 알아내고 이를 새로운 기회로 엮어내는 것이다. 이러한 인간 중심 접근을 구체적인 비즈니스 영역으로 연결하고 실행하는 데 필요한 것이 바로 서비스 디자인 씽킹 프로세스다.

혁신을 위한 고려 사항

현재 활동이 사람들에게 가치를 주는지 그리고 언제까지 계속될 수 있을지 생각해보자. 그리고 산업 형태가 변해도 동일한 답을 얻을 수 있을지 생각해보자. 만약 현재 통용되는 비즈니스를 운영하고 성과가 있다고 생각돼도 고객에게 주어지는 가치에 대한 확신이 약해지고 특히 미래에도 같을 거란 생각이 들지 않는다면 변화를 고민해야 한다. 주변 모두가 변화의 필요성을 분명히 인식한 후에는 이미 늦은 고민이 된다. 그래서 혁신이란 늘 한 발 먼저 움직이고 빠르게 행동할 때 가능하다.

스탠퍼드 대학의 디스쿨d.school은 디자인 사고 방법을 중심으로 영역을 가로지른 협력을 통해 혁신과 창조를 이끄는 방법을 가르친다. 디스쿨은 SAP의 공동 창업자 하쏘 프래터너가 IDEO의 디자인 씽킹을 확산시켜야 한다는 생각으로 스탠퍼드 대학에 기부해 만들었으며 특히 다양성과 차별성 위에 실행하면서 배움Learn by doing을 강조한다. 디자인 씽킹의 요람으로 주목받는 디스쿨에서 말하는 혁신에 필요한 힌트를 다음 그림에서 확인해보자.

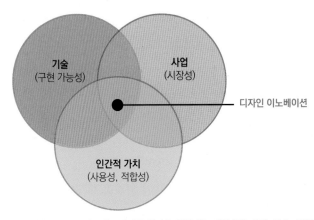

디자인 씽킹을 표현한 벤 다이어그램 디자인 씽킹을 통한 이노베이션은 사람, 기술, 사업이 연결되는 지점에서 이루어진다는 것을 보여준다. 출처 www.dschool.stanford.edu

디자인 이노베이션은 디자인 사고를 중심으로 비즈니스 전략이나 모델을 바꾸고 새로운 결과물을 내놓는 데 집중한다. 디자인 이노베이션은 인간적 가치, 비즈니스, 기술의 교집합에서 나온다. 사람들이 무엇을 바라는지, 기술적으로 실현 가능한지, 비즈니스로 실행할 수 있고 성공할 수 있는지를 모두 고민해야 한다. 사람들의 니즈, 기술 가능성, 사업 성공을 위한 요구 사항을 통합시키는 디자이너의 툴킷에서 인간 중심의 혁신 방법이 출발한다. 결국 혁신을 원한다면 세 가지의 균형이 중요하다. 그럼에도 실무적인 관점에서 더 주의 깊게 바라봐야 하는 한 가지를 꼽자면 바로 사람의 가치다! 기술과 사업 역량은 지금까지 꾸준하게 집중해왔으며 앞으로도 그럴 것이다. 하지만 만드는 역량보다 더 중요한 것은 만들 대상이다. 바로 사람들이 필요로 하는 부분을 만들 때 시장에서의 지속 가능성 역시 생길 수 있다. 하지만 그동안 그것이 무엇인지 찾는 노력은 약했다. 고객을 이해하기 위해 인구 통계 기준의 정보를 파악하는 제한적 노력을 하거나 누구나 찾을 수 있는 공개 정보에 의존하는 것 외에는 없는 경우도 드물지 않았다. 물론 현장에 나가 고객을 관찰하고 이해하는 활동과 노력은 더욱 제한적이었다. 하지만 이제 사람이 가치를 느낄 수 있는지 먼저 살펴보고 이를 혁신의 출발점으로 삼아야 한다.

사람으로부터 시작되는 혁신은 사무실 안에서 문서 작업을 통해 나오는 것이 아니다. 피처폰이 최신 전화를 의미하던 2000년대 중반 휴대 전화 제조사들은 스마트폰 시대를 고민했다. 당시 많은 기업은 스마트폰 시장 성장이 제한적일 것으로 예상한 글로벌 컨설팅 업체의 조언을 믿었다. 결국 애플이 아이폰을 중심으로 시장을 주도하면서 완전히 새롭고 빠른 그리고 혁신적인 스마트폰 시대를 열었다. 당시 상황에 대해 여전히 휴대 전화 시장의 급격한 변화는 누구도 알 수 없었고 혁신에 대한 대응이 늦은 건 어쩔 수 없었다고 얘기한다.

하지만 모두가 예측하지 못한 것은 아니다. 2007년 디자인 리서치 기업 프로그의 얀 칩체이스Jan Chipchase의 '휴대폰에 대하여'라는 TED 발표를 보기 바란다.* 그는 대부분 사람은 열쇠, 돈, 휴대폰을 가장 중요한 소지품으로 생각한다고 말한다. 그리고 은행이나 신분증의 역할 등이 휴대폰에 부여되면서 세계를 점점 더 빠르게 움직이게 해 혁신을 이룰 것이라고 언급한다. 스마트폰이라는 말도 없던 때에 현장에 나가 다양한 사람의 행동 속에서 관찰을 통해 발견한 인사이트다. 바로 모바일 폰의 혁명을 본 것이다. 경영 컨설턴트의 보고서를 사무실에서 읽는 것도 중요하지만 현장에서 사람들을 더 주의 깊게 관찰하여 인사이트를 찾으려 노력했다면 오늘날의 스마트폰 경쟁 지도가 달라졌을

---

* www.ted.com, 'The anthropology of mobile phones'

지도 모른다. 이처럼 혁신과 변화를 원한다면 현장에 나가야 한다는 중요성은 아무리 강조해도 지나치지 않다.

경쟁자보다 한발 앞서 나가거나 지금까지 없던 새로운 변화를 만드는 과정에서 고민과 어려움은 당연히 발생한다. 그럼에도 변화를 다방면으로 고려해야 한다. 무엇이 필요하고 무엇이 필요 없는지 답을 얻기가 쉽지 않을 것이다. 다만 결정을 회피하기 위해 고민이 길어져서는 안 된다. 주저하는 사이에 진행할 일들이 쌓이고 어려움 또한 더 커질 것이 분명하기 때문이다. 혁신을 원한다면 지금 당장 사람의 가치를 출발점으로 삼고 더 빠르게 실행해야 한다.

프로세스 적용을 위한 고민

서비스 디자인 씽킹 프로세스는 이미 다양한 형태로 비즈니스 현장은 물론 사회 혁신 활동에서 진행되고 있다. IDEO, P&G, GE 등 해외기업은 물론이고 SK, 삼성 등 국내 기업과 정부 기관 및 사회단체가 주요 사례를 공개하거나 효과를 소개하며 그 중요성을 강조하고 있다. 예를 들어 소프트웨어 솔루션 기업 SAP은 디자인 씽킹을 통해 근본 문제를 해결하고자 앱하우스 코리아AppHaus Korea를 2016년에 설립했다. 삼성은 미래 계획을 세우고 디자인 씽킹 중시 문화를 이끌기 위해 전략 디자인 조직과 디자인경영센터를 만들었다.

새로운 전략이나 비즈니스 모델을 통해 시장을 이끌고 싶다면 불확실성 요소를 받아들이고 대신 치밀한 분석과 실행을 바탕으로 그 위험을 낮추는 게 오히려 올바른 접근이다. 어떤 의미에선 이러한 시도 자체가 혁신의 촉매가 되어 새로운 성공을 만드는 디딤돌이 되기도 한다. 이러한 고민과 고려 없이 표면적으로 드러난 절차를 훑어보고 비슷한 활동을 하거나 단순히 사람을 채용하고 공간을 만드는 데 그친다면 이는 교육 활동이나 트렌드를 파악하는 것과 크게 다르지 않다. 물론 의미가 없는 것은 아니지만 기존과 다른 혁신을 만나기란 쉽지 않을 것이다.

디자인 사고 중심의 프로세스를 진행한다는 것은 관점을 바꾸고 디자인 방법론을 적용하는 과정에 집중해 새로운 기회를 창출한다는 의미다. 과거에는 시장을 바라보고 새로운 접근을 시도하는 활동이 마케팅 영역에 집중되는 경우가 많았다. 하지만 디자인 사고 중심의 변화된 활동이 비즈니스에 반영되고 강조되면서 자연스럽게 디자이너의 활동과 역할에 관심이 더해지고 그들의 부담감 역시 늘어나고 있다. 여전히 심미적 관점의 멋진 결과물을 만드는 부분은 디자이너의 주요 역할이지만, 이제 디자인 활동의 무게 중심을 프로세스로 이동해야 하며 특히 문제를 이해하고 관찰하고 분석하는 과정이 필요하다. 이는 비즈니스를 고려한 디자이너의 논리적인 접근이 필요하다는 의미지만, 그렇다고 크고 무거운 부담감을 그들만 가져야 한다는 것은 결코 아니다. 디자이너가 균형을 잡고 디자인 사고와 방법론을 적용할 수 있게 협업 과정이 충실히 이루어져야 한다.

즉, 디자인 사고를 중심으로 다양한 분야의 전문가로 구성된 다학제팀이 필요하다. 디자이너들은 이제 디자인 경영, 서비스 디자인, UX 디자인 등이 기업 경영의 전략 수단이며 전체 비즈니스에서 중요한 역할을 한다는 것을 잘 알고 있다. 하지만 디자인 사고 중심의 혁신은 한 명의 천재 디자이너가 아닌 각자 전문성을 보유한 여러 사람의 팀워크로 이루어지는 활동이다. 이를 뒷받침할 수 있는 조직 구조와 환경의 조성이 가장 먼저 해결해야 할 과제다.

사람을 중심에 둔 혁신 프로세스를 적용하려면 다양한 요소를 고려하고 준비하고 적용해야 한다. 하지만 그러한 과정에서 잊어선 안 되는 핵심은 반복적인 시도와 다양한 제약에 대한 낙관적인 믿음이 필요하다는 점이다. 소개된 프로세스 중 일부를 가볍게 따라하는 것만으로 의외의 성과를 얻을 수도 있겠지만 니즈 기반의 아이디어가 비즈니스 활동까지 일련의 과정으로 진행되도록 이끌기를 바란다. 이를 위해 대부분 여러 차례의 고민과 도전이 필요하다. 그때마다 적어도 하나의 답은 찾을 수 있을 것이란 긍정적인 생각으로 반복하자.

모든 혁신이 디자인 사고 중심의 프로세스에서 오는 것은 아니지만 사람에 대한 충분한 이해 없이 어렵다는 것만은 분명하다. 특히 지금까지 당연하게 생각해온 내용에 사로잡혀 사람들의 표면적 모습만 훑어서는 안 된다. 혁신을 원한다면 사람을 충분히 이해하고 그 과정에서 찾은 해결책을 제시해 고객의 마음을 사로잡아야 한다. 특히 기존의 정량화에 의한 접근에 한계를 느낀다면 관찰과 인터뷰를 통해 사람을 이해하는 정성적 방법으로 시선을 돌려 극복해보자. 어떤 변화든 고민은 있을 수밖에 없다. 결국 하거나 하지 않거나다. 지금 우리에게 필요한 것은 실천에 옮기는 행동이다. 다음 장에서는 서비스 디자인 씽킹을 이해하기 위해 필요한 여러 개념을 알아보기에 앞서, 프로세스를 활용한 사례를 통해 전체 흐름을 가볍게 확인해볼 것이다.

03

실전 사례

고양이 스마트 장난감

서비스 디자인 씽킹은 아이템마다 적용 방법이 달라 정형화하기 힘들지만, 전체 흐름에서 보면 비슷하다. 따라서 사례를 통해 서비스 디자인 씽킹을 활용하는 전체 흐름을 빠르게 살펴보면 이후 장들의 구체적인 내용을 익히는 데 도움이 될 것이다. 이제부터 IT 하드웨어 기반의 스타트업 '리틀보이사이언'의 두 번째 사업 아이템인 '캣치캣츠' 사례를 살펴보자. 디자인 씽킹을 중심으로 제품을 기획하고 서비스한 과정을 살펴보면서 서비스 디자인 씽킹 방법론이 비즈니스에 어떻게 적용되는지 확인해본다. 이 사례에 자신의 프로젝트 활동에 어떻게 연결될 수 있을지 가늠해보기 바란다(서비스 디자인 씽킹 프로세스의 단계별 활동은 2부에서 본격적으로 살펴본다).

Project 소개

캣치캣츠 프로젝트

캣치캣츠는 고양이와 반려인을 위한 스마트 장난감이다. 고양이의 움직임에 반응하는 낚싯대 형태의 자동 장난감으로, 패턴이 단조롭지 않아 고양이가 실내에서 질리지 않게 운동할 수 있고, 특히 반려인이 바쁠 때 고양이에 할애하는 시간을 줄일 수 있어 꽤 유용하다.

고양이 스마트 장난감 '캣치캣츠' 반려 고양이와의 생활을 관찰하며 출발한 프로젝트로 '리틀보이사이언'의 두 번째 사업 아이템이다.

'어떻게 하면 고양이와 내가 함께 지내는 생활이 더 행복해질 수 있을까?' 새로운 사업 아이템을 찾던 리틀보이사이언의 장민준 대표는 반려동물과 함께 하는 생활 속의 이 고민이 다른 많은 사람에게도 중요할 것이라는 생각을 하게 되었다. 그리고 범위를 넓혀 다음과 같이 새롭게 질문을 구성했다.

"우리가 어떻게 하면 스마트한 기술로 반려 고양이와 반려인이 더 행복하게 공존하는 데 도움을 줄 수 있을까?"

이 질문이 과연 사람들에게 어떤 가치를 줄 수 있을지 좀 더 다양한 방향에서 진지한 고민이 필요했다. 더 넓은 범위의 사람들이 해결을 요구하는 부분인지? 만약 그렇다면 리틀보이사이언에서 해결할 수 있을지? 그리고 아이템화할 수 있다면 사업 측면에서의 가능성은 어떤지? 반복된 고민 끝에 서비스 디자인 씽킹 프로세스를 반영한 프로젝트로 그 가능성을 타진해보고, 결과에 따라 구체적인 사업 방향성과 사업화 확장 여부를 결정하기로 정했다.

프로젝트를 '캣치캣츠'로 이름 지은 후 세컨더리 리서치^{Secondary research, 2차}조사를 진행했다. 시장 정보와 전망을 다룬 각종 연구소의 보고서, 책, 리서치 자료 등을 조사해 해당 시장의 전반적인 상황을 확인하고 시장 데이터를 바탕으로 경쟁 분석을 진행했다. 통계청 정보와 농협 경제 연구소의 동향 리포트 등을 통해 2013년 기준으로 국내엔 68만 가구의 고양이 반려인과 120만 마리의 반려 고양이가 있으며, 연간 2천억 원의 반려동물용품 시장이 있다는 것을 확인했다. 특히 고양이 반려 인구가 큰 폭으로 증가할 것으로 예상했으며 1인 가구의 고양이 반려인 증가가 두드러질 것으로 예측했다. 그리고 미국의 3천만 가구와 일본의 5백 5십만 가구를 포함해 해외시장 규모가 연간 50조 정도 예상되어 국내 시장 검증 후 적극적인 해외 진출 검토가 필요해 보였다.

시장 가능성을 확인 후 고양이와 반려인의 생활에서 발견되는 아이템에 대한 조사를 진행했고, 스마트 기술을 포함해 리틀보이사이언이 보유하고 있거나 준비 중인 역량을 기준으로 조사 범위를 좁혔다. 그리고 새롭게 제안한 아이템이 시장에 나왔을 때 과연 경쟁력이 있는지 등, 앞으로의 가능성을 함께 고민했다. 이 과정에서 확인된 몇 가지 아이템 중에서 고양이 장난감 카테고리를 좀 더 자세히 검토해보기로 했다. 먼저 고양이 장난감의 전체 품목 중 약 60%가 저가형 수동 낚싯대 장난감이며 현재 자동형 장난감에 대한 시장 수요가 지속되고 있다는 것을 조사에서 확인할 수 있었다. 자동형 장난감은 시장에 출시된 종류가 많지 않았는데, 그중 확인할 만한 제품은 네 가지 정도로 판단되었다. 이 제품 대부분은 수동형 제품과 마찬가지로 고양이의 흥미를 자극한다는 기본 목적에 맞춰 제작되었지만, 내구성이 약하거나 고양이의 운동 효과까지 노리기는 어려웠고 일부는 수동형 제품보다 디자인 면에서도 뛰어나지 않았다. 시장에 있는 제품을 검토한 결과, 디자인이 우수하면서 자동화 기능이 제대로 구현된 제품이라면 고양이 장난감 시장에서 우위를 확보하는 것이 가능해 보였다. 그리고 현재 시장에 흔하지 않은 스마트 장난감이라면 독점적 위치도 가능하겠다는 결론을 내렸다.

3.2 프로세스 2 관찰하기

사업 가능성을 확인한 리틀보이사이언은 비디오 에스노그라피를 응용해 고양이 '딩딩', '바바'와 함께 지내며 반려 고양이가 사람과 있는 시간은 물론이고 혼자인 밤에 온종일 어떤 생활을 하는지 촬영해 관찰했다. 사람과 두 고양이의 생활을 관찰한 내용은 온라인에 일기 형태로 기록했는데, 이후 진행된 조사 활동에서도 인터뷰나 관찰 대상자에게 일기장을 작성하듯 생활 내용을 기록하도록 요청해 살펴보았다.

비디오 에스노그라피를 응용한 관찰 활동　고양이의 활동 관찰은 CCTV를 설치해 사람이 있을 때는 물론, 밤에도 확인하였고 온라인 일기 형태로 관찰 내용을 기록했다.

이어서 반려 환경이 다른 여러 잠재 고객을 만나 직접 인터뷰하고 그들의 환경을 체험하고 관찰하는 활동을 진행했다. 사전 조사 내용을 바탕으로 프로젝트의 잠재적 고객 모습을 반영해 다음의 핵심 조건을 포함하는 대상자 조건을 도출했다.

- 20~30대 싱글 여성
- 출퇴근으로 인해 집을 비우는 시간이 많은 직장인
- 최근 1~3세의 반려 고양이를 입양한 반려인
- 콘텐츠 생산과 소비가 많은 SNS 사용자

도출된 조건을 토대로 이를 충족하는 인터뷰 대상자를 섭외하고 인터뷰와 관찰을 통해 행태를 파악하는 조사 활동이 이어졌다. 조사는 실제 생활 공간이나 자주 방문하는 고양이 카페에서 여러 차례 진행되었다.

실제 생활 공간을 방문해 인터뷰한 관찰 진행 사례 실제 환경에서 인터뷰하고 생활을 관찰할 때 자연스러운 행동을 확인하고 숨겨진 니즈를 확인할 수 있다.

이러한 조사를 통해 고양이 반려인들의 다양한 행태와 그 안에 숨은 여러 가지 발견점을 파악할 수 있었다. 수집된 내용을 확인하고 해석해 본격적으로 분석하는 과정에서 짚어봐야 할 핵심 요소를 니즈 형태로 정리했다.

- 집을 비웠을 때 혼자 있을 고양이에 대한 걱정을 줄이고 싶다.
- 비만이 되기 쉬운 고양이에게 자연스럽게 운동시키고 싶다.
- 퇴근하고 피곤할 때 고양이와 놀아주는 활동을 손쉽게 해결하고 싶다.
- 1인 가구로 자취방이 좁아 어울릴 수 있는 디자인이 필요하다.

3.3 프로세스 3 분석하기

관찰 단계에서 확보한 데이터를 분류, 종합, 정리해 도출한 니즈를 해결하기 위해 어떤 콘셉트가 구현되고 포함되어야 할지 다양한 측면에서 살펴보았다. 행태와 니즈를 기반으로 패턴을 파악해 찾아낸 해결 방안에 반드시 반영해야 할 요소는 다음과 같다.

- 고양이 혼자 있을 때도 놀 수 있는 반응형 제품이 필요하다.

- 고양이의 운동량을 늘리기 위해 활동적인 움직임을 유도하고 싶다.

- 거리나 위치와 상관없이 고양이와 놀아줄 수 있는 편의 제공이 필요하다.

- 1인 가구를 고려한 디자인으로 공간을 효율적으로 활용하고 싶다.

그리고 실행 가능한 아이디어를 도출해내는 다음 단계를 위해 프로젝트의 근본 질문인 '우리가 어떻게 하면 스마트한 기술로 반려 고양이와 반려인이 더 행복하게 공존하는 데 도움을 줄 수 있을까?'를 기반으로 콘셉트를 발전시킬 세부 영역을 새로운 질문 형태로 구성했다.

- 우리가 어떻게 하면 반려 고양이 혼자서도 장난감을 가지고 놀 수 있을까?

- 우리가 어떻게 하면 반려 고양이의 움직임을 유도하는 장난감을 만들 수 있을까?

- 우리가 어떻게 하면 공간을 효율적으로 활용한 장난감을 디자인할 수 있을까?

이와 함께 스타트업으로서 '반려 고양이를 위한 스마트 장난감을 만든다면 과연 충분한 판매 수익을 올릴 수 있을까?'라는 비즈니스 관점의 질문을 다음과 같이 나누어 판단해보았다. '고려 중인 시장의 현재 환경은 어떤가?', '사업화를 타진해볼 접근 가능한 기본 수요는 있는가?', '보유한 기술을 통해 제품화는 가능한가?', 조사 과정에서 얻은 여러 내용을 토대로 질문에 대한 답은 모두 '좋다'라는 확신을 가질 수 있었다. 이처럼 시장에서의 사업화는 사업가의 직관과 통찰에 의해 추진될 수도 있지만, 이때 관찰과 분석 활동은 아이템을 시작할 타당한 근거를 제시하고 긍정적 확신을 하게 해준다.

지금까지의 프로젝트 활동을 통해 이해하고 관찰하고 분석하는 확산과 수렴의 과정을 운영했다. 그리고 여기서 도출된 인사이트를 바탕으로 프로토타이핑을 진행해 최적의 제품 형태로 완성해가는 다음 단계를 이어갔다.

3.4 프로세스 4 발상하기

어떤 스마트 장난감이 시장에서 기회를 잡을 수 있을지, 반려 고양이와 반려인에게서 발견한 핵심 요소를 기반으로 우선 아이디어를 가능한 한 자유롭게 많이 도출했다. 특히 아이디어는 단순한 스케치더라도 그림으로 표현해 누구나 해당 아이디어가 무엇인지 시각적으로 쉽게 판단할 수 있게 했다.

도출된 다양한 아이디어를 다시 현실적인 제약 사항을 반영해 한 번 더 발전시켰다. 아이디어 자체에 너무 집중한 것은 아닌지, 분석 단계까지 진행하며 찾은 핵심 요소와 발견점이 반영되었는지 등을 확인했다. 그리고 '스마트'라는 용어에 묶여 기술을 사용할 대상을 찾는 것이 아니라, 우리가 적용할 기술이 사람들에게 과연 어떤 가치를 줄 것인지 집중할 필요가 있었다. 또한 아이디어가 새롭고 기발하더라도 리틀보이사이언의 입장에서 현실적인 접근이 가능한지, 그리고 이러한 노력을 통해 사람들이 원하고 필요한 가치를 줄 수 있는지 신중하게 판단했다. 이 과정에서 반드시 반영해야 할 아이디어 구현 요소를 도출해 다음과 같이 정리했다.

- 혼자 놀 수 있는 기능을 구현한 반응형 제품 설계
- 고양이의 운동량을 늘리는 움직임이 있는 동적인 파트 구현
- 위치와 거리의 제약을 줄여주는 리모컨 기능 포함
- 디자인을 만족시키는 새로운 기판, 3D 프린팅을 통한 개인화 등의 요소 고려

함께 도출된 전용 모바일 앱 제작, 동물 병원 연계, 솔루션 제공에 필요한 인프라 구축 등의 서비스 아이디어는 매력적이지만 단기간 실행에 어려움이 있었다. 군더더기 없이 빠르게 구현할 요소를 먼저 실행에 옮겨 사업화하기로 했고, 이에 대한 성과를 확보한 후 매력적이지만 실행하지 않은 부분을 다시 검토하기로 했다.

3.5 `프로세스 5` 제작하기

캣치캣츠 프로젝트의 초기 프로토타입은 빨대와 종이 등으로 구현해 손쉽게 확인하고 빠르게 수정하는 데 초점을 맞췄다. 아두이노로 동작 구현 방법을 확인해 세부 움직임을 잡아 나가며 종이로 다양한 시안을 실험하고 개선하는 작업을 반복해, 원하는 움직임을 제공하면서 회로를 안전하게 보호할 수 있는 디자인을 찾았다.

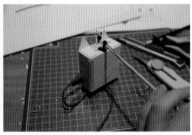

초기 프로토타이핑 좌측은 아이디어의 가능 여부를 확인하고자 빨대를 이용한 프로토타입, 우측은 종이를 이용해 최적의 디자인을 찾고자 실험하는 모습

초기 형태가 어느 정도 정해진 후 아두이노를 바탕으로 회로를 구성하고 3D 프린팅 등을 활용해 다양한 콘셉트의 디자인을 확인하는 하드웨어 프로토타이핑을 진행했다. 아두이노와 3D 프린팅은 상용화 품질의 디자인 작업

을 제공하기는 쉽지 않지만 적정한 비용 내에서 빠르게 작업할 수 있다는 점에서 캣치캣츠의 프로토타이핑을 위한 현실적이고 적절한 선택이었고, 차별화 아이디어로 나온 개인용 맞춤 디자인 제공과 같은 부분의 구현을 함께 검토해볼 수 있었다.

프로토타입을 활용해 실제 환경에서 사람과 고양이가 어떻게 사용하는지 확인하고 고객의 반응은 어떤지 비교할 수 있었고, 이 과정에서 얻은 피드백을 반영해 제품을 좀 더 발전된 모습으로 구현했다. 이러한 프로토타이핑 작업을 여러 번 진행하며 최종적으로 만족할 만한 제품의 모습을 정할 수 있었고, 제작 방식 등 상품화 관점에서의 가능성을 다시 한번 검증하는 기회를 얻었다.

다양한 프로토타이핑 진행　PCB 제작(좌), 3D 프린팅을 활용한 모델링(우) 등으로 여러 차례의 프로토타이핑과 테스트, 피드백 과정을 거치며 꾸준히 개선한 끝에 원하는 결과물을 얻을 수 있었다.

3.6 프로세스 6 성장하기

하드웨어 기반 프로젝트를 다수의 고객에게 전달하려면 자재 구매부터 PCB 제작, 금형 제작과 사출 과정 등의 활동이 필요할 뿐 아니라, 수량과 가격 등을 판단해 투자와 수요 부분을 예측하고 의사 결정하는 까다로운 운영이 요구된다. 리틀보이사이언은 유료 고객 및 시장 가능성을 타진하고자 크라우드 펀딩crowd funding을 진행하기로 결정했으며, 창의적인 프로젝트에 대한 방문자의 관심이 높고 결제와 같은 부분에서 특정 브라우저 영향이 적은 플랫폼을 가진 '텀블벅' 서비스를 활용했다.

크라우드 펀딩을 통해 프로젝트는 일정 인원 이상의 고객 확보를 통한 제작 비용의 조달 외에도 사람들의 반응 및 지표의 확인이 필요하여 다음 활동을 함께 진행했다. 플랫폼 가이드와 소셜 공유에 적합한 동영상과 GIF 이미지를 제작해 페이스북, 인스타그램, 트위터 등에서 활용했고, 특히 광고 게시물은 두 가지 형태로 제작한 뒤 반응과 조회수가 더 높은 내용을 확인해 유료 광고로 운영했다. 이를 통해 여러 유입 채널에서 얻어진 데이터를 바탕으로 펀딩 추이를 확인하면서 중요 시점에 추가 홍보나 이벤트 등을 진행해 더 큰 고객 반응을 끌어냈다.

캣치캣츠 프로젝트는 초기 설정보다 훨씬 높은 기준 대비 511%의 펀딩 목표를 최종 달성했으며, 준비 과정과 제작 조립 과정을 거쳐 완성한 최종 제품의 배송까지 완료해 1차 사업화 단계를 성공적으로 마무리했다. 이 과정에서 제품에 대한 다양한 피드백과 함께 고객의 입소문과 기사화 등 홍보 기회를 가질 수 있었고, 펀딩 정보를 기준으로 일반 생산 제품 및 개인 맞춤형 디자인 제품의 수요를 검증했다.

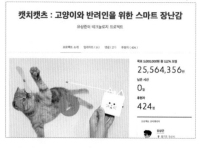
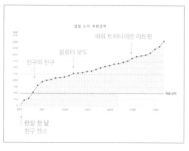

방문자와 고객 반응을 확인해 운영한 크라우드 펀딩 활동   크라우드 펀딩 진행 페이지 모습(좌). 캣치캣츠 프로젝트는 펀딩 상황과 추이를 확인해 그때그때 이벤트를 관리해(우) 최종 프로젝트 목표를 초과 달성할 수 있었다.

크라우드 펀딩 과정에서 학습한 내용을 바탕으로 리틀보이사이언은 2차 사업화 단계를 진행했다. 구매 리뷰와 소셜 미디어 등의 고객 의견을 반영해 소프트웨어 업데이트, 기구 속도와 리모컨 센서 등의 하드웨어 개선, 협업을 통한 서비스 제공 방법 변화 등의 후속 활동을 운영했다. 그리고 아이디어를 추가한 제품을 선보였으며, 국내 온·오프라인 시장 확대는 물론 일본, 대만, 미국 등 글로벌 판매 채널을 확장하기도 했다.

캣치캣츠 프로젝트 사례에서 확인한 대로 고객을 만나고 그들의 상황에 직접 뛰어들어 고객의 콘텍스트를 경험하고 면밀히 분석했을 때 비로소 해결 방향을 찾고 제시할 수 있다. 정말 사람들이 원하는 것을 발견했다면 집중해서 그 해결책을 찾아야 한다. 그러한 관점에서 캣치캣츠 프로젝트는 제한된 자원 안에서 현재 상황을 혁신하고 새로운 기회를 찾는 사람들이 분명 살펴볼 만한 사례다.

◆◆◆

캣치캣츠 프로젝트를 통해 앞으로 이어질 서비스 디자인 씽킹과 단계별 프로세스를 익히는 과정에서 몇 가지 짚어볼 사항이 있다.

1 **전체 진행 과정에서 고객을 직접 만나고 관찰하는 활동을 충실히 가졌다.**
책상에서 일어나 사무실 밖 현장으로 나가라는 이야기는 낯설지 않겠지만, 이를 실천하느냐 그렇지 않으냐가 결국 결과의 차이를 만든다. 어떤 방법론도 실천 없이 정답을 알려주는 것은 불가능하다.

2 **비즈니스에서 현실적인 관점으로 프로세스에 접근했다.**
모든 프로세스는 그 의미가 있고 진행하면 도움이 되므로 가급적 많은 단계를 정교하게 거치고 싶겠지만, 현재 상황을 정의한 뒤 우리 비즈니스에 적용해볼 수 있는 부분을 빠르게 판단해 실행에 옮기는 게 더 중요하다. 현장에서 벌어지는 일은 대부분 교과서처럼 차근차근 진행되거나 가정대로 환경이 조성되지 않는다.

3 **혁신을 위한 새로운 접근과 확장 가능성에 대한 고민을 계속했다.**
유행을 받아들인다는 것과는 차이가 있다. 새로운 시도는 어느 순간 갑자기 가능하기보다는 꾸준한 관심과 경험이 필요하며, 어느 정도 미리 가늠하고 있던 부분이 결국 실제 사업에서 선택하게 될 때가 적지 않다. 관찰 활동을 어떻게 진행하는 것이 효과적일지, 프로토타이핑은 어떤 방법이 좋을지 등을 판단하고 선택하는 일 역시 마찬가지다.

이제 다음 장을 통해 서비스 디자인 씽킹의 정의, 영역, 경계에 대한 내용을 자세히 확인해보자.

서비스, 디자인

새롭게 정의하기

정보통신 기술과 디지털 기술의 확산으로 산업은 빠르게 전환하고 융합해 온·오프라인에서 새로운 산업 흐름을 만들어 경쟁 구도를 변화하게 만들었다. 이러한 변화를 대표하는 키워드 '소프트화'는 서비스 산업의 비중이 증가하고 소프트웨어의 비중이 높아지는 것을 가리키며 흔히 '서비스화'라는 말로 사용된다. 소프트화된 현재의 서비스는 디지털 기술을 기반으로 제공하며 모바일 기기를 통해 시간과 공간의 제약 없이 연결된다. 《디자인혁명, 디자인경영》(디자인네트, 2003, 조동성 저)에 따르면 경제 소프트화 현상은 선진국에서는 이미 70%가 이루어졌으며, 세계은행 통계에 따르면 2017년 고소득 국가의 전체 고용 중 서비스 비중이 74%를 차지할 정도다. 이러한 급격한 변화 속에 새로운 경쟁 우위를 갖추려면 서비스 디자인을 중심으로 인상적인 경험과 가치를 제공하는 과정이 필요하며 전통적인 사고를 뛰어 넘는 새로운 관점으로 접근해야 한다.

혁신은 기존의 것을 돌아보고 새로운 가능성의 방향을 찾는 데서 출발한다. 2005년 《비즈니스위크》에서 브루스 누스바움 교수는 1990년대에는 혁신을 이야기할 때 기술을 의미했지만 오늘날에는 디자인에 더 무게 중심을 둔다고 언급하며 혁신의 흐름이 디자인을 중심으로 변화되고 있음을 강조했다. 따라서 비즈니스 현장에서 만나게 될 혁신을 위한 질문의 답을 스스로 찾으려면 서비스는 물론 디자인에 대한 관점을 정리하고 기준을 잡아야 한다.

이번 장에서는 디자인, 서비스, 서비스 디자인에 대한 새로운 관점과 다양한 접근 방법을 살펴본다.

4.1 비즈니스 관점으로 접근하는 디자인

디자인은 무엇인가? 그동안 디자인은 외형적 가치를 부가하는 시각적 개념 중심으로 주로 다루어졌다. 하지만 이제 혁신과 전략이라는 비즈니스 관점으로 디자인을 다시 정의하고 고민해야 한다. 덴마크 디자인센터는 디자인 사다리 모델을 통해 산업 방향이 무디자인No design 단계와 스타일링Design as styling 단계를 지나 혁신을 이끄는 프로세스Design as process 단계와 전략적Design as strategy 단계로 나가고 있으며 기업 핵심 역량으로 활용된다고 제시한다.

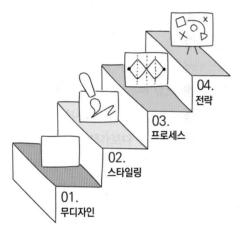

덴마크 디자인센터의 디자인 사다리 모델 4단계로 구성된 이 모델에서 점차 성숙한 디자인은 전략적 관점을 제시해야 한다는 점을 보여준다.

그리고 이러한 변화에 대해 디자인 컨설팅 기업 pxd 이재용 대표는 '사업적 측면, 개발 측면, 기술 측면, 그리고 사용자 측면 모두를 고려하는 것이 요즘 시대의 디자인이다'라고 강조한다.*

디자인 씽킹은 새로운 아이디어를 만들고 성공적으로 이용하는 혁신과 전략을 위한 디자인 중심 접근 방법이다. IDEO의 팀 브라운은 2008년 《디자인 씽킹》이라는 글에서 '소비자들이 가치 있게 평가하고 시장의 기회를 이용할 수 있으며 기술적으로 가능한 비즈니스 전략에 대한 요구를 충족시키

---

* 《월간 디자인》(2016년 456호), 'pxd 이재용, UX를 말하다'

기 위하여 디자이너의 감수성과 작업 방식을 이용하는 사고방식'으로 디자인 씽킹을 정의했다. 이제 디자인 사고 중심으로 사람들의 니즈를 파악하고 해결하여 제품이나 서비스 개발 과정을 수행해야 한다.

디자인, 그림 그리기에서 벗어나라

이제부터 우리가 주목해야 할 디자인은 시각 결과물 위주의 한정된 범위가 아니다. '디자인은 그림 그리기'라는 생각에서 벗어나야 혁신을 꾀할 수 있기 때문이다! 그러므로 시각 중심의 디자인이라는 개념을 넘어 정보, 소프트웨어, 비가시적 가치 등을 다루는 여러 분야와의 유기적 조화를 강조한 확장된 개념으로 이해하자. 즉, 새로운 가치를 만들고 이를 구현하는 혁신의 과정으로 디자인을 다루고 접근해야 한다.

디자인은 '지시하다' 또는 '표현하다'라는 라틴어 'designare'에서 유래했다. 위키백과에서는 디자인을 '명사로서의 디자인은 다양한 사물 혹은 시스템의 계획 혹은 제안의 형식 또는 물건을 만들어내기 위한 제안이나 계획을 실행에 옮긴 결과를 의미하며, 동사로서의 디자인은 이것들을 만드는 것을 의미한다'라고 정의한다. 허버트 사이먼이 1969년 출간한 《인공과학The Sciences of the Artificial》에서는 '디자인은 현재의 상태를 좀 더 낫게 변화시키려는 의도를 실현하고자 수행하는 지적 행위'로 정의한다. 즉, 디자인을 더 나은 것을 만들어내려는 사고방식으로 묘사한 것이다. 조지 콕스는 새로운 아이디어를 유발하는 '창의성'과 새로운 아이디어를 성공적으로 이용하는 프로세스인 '혁신'의 매개체로 '디자인'을 정의한다Design is what links creativity and innovation. 이처럼 이미 디자인에 대한 다양한 정의와 의미 부여가 있다. 그러므로 디자인은 예쁘게 표현하고 그리는 것으로 한정된 것이 아니다. 오히려 혁신과 문제 해결의 과정과 유사하다.

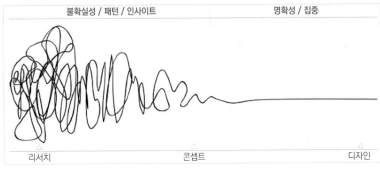

불확실성 / 패턴 / 인사이트		명확성 / 집중
리서치	콘셉트	디자인

By 다미엔 뉴먼Damien Newman

초기의 불확실함을 하나의 점처럼 명확하게 만드는 것으로 디자인을 표현한 이미지 다미엔 뉴먼은 '꾸불꾸불한 선으로 표현한 디자인(Design squiggle)'을 통해 디자인을 처음에는 혼란스럽고 예측할 수 없더라도 나중에는 일관되고 집중된 콘셉트로 정착하게 되는 것으로 표현한다. 이처럼 디자인은 시각 중심의 한정된 개념을 넘어 새로운 가치를 만들고 구현하는 과정이다.
출처 https://thedesignsquiggle.com

생산자 중심의 디자인은 마케팅 중심의 디자인을 거쳐 사용자 중심의 디자인으로 변화하고 있다. 새로운 디자인 혁명은 더 이상 기술을 최고의 목표나 가치로 삼지 않으며 인간 중심의 디자인을 지향한다. 선진 기업은 이미 디자인을 통한 차별화를 넘어 디자인 전략과 실행을 통한 디자인 중심 경영을 실시하고 있다. 그리고 창의와 혁신을 중심으로 성공한 실리콘밸리의 스타트업 중 에어비앤비, 인스타그램 등 디자인을 중요시한 기업 사례 역시 어렵지 않게 찾을 수 있다. 하지만 여전히 디자인에 대한 다양한 접근이 몇몇 기업이나 특정 산업 영역에만 해당하는 것은 아닐까 의심이 된다면 글로벌 비즈니스에 영향을 주는 투자자의 행보를 살펴보자. 우선 미국의 벤처 캐피털인 클라이너 퍼킨스 코필드 앤드 바이어스는 MIT 미디어 랩과 로즈 아일랜드 디자인 스쿨RISD을 이끈 존 마에다를 디자인 파트너로 영입했다. 이 외에도 어댑티브 패스 출신의 제프리 빈Jeffrey Veen은 트루 벤처스True Ventures로, 구글 출신의 아이린 유Irene Au는 코슬라 벤처스로 영입되었다.* 주요 벤처 캐피털에서 디자인 전문가를 원하는 이유는 분명하다. 바로 비즈니스의 전략과 투자를 위한 의사 결정에 있어 디자인은 반드시 고려해야 하는 주요 항목이기 때문이다.

디자이너 하라 켄야는 디자인을 '가까운 미래 산업을 예견하고 보여주는 작업'으로 이야기한다. 예술과 가깝게 느껴지는 디자인이 결정적으로 예술과 다른 점은 비즈니스와 연결되어 산업의 발전과 혁신에 기여한다는 점이다. 결국 디자인은 산업에 대한 이해를 통해 반드시 비즈니스와 연결되어야 하고 미래를 고민해야 한다.

디자인 씽킹, 직관적 사고와 분석적 사고의 균형

디자인 씽킹, 즉 디자인 사고는 문제 해결이 필요할 때 사람들에 대한 이해와 공감을 중심으로 혁신적인 솔루션을 도출하도록 이끌고 중심을 잡아주는 사고방식이다. 이는 디자인을 사고방식으로 바라 본 허버트 사이먼의 디자인에 대한 정의가 반영되고 발전된 것으로 설명되기도 한다. 1992년 리처드 부캐넌 교수는 〈디자인 사고와 지독한 문제들Wicked Problems in Design Thinking〉에서 어려운 문제를 해결하기 위해 디자인을 활용하는 디자인 사고의 접근을 제안했다.

디자인 씽킹은 다양한 관점으로 정의된다. 여기에서는 디자인 씽킹을 통해 많은 사람에게 익숙한 팀 브라운과 로저 마틴의 정의를 경영과 실천의 측면에 초점을 두고 살펴본다.

팀 브라운은 자신이 디자인 씽킹을 창안하던 때는 디자인에 대한 일반적

---

* 《월간 디자인》(2016년 456호), '벤처 캐피털로 간 디자이너', 110쪽

인 시각과는 다른 차원으로 실리콘밸리의 주기적인 호황과 불황에서 나타나는 다양한 문제를 해결하라는 요청이 증가했던 시기였다고 《디자인에 집중하라》에서 언급했다. 예를 들어 역사 깊은 제조사의 고객 요구 파악과 대학의 대안교육 환경 연구 같은 확장된 영역에서 디자인을 통해 더 영향력을 발휘하여 세상에 기여할 새로운 기회가 주어지고 있었다. 그러던 어느날 그는 IDEO 공동 창업자인 데이비드 켈리와의 이야기 중 디자이너들이 하는 일을 설명할 때 꼭 사고라는 단어를 사용하게 된다는 점에서 착안해 디자인 씽킹이라는 말을 떠올렸다고 밝혔다.*

팀 브라운이 소개한 초기 디자인 씽킹은 반복되는 새로운 시도를 통해 혁신하는 고된 작업이다. 또한 기술적으로 구현 가능하고 사업적으로 성공할 수 있는 방법으로 사람들의 니즈를 충족시키고자 디자이너의 감수성과 방법론을 사용하는 접근이다. 즉, 인간 중심의 혁신 방법이 디자인 씽킹이다. 그는 2015년 《하버드비즈니스리뷰》의 '실행을 위한 디자인 Design for action'에서 디자인의 영역이 제품의 영역에서 벗어나면서 디자인에 사용되는 방식들이 디자인 씽킹이라는 독특하고 참신한 하나의 규율로 다듬어지고 확대되어 왔다고 강조한다.

로저 마틴 교수는 경영학적 접근으로 디자인 씽킹을 설명한다. 그는 '분석적인 사고에 기반을 둔 완벽한 숙련과 직관적 사고에 근거한 창조성이 역동적으로 상호작용하면서 균형을 이루는 생각의 가장 완벽한 방식'으로 디자인 씽킹을 정의한다.** 일반적으로 떠올리는 익숙한 디자인의 정의에서 디자인 씽킹을 고려한다면 직관이라는 부분에 무게 중심을 두기 쉽다. 하지만 디자인 씽킹을 고려한다면 분석과 이에 기반을 둔 숙련이라는 부분이 필요하다.

---

* 《디자인에 집중하라》(팀 브라운 저), 13쪽
** 《디자인 씽킹》(엘도라도, 2015, 로저 마틴 저, 이건식 역), 21쪽

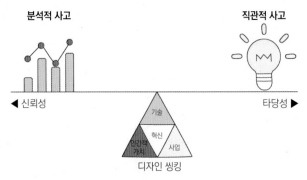

분석적 사고와 직관적 사고의 균형에 위치한 디자인 씽킹   로저 마틴 교수는 신뢰성을 강조하는 분석적 사고와 타당성을 추구하는 직관적 사고를 두고 선택하는 것이 아니라 균형을 이루어야 하며 그 지점에 디자인 씽킹이 있다고 소개한다.

디자인 씽킹을 로저 마틴의 경영적 접근으로 좀 더 생각해보자. 직관적 사고Intuitive thinking는 영감과 직감을 강조한다. 이는 독창성과 창조성을 기반으로 혁신을 유도하는 역동적인 접근으로 비즈니스를 창조하고 미래에 대한 가설을 통해 현재 상태를 뛰어넘어 다음 단계로 진전하도록 만든다. 반대로 분석적 사고Analytical thinking는 반복되는 계량적이고 엄밀한 분석 과정을 통해 완벽히 숙달하는 것이 핵심이다. 과거의 데이터를 중요하게 다루며 철저한 검증으로 운영 방식을 다듬고 확립하므로 비즈니스의 구조화와 체계화로 리스크를 낮출 수 있다.

대부분 기업은 직관과 분석 중 한쪽을 선택하거나 치우쳐 다른 측면을 쉽게 간과한다. 특히 혁신을 통해 일정 이상의 성공과 사업 규모를 이룬 후에는 과거 데이터를 기반으로 관리에 집중하는 경영을 선택하는 경우가 흔하다. 따라서 기업이 크게 성장할수록 분석적 사고를 우선하는 조직 문화와 의사 결정 스타일이 점점 우선권을 갖게 되고 결국 가능성을 우선하는 혁신으로부터 대부분 멀어지고 만다. 반면에 혁신만을 중요하게 여기는 경우에는 일정 수준의 성과에 도달한 후 체계적 관리의 어려움을 겪는 경우가 흔하다. 이러한 경우 지속적인 성장까지 이어지기 어렵다는 문제점이 있다. 따라서 직관적 사고와 분석적 사고는 양자택일이 아니라 이 둘을 조화롭게 다루고 균형을 이루도록 노력해야 비로소 경쟁력 있는 조합을 만들 수 있다. 그리고 이러한 균형 잡힌 조합을 위해 필요한 것이 바로 디자인 씽킹이다.

● 디자인 씽킹으로 문제를 해결하기 위해 기억할 몇 가지

디자인 씽킹을 실천하려면 우리는 어떤 모습을 갖추어야 할까? 우리가 기억해야 할 특징과 자세를 확인해보자.

- **인간 중심**Human Centered : 사람들의 행동이 무엇을 의미하며 불편함과 고민은 무엇이며 표면에 드러나거나 숨겨진 니즈는 무엇인지 이해해야 한다. 그들의 관점에서 바라보고 공감 Empathy할 수 있어야 한다.

- **낙관주의**Optimism : 시간과 예산 등 어떤 제약이 존재하더라도 긍정적인 변화를 만들 수 있다고 믿고 더 나은 해결책이 하나 이상은 될 것이라고 믿는다.

- **실험주의**Experimentalism : 창의적으로 질문하고 문제점이 무엇인지 확인하는 과정은 중요하다. 새롭고 창의적인 시도와 실험은 물론 실패를 통한 학습과 이를 반복하는 활동이 필요하다.

- **협업**Collaboration : 디자인 씽킹은 한 명의 천재에 의존하는 접근 방법이 아니다. 또, 하나 이상 깊은 전문성을 갖추고 있지만 한 분야에만 갇히기보다는 다방면에 관심을 두고 열려 있는 인재를 지향한다. IDEO에는 '우리 모두가 힘을 합치면 어떤 개인보다 뛰어나다'는 말이 있다. 디자인 씽킹은 다양한 분야에 대한 관심과 경험을 바탕으로 서로 협력하고 더 좋은 결과물을 만들고자 하는 열정이 더 중요하다.

디자인 씽킹에 대한 공감대가 형성되어 인간 중심, 공감, 낙관주의, 실험주의, 협업의 모습을 갖추기 위해 조직이 노력하더라도 난관에 부딪히게 마련이다. 가장 흔한 난관은 기존 방법의 관성이 만드는 저항감이다. 이러한 저항감은 디자인 씽킹에 대한 고민과 공유를 함께 했더라도 나타난다. 조직 운영에는 분석 중심의 신뢰성과 직관 중심의 타당성 모두가 필요하며 특히 장기적 관점의 경쟁력을 갖추고자 한다면 시기에 따라 강조되어야 할 조직의 구조와 문화가 다를 것이다. 하지만 디자인 씽킹에 의한 내용을 중심으로 실행을 결정해야 하는 시점이 다가올수록 가시적 증명을 요구받는 일이 흔하게 생긴다. 이러한 현실적 어려움을 극복하고 디자인 씽킹을 현장에 적용하려면 충분한 시간을 들여 그 중요성을 공유하고 각자의 상황에 맞춰 프로세스를 어떻게 구성하고 적용할지 꾸준히 고민해야 한다. 중요한 것은 결국 디자인 씽킹에서 도출된 내용이 실천까지 연결되어야 한다는 점이다. 따라서 가급적 빠른 시간 내에 프로토타입을 만들어 혁신의 방향으로 가고 있다는 믿음을 조직에 주는 활동이 필요하고 또 중요하다.

참고로 이 책에서는 '디자인 씽킹'이라는 용어를 대부분 사용하지만, 생각과 마음의 작용이 주를 이루는 '사고' 그 자체를 다룰 땐 '디자인 사고'라고 쓴다.

4.2 가치와 경험에 집중하는 서비스 디자인

제조업 중심의 구조에서 서비스 경제Service economy로 틀과 체계가 바뀌고 있다. 이는 경제의 서비스화Shift to service로 이야기되기도 하는데, 2020년 기획재정부에 따르면 GDP에서 서비스가 차지하는 비중은 한국이 62%, 미국이 80%에 이른다. 여기에 제조 기업의 숨겨진 서비스 형태가 제외되었다는 점을 고려하면 비중은 더 클 것이다. 이처럼 서비스 경제화가 여러 변화를 만들고 있다. 서비스의 고급화, 전문화, 다양화가 일어나고 있으며 서비스 기업은 기존 서비스 외 보조 서비스를 추가하거나 확장해 차별화하고 있다. 한편 제조 기업의 서비스 기업화 현상도 빠르게 진행되고 있다. 자사 제품과 관련된 거의 모든 서비스 부문으로 사업을 확대하고 이동 중이다.*

지금부터 서비스를 중심으로 어떤 변화가 생기고 있는지 구체적으로 확인해보자. 또한 서비스 경제에서 차별화를 만드는 서비스 디자인의 실천을 위해 가져야 할 관점과 주안점을 두어야 할 부분에 대해서 생각해보자. 결국 이러한 내용을 확인하는 것은 고객에게 차별화된 가치를 전달하고 의미 있는 경험을 할 수 있게 만드는 서비스 디자인 씽킹 프로세스의 기반이 된다.

서비스 중심으로 이동, 고객이 원하는 가치로 접근

서비스와 제품은 나누어 생각하는 것이 아니라 통합해 고려해야 한다. 1998년에 소개된 《고객 체험의 경제학》에서는 제조업자들이 범용화에 갇히지 않기 위해 제품을 서비스로 전달한다고 설명한다. 이런 변화의 흐름은 다음과 같다.

1 전통적으로 제조사는 제품 판매를 끌어올릴 목적으로 서비스를 무료로 제공한다.

2 이에 서비스는 공짜라는 인식이 생겼고 고객들이 제품보다 서비스를 훨씬 가치 있게 여긴다는 것을 제조사들이 뒤늦게 알게 된다.

3 그래서 제조사는 제품 중심의 사고방식에서 벗어나 지배적인 서비스 제공자로 변신한다.

이와 같은 내용이 소개된 이후 꽤 오랜 시간이 지나 서비스 중심 시대가 되었으나 여전히 많은 서비스가 부수적이거나 중심이 아닌 부분으로 다루어

---

* 《서비스 마케팅, 5판》(학현사, 2015, 이유재 저), 12~17쪽

진다. 따라서 의미와 범위에 대한 혼란을 피하려면 서비스 그 자체를 먼저 살펴볼 필요가 있을 것이다.

무형 서비스와 유형 상품의 연속 표현(Service-commodity goods continuum) 완전한 무형성 또는 유형성을 갖기보다는 상품을 수반한 서비스나 서비스를 수반한 상품과 같이 연속선상에 존재한다고 보는 것이 현실적이다. 출처 en.wikipedia.org/wiki/Service_(business)

서비스에 대한 정의는 그동안 시기에 따라, 산업 구조에 따라, 상황에 따라 끊임없이 변화해왔다. 하나로 정의되긴 어렵지만 자주 다루어지는 몇 가지 내용을 확인해보자.

"서비스란 판매 목적으로 제공되거나 상품 판매와 연계해 제공되는 모든 활동, 편익, 만족이다."
– 미국 마케팅 학회AMA, American Marketing Association

"서비스는 직접 또는 간접 구매되는 무형의 편익이며 유형적이거나 기술적 부분을 포함한다."
– 필립 코틀러

서비스는 일반적으로 무형성Intangibility, 불가분성Inseparability, 이질성Heterogeneity, 소멸성Perishability의 특징을 갖는다. 첫 번째 특성은 무형성으로 서비스는 추상적이라 눈에 보이지도 않고 만질 수도 없다. 다만 완전히 무형적이고 완전히 유형적인 제품이나 서비스는 존재하지 않으므로 하나의 연속선상에 서비스와 제품이 있다고 받아들이는 것이 현실적이다. 두 번째 특성은 불가분성으로 서비스는 생산과 소비가 동시에 일어나므로 소비자를 분리해 생각할 수 없으며, 소비자의 서비스 생산 과정 참여 역시 빈번하게 생긴다. 세 번째는 이질성으로 비표준적이고 가변적이라 사용자 및 맥락별로 느끼는 것이 다르며, 고객 제공 서비스의 표준화 또한 쉽지 않다. 네 번째는 소멸성으로 시간이 흐름에 따라 제공하는 가치가 사라지는 한시적인 특징을 갖는다. 이러한 요소들로 인해 서비스는 일련의 과정으로 구성되고 시간과 공간 등이 중요한 요소가 되며, 고객에 의해 대부분 주관적으로 즉시 평가된다.

이제 서비스는 경제 산업의 핵심을 이루는 요소다. 산업통상자원부는 2016년 '서비스경제 발전 전략'을 발표하며 서비스 산업의 고용과 부가가치 비중이 커지면서 서비스 경제화가 전 세계적으로 활발히 진행 중이라고 언급했다. 이와 함께 서비스 경제화의 개념으로 두 가지를 언급했다. 하나는 경제 전체에서 서비스 산업이 차지하는 비중 및 영향력이 확대된다는 점, 다른 하나는 서비스 산업의 고도화와 융합화로 제조업의 수익성과 부가가치가 함께 제고된다는 점이다. 서비스 경제화는 신종 서비스업의 등장, 기업 전체의 서비스 활동 증가, 서비스의 고급화·전문화·다양화, 전통적인 제조기업의 서비스 기업화, 제조기업의 부가 서비스 증가 등 다양한 현상을 만들고 있다.

이처럼 산업 전반에서 서비스가 차지하는 규모와 중요성이 커지고, 새로운 서비스가 탄생하고, 더 나아가 경제 구조의 변화를 일으키는 이유는 무엇일까? 첫 번째는 '소비자 욕구의 다양화'다. 현대 소비자 욕구는 단순 생존이 아닌 생활 즐기기로 개념이 변화했다. 고객은 더 까다롭게 요구하고 기업이 더 나은 가치를 제공해주기를 원한다. 두 번째는 '기술의 진보'다. 소비자 욕구를 효과적으로 충족시키려면 더 진보된 형태의 기술이 필요하며 IT 기술의 발달로 기업의 추가적인 가치 창출은 물론 소비자의 욕구가 창출되기도 한다. 세 번째는 '국제화'다. 다국적으로 운영되면서 제공되는 서비스의 범위가 넓어지고 품질 또한 높아지는 추세를 말한다. 마지막 네 번째는 '규제 완화와 전문 서비스 경쟁 심화'다. 항공, 금융, 통신 등의 산업 규제가 점차 완화되고 있으며 컨설팅, 시장조사, 기술 자문 등 전문 서비스에 대한 수요도 이전에 비해 크게 증가해 경쟁이 심화되고 있다.*

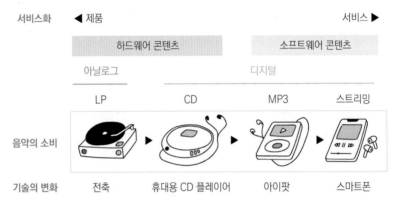

서비스화	◀ 제품		서비스 ▶

하드웨어 콘텐츠	소프트웨어 콘텐츠
아날로그	디지털

	LP	CD	MP3	스트리밍

음악의 소비

기술의 변화	전축	휴대용 CD 플레이어	아이팟	스마트폰

음악 소비 사례로 살펴본 서비스 중심의 혁신과 변화 음악 콘텐츠가 담긴 제품을 구입해야 했던 과거와 달리 이제 실시간 스트리밍 형태의 음악 서비스를 이용해 즐기고 소비하는 형태로 변화되었다.

　　최근에 소개된 다양한 혁신 사례 대부분이 서비스 중심으로 이루어지고 있다는 점에 주목해야 한다. 물론 여기서 말하는 서비스는 좁은 의미의 서비스 그 자체라기보다는 서비스를 통해 가치를 만들고 차별화하는 활동에 가깝다. 예를 들어 음악의 소비는 LP와 카세트 테이프에서 디지털화된 CD로 변하는 동안에도 여전히 주로 제품을 구입해 음악을 즐기는 형태를 유지했다. 하지만 디지털 파일을 소유하는 MP3와 필요할 때 음악을 찾아서 즐기는 스트리밍의 형태로 변화하면서 이제 대부분 인터넷 기반의 서비스를 이용해 음악을 즐긴다. 음악 소비뿐 아니라 영화나 드라마를 보거나 책을 읽는 활동 역시 그 변화는 마찬가지다.

　　고객은 이미 사업이나 제품을 전부 서비스로 간주하는 '서비스 지배 논

---

* 《서비스 마케팅》(이유재 저), 11~12쪽

리Service dominant logic'로 움직인다. 따라서 제품의 성능이나 품질의 차별화가 아닌 고객이 원하는 가치를 제공하는 서비스가 중심이 되어야 한다.*

서비스 디자인, 정의와 구성 요소에 대한 다양한 접근

서비스 디자인Service design은 서비스의 특징을 고려해 사람들에게 의미 있는 경험을 제공하는 활동이다. 초기에는 공공 서비스 중심으로 발전했지만 현재 모든 부문을 포괄하는 활동으로 확장되었는데 표준 정의는 아직 없다. 서비스 디자인에 대한 다양한 정의를 살펴보자.

"서비스 디자인은 훌륭한 서비스를 개발해 제공하도록 돕는 전문 분야다. 서비스 디자인 프로젝트는 환경, 커뮤니케이션, 제품 등 디자인의 여러 분야를 포괄해 고객이 서비스를 쉽고, 만족스럽고, 효율적으로 누릴 수 있도록 각 요소를 개발하는 것이다."

— 엔진Engine (www.enginegroup.co.uk)

"서비스 디자인이란 고객이 서비스를 통해 경험하게 되는 모든 유·무형의 요소(사람, 사물, 행동, 감성, 공간, 커뮤니케이션, 도식 등) 및 모든 경로(프로세스, 시스템, 인터랙션, 감성 로드맵 등)에 대해 고객 중심의 맥락적인 리서치Contextual research 방법을 활용하여 이해관계자 간에 잠재된 요구를 포착하고 이것을 창의적이고 다학제적·협력적인 디자인 방법을 통해 실체화Embodiment함으로써 고객 및 서비스 제공자에게 효과적이고 효율적이며 매력적인 서비스 경험을 향상시키는 방법 및 분야를 의미한다."

— 서비스디자인협의회 (www.servicedesign.or.kr)

---

* 《비즈니스 모델 제너레이션 워크북》(스펙트럼북스, 2014, 이마즈 미키 저, 김해영 역), 23쪽

"서비스 디자인은 서비스 제공자가 기존 디자인의 의미를 확장해 의도적으로 서비스 소비자가 서비스를 통해 접촉하는 모든 유·무형적 요소 및 경로를 구체적이고 물리적으로 디자인함으로써 서비스 제공자에게는 이익을, 서비스 소비자에게는 가치를 가져다주는 활동과 분야다."

－표현명, 이원식 (《서비스디자인 이노베이션》 중에서)

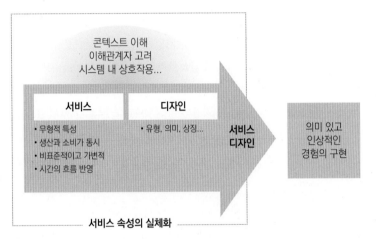

서비스와 디자인이 결합한 서비스 디자인   기본적으로 서비스 디자인은 서비스와 디자인이 결합한 용어다. 즉, 무형이고 소멸하는 등의 특징을 가진 서비스가 유형적이고 상징적인 특성을 가진 디자인과 만나서 전달되는 형태다.

정의를 살펴봤으니 구성 요소도 알아보자. 김진우 교수는 〈K-MOOC 서비스 디자인〉에서 서비스 디자인을 만드는 네 가지 요소로 터치포인트, 아키텍처, 모델, 전략을 이야기한다. 그리고 서비스 디자인이 제공하려는 결과는 이 네 가지 요소가 모여서 만들어낼 수 있다고 강조한다. **터치포인트**는 고객이 서비스를 경험하며 만나고 상호작용하게 되는 사람, 제품, 정보, 공간 등을 의미한다. 어떤 유형의 터치포인트가 있고 이들은 고객 경험을 위해 어떤 역할과 기능을 하는지 등을 서비스 디자인에서는 표현하고 공유할 수 있어야 한다. 아키텍처는 서비스를 제공하기 위해 어떤 시스템을 가지고 있고, 공급자와 수요자는 누구이며, 이를 구현하기 위해 가시적 영역은 물론 비가시적 영역에서 어떤 시스템이 구축되고 상호작용해야 하는지를 한 단계 높은 관점에서 터치포인트를 정리한 것이다. 그리고 이를 통해 어떤 비즈니스를 만들 수 있는지를 표현한 것이 모델이며, 이 모델을 통해 서비스가 어떤 비전과 문화 위에서 사람들에게 어떤 가치를 제공할지에 대한 내용이 전략이다.*

또한 서비스 디자인 컨설팅 기업인 엔진의 공동설립자 올리버 킹Oliver King은 〈서비스 디자인, 우리가 알고 있는 그 이상의 디자인〉에서 서비스 디자인의 다섯 가지 주요 요소로 시스템Systems, 가치Value, 사람People, 여정Journeys, 제안Propositions을 제시한다. 시스템은 사람, 사물, 프로세스로 이루어지며 서비스 디자인은 이러한 **시스템**의 요소들을 어떻게 조화시키고 개선할지 탐색하고 이해해야 한다. **가치**는 서비스 사용자와 제공자 모두에 의해 평가된다. 서비스 사용자에겐 유용하고 편리하며 매력적이어야 하고, 서비스 제공자에겐 서비스의 시스템이 효율적이고 효과적이어야 한다. 사람은 서비스 사용자와 제공자 어느 쪽이든 서비스 경험에서 절대적 요소이다. 여정은 시간의 흐름에 따라 고객이 어떻게 서비스를 경험하는지 아는 것으로 서비스 전후를 비교해 혁신할 수 있게 하는 부분이다. 제안은 서비스가 시장에서 소비되고 차별화되는 현재 형태에서부터 어떻게 변화해갈 것인가 이해해야 한다는 의미이다.**

서비스 디자인을 정의한 주체에 따라 그 의미와 접근 방법에 차이를 보이고 구성 요소 역시 마찬가지다. 분명한 건 서비스 디자인은 구성 요소를 통해 맥락적이고 통합적인 이해, 공급자와 수요자의 상호작용, 이해관계자에

---

* 《서비스 디자인》(북큐브네트웍스, 2015, 김진우 저)
** 《서비스디자인 이노베이션》(안그라픽스, 2012, 표현명·이원식 저)

대한 고려 등을 반영해 인상적인 경험을 구현해야 한다는 점이다.

서비스 디자인 씽킹 프로세스, 디자인 사고를 원활하게 적용하는 방법론

디자인 씽킹 중심의 방법론으로 서비스 디자인에 접근하는 데 필요한 관점을 살펴본다. 방법론은 서비스 디자인 씽킹을 현장에 적용할 수 있도록 실질적인 가이드를 제공한다. 하지만 이에 자신의 사고를 한정하라는 뜻은 아니다. 다양한 방법론이 존재할 뿐만 아니라 프로젝트 상황과 조직에 따라 선호하는 방법 역시 다르다. 물론 방법론을 처음 접해본다면 이해하고, 관찰하고, 분석하고, 발상하고, 제작하고, 성장하는 프로세스의 전체 흐름과 각 단계에 대한 기본적인 이해가 필요하다.

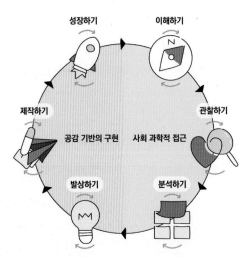

여섯 단계로 구성된 서비스 디자인 씽킹 프로세스 이 책에서는 서비스 디자인 씽킹을 현장에 적용하기 위해 이해하기, 관찰하기, 분석하기, 발상하기, 제작하기, 성장하기로 진행되는 단계별 방법론을 제안한다. 단계별 구체적인 내용은 2부에서 상세히 다룬다.

서비스 디자인 씽킹 프로세스는 대상, 특성, 접근 방법에 따라 동일하진 않지만 터치포인트Touchpoint, 고객 여정 지도, 서비스 블루프린트Service blueprint, 프로토타이핑Prototyping, 이해관계자 지도Stakeholder map 등의 내용을 주요하게 다룬다. 프로세스를 위한 다양한 방법을 살펴보고 넓혀가는 과정에서 자신의 프로젝트에 더 적합한 새로운 해결 방법을 찾아내고 나름의 형식 또한 만들 수 있을 것이다. 프로세스 단계별로 주요 관점과 행동이 있겠지만 디자인 씽킹을 중심으로 하는 프로세스 중, 특히 서비스 디자인에서 고려해야 할 내용이 있다.

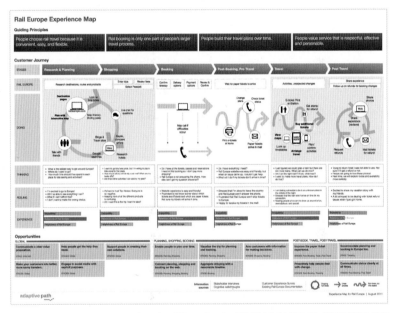

고객 경험 중심의 여정 지도 크리스 리스던(Chris Risdon)이 2011년 블로그를 통해 공개한 레일 유럽 프로젝트의 고객 경험 지도이다. 출처 https://articles.uie.com/experience_map

먼저 시간을 중요한 디자인 요소로 다뤄야 한다. 서비스는 생산과 소비가 동시에 일어나고 시간의 흐름에 따라 가치가 사라지는 특징을 가지고 있다. 서비스 디자인을 위한 프로세스에도 서비스가 수행되는 활동의 흐름과 사람들의 참여 등이 다루어지고 이때 시간의 영향을 충분히 고려해야 한다. 그래서 시간에 따른 고객의 경험 단계를 묘사해 시각화하는 고객 여정 지도는 중요한 활동이자 프레임워크다. 얀 칩체이스는 《관찰의 힘》에서 '기업들이 기본값으로 지정한 프레임워크 하나가 있다면 바로 고객 여정 지도'라고 소개했다. 여정 지도는 서비스의 사용 전·중·후 단계에서 사용자 활동과 터치포인트 그리고 서비스 구성 요소의 상호작용 등을 다루며 시간의 요소를 반영해 시각화한다. 고객이 누구인가에 따라 시간이 더 오래 요구되거나 빈도가 더 높을 수도 있다. 특정 시점에 인상적인 경험을 구현하기 위해 무엇이 꼭 필요하고, 무엇이 빠졌고, 무엇이 필요 없는지 등을 상세히 파악해야 중요한 접점에서 고객이 원하는 바를 명확히 전달해 만족시킬 수 있는 새로운 아이디어를 찾을 수 있다.

그리고 이해관계자의 고려라는 측면에서 공동창조(코크리에이션Co-creation)를 생각해야 한다. 단위 기준으로 접근 가능한 제품과 달리 서비스는 다양한 요소를 고려하고 반영해야 하며 그중 사람은 특히 중요하다. 따라서 서비스 디자인 씽킹 프로세스에서는 서비스를 이용하는 고객 및 사용자는 물론 서비스를 구성하는 다양한 이해관계자를 반드시 고려해야 한다. 서비스 디자인이 갖는 핵심 철학인 공동창조는 고객과 사용자의 참여를 의미하는 공동디자인Co-design은 물론 제공자를 비롯해 다양한 이해관계자가 서비스 디자인에 함께 참여해야 한다는 공동제작Co-produce을 의미한다. 즉, 개방성을 기반으로 새로운 시각에서 문제를 정의하고 해결책을 찾는 상호작용의 열린 과정인 만큼 고객 등 비전문가를 포함하는 여러 이해관계자의 적극적인 참여와 반영이 중요하다. 이해관계자의 적극적인 참여는 서비스 디자인 프로세스에 더 긍정적인 변화를 가져온다. 그리고 프로젝트는 더 능동적으로 고객 중심의 가치를 만들고 실행하게 된다.

그리고 고객이 서비스를 확인하고 만나는 과정과 환경을 어떻게 구성해 전달할 것인지 고민해야 한다. 특히 서비스에 물리적 증거Physical evidence를 어떻게 녹여내고 적절히 드러낼 것인지 프로토타이핑, 서비스 시나리오 등을 고민하는 단계부터 충분히 고려해야 한다. 예를 들어 티켓, 간판, 영수증 등의 유형적 요소는 단순한 정보가 아니라 전하고 싶은 경험과 메시지를 포함시킬 수 있는 물리적 증거로 활용할 수 있다.

서비스 디자인 씽킹 프로세스는 경험이라는 관점을 포함한다. 가치는 범용품에서 제조품으로, 서비스로, 경험으로 계속 변화하고 있다. 여기서 경험을 중심에 두고 경험 디자인 프로세스란 용어로 고려하지 않은 이유는 서비스가 비즈니스 측면에서 제공하고 다루어지는 요소로 더 익숙하기 때문이다. 그리고 다양한 가능성을 열어둔 디자인 씽킹 프로세스를 중심에 두고 한정된 자원에서 움직여야 하는 조직에서도 활용 가능한 서비스 디자인 방법을 고민해야 한다.

전략 관점으로 접근하는 서비스 디자인 씽킹

비즈니스 전략의 측면에서 서비스 디자인 씽킹이 중요한 이유는 고객을 중심에 두고 그들을 이해하기 위해 다양한 접근을 하는 혁신 방법이기 때문이다. 특히 고객을 기반으로 하는 공감과 여기에서 얻은 인사이트를 바탕으로 새로운 비즈니스 방향을 모색하고 이에 맞는 전략과 조직 구성을 제안할 수 있다. 미국 ABC 방송국의 프로그램 '나이트라인'의 IDEO팀 출연편인 '딥 다이브'라는 에피소드*는 IDEO와 디자인 씽킹 프로세스를 대중에게 알린 계기다. 서비스 디자인 기반의 혁신 사례를 언급하며 자주 등장하는 이 사례가 소개된 때가 이미 1999년이다. 그리고 2001년 이후 톰 켈리Tom Kelley의 《유쾌한 이노베이션The Art of Innovation》을 통해 더 많은 사람에게 소개된다. 이처럼 서비

---

* 5일 안에 새로운 쇼핑 카트를 고안해내는 에피소드

스 디자인 씽킹 프로세스가 새로운 비즈니스 가치를 만드는 혁신이라는 측면에서 고려된 건 불과 몇 년 사이의 일은 아니며 일종의 유행이자 느닷없는 흐름으로 고려해야 할 것도 아니다.

물론 새로운 비즈니스 가치를 만들고 사업 방향성에 중요한 영향을 주는 전략을 이야기할 때면 일반적으로 맥킨지McKinsey & Company, BCGThe Boston Consulting Group 등의 경영 컨설팅의 모습을 금방 떠올릴 것이다. 기업 활동의 기반은 고객인 만큼 기존의 경영 컨설팅 역시 고객과 사용자를 중요하게 고려하지만 기본적으로 공급자인 기업 중심의 접근을 한다. 기업이 가진 기술 등의 역량 관점에서 자원과 프로세스를 점검하고 어떤 부분을 선택하고 집중해 시장에서 경쟁 우위를 가져갈지 방향을 정한다. 기업의 관점에서 내부와 외부 경쟁을 파악하며 이를 위해 5 Forces 모델, 3C 분석, SWOT 분석 등의 다양한 방법론을 활용한다. 제품의 개발과 출시가 중요하던 과거에는 기업의 관점과 접근 방향이 가장 중요하게 다뤄졌다. 그리고 관리 기반의 경영 컨설팅 관점으로 충분히 관리 기반의 해결책을 얻을 수 있었다.

이제 고객의 문제점과 니즈에 집중해 그들을 이해하고 이를 제품 및 서비스에 반영하는 일이 가장 중요해졌고 서비스 디자인 씽킹은 이 측면에서 전략에 접근한다. 그동안 고객 중심이라고 언급해온 경영 컨설팅 관점의 많은 부분은 기업과 조직 관점으로 접근한 정량 데이터가 많았다. 즉, 어떤 현상이나 사실을 객관화하고 검증하는 데 더 많은 관심을 가졌다. 하지만 2장에서 살펴본 바와 같이 이를 통해 구체적인 원인이나 정보를 얻기는 쉽지 않다. 반면 서비스 디자인은 사람들의 행동, 맥락, 동기는 물론 그 안에서 숨겨진 니즈와 인사이트를 파악해 문제를 해결하고 비즈니스의 변화를 만든다. 즉, 서비스 디자인은 혁신을 통해 새로운 전략 방향을 설정하지만 디자인 방법론을 중심으로 고객의 니즈에 더 심층적으로 접근한다는 점에서 경영 컨설팅과는 다르다.

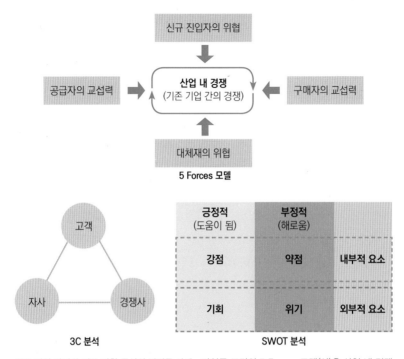

5 Forces 모델

3C 분석

SWOT 분석

기존 기업 관점과 접근 방향 중심의 방법론 사례　마이클 포터의 5 Forces 모델(상)은 산업 내 경쟁자, 신규 시장 진입자, 대체재, 고객(구매자), 공급자로 구성된 5개의 경쟁 세력에 의해 기업의 전략이 결정된다고 설명한다. 3C 분석(하단좌)은 고객, 경쟁사, 자사의 핵심 요소를 통해 성공적인 기업 전략이 가능하다고 정의한다. SWOT 분석(하단우)은 내적 분석을 위한 강점과 약점, 외적 환경을 분석하는 기회와 위협의 네 가지 기준으로 경영 전략을 살펴보게 된다.

　물론 사용자 경험 디자인과 같은 경험 디자인 역시 고객 또는 사용자에 집중한 활동을 통해 혁신의 결과를 만들며, 디자인 사고를 중심으로 서비스 디자인과 유사한 도구와 방법론을 사용한다. 하지만 서비스 디자인과 달리 경험 디자인은 공급자 등을 포함한 서비스를 둘러싼 전체 이해관계자를 대상으로 하는 경우가 드물고 터치포인트 역시 제한적이며 좁다는 차이점이 있다. 결국 경험 디자인과 경영 컨설팅이 균형을 이룬 지점에서 선택할 수 있는 방법이 서비스 디자인이라고 생각할 수 있다.

팀 파슨스는 디자인 씽킹, 사회적 혁신Social innovation, 서비스 디자인 등의 부상이 일관되게 가리키는 것은 디자이너들이 단순히 제품의 형태를 결정하는 데서 벗어나 소비자의 행동을 더 직접적으로 변화시키는 데 힘을 쏟고 있음을 의미한다고 언급한다.* 단순히 물건만 잘 만들면 되는 시대는 지나갔다. 고객에 대한 심층적 이해를 기반으로 그들의 맥락을 이해하고 새로운 경험을 주어야 경쟁력을 갖출 수 있다. 결국 서비스 디자인 씽킹 프로세스를 통해 새로운 전략적 관점을 얻고 그에 맞춘 사업 방향을 수립하는 것은 이제 필수다. 또한 혁신 단위의 규모가 큰 활동만을 의미하지 않는다. 진단과 개선 등 작은 단위의 활동에서도 이러한 관점과 접근 방법은 동일하게 유효하며 효과를 발휘한다. 그리고 다양한 역량이 있어야 하는 만큼 다른 영역으로 여겨지던 기업들이 결합해 상호 보완하고 경쟁력을 높이는 일 또한 빠르게 증가하고 있다.

서비스 디자인은 디자인 씽킹을 중심으로 맥락적이고 통합적인 이해, 공급자와 수요자의 상호작용, 이해관계자에 대한 고려 등을 반영해 혁신적인 해결책을 찾기 위한 방법론을 적용하고 실행으로 연결하게 된다. 서비스 디자인 씽킹 프로세스는 서비스 디자인 씽킹을 현장에 적용할 수 있도록 실질적인 가이드를 제공하는데, 다양한 방법론이 존재하므로 프로젝트 상황과 주변 환경에 따른 선택이 필요하다. 다음 장에서는 경험 디자인, 경영 컨설팅 등 이번 장에서 간략히 소개한 부분을 포함해 비즈니스 현장에서 고민해야 할 부분들을 좀 더 살펴보자.

---

* 〈The Design Comedy: In Defence of Irony〉(Tim Parsons, 2010), www.core77.com/posts/16670/the-design-comedy-in-defence-of-irony-by-tim-parsons-16670

연결 고리와 경계

사람 중심의 접근 영역

서비스를 디지털 기반의 활동에 연결하는 모습은 이제 익숙하다. 서비스 디자인 씽킹을 이해하고 적용하려면 업종 간 경계 없이 빠르게 융합하는 산업 흐름을 능동적으로 받아들여야 한다. 그리고 통합적 관점으로 접근해 적극적으로 변화를 수용해야 한다. 하지만 너무 다양한 영역이 서로 영향을 주고 있어 각자의 전문성과 경험에 따라 익숙한 부분도 있지만 전혀 그렇지 않은 부분도 존재하기 마련이다.

따라서 서비스 디자인 씽킹과 연결 고리를 가진 다양한 내용이 어떤 상호작용을 하고 변화를 만드는지 고려해야 한다. 지금까지 서비스 디자인 씽킹 중심의 접근을 하겠다는 큰 그림을 그렸다면 이번에는 서비스 디자인 씽킹이 어떤 영역과 연결되고 상호작용하여 새로운 변화가 만들어지고 반영되는지 확인할 때다. 고객 개발, 경험 디자인, 인간 중심 디자인, 린, 애자일 등 다양한 영역들이 서비스 디자인 씽킹과 어떤 연결 고리를 가지고 새로운 가치를 고객에게 전달하는지 살펴보자.

5.1 컨설팅, 문제 해결의 추진 방향

4장에서 전략 관점의 접근을 살펴보면서 경영 컨설팅과 경험 디자인의 균형을 맞춘 지점에 서비스 디자인이 있다고 언급한 바가 있다. 여기서는 문제를 해결하고 추진하는 측면에서 서비스 디자인을 더 깊이 확인해보자. 특히 서비스 디자인 씽킹 프로세스를 기반으로 조직의 목표를 달성하는 경영 활동이라는 관점에서의 디자인 컨설팅으로 접근해보자.

디자인 컨설팅을 이해하려면 우선 컨설팅이 무엇을 의미하는지 짚어볼 필요가 있다. 컨설팅은 특정 분야의 전문가가 전문 지식을 활용해 문제를 분석하고 구체적인 해결책을 제시하는 활동이다. 컨설턴트란 주로 의뢰인으로부터 대가를 받고 컨설팅을 통해 의뢰 조직의 경영 문제에 대한 분석과 해결책을 자문이나 조언의 형태로 제공하는 사람이다.

　　디자인 컨설팅은 기업 고객의 디자인 문제를 분석하고 해결안을 추천하려고 고도의 전문 지식이나 기법을 활용하는 전문 활동을 의미한다.* 디자인 컨설팅은 디자인 개발, 디자인 기획, 디자인 경영, 디자인 기술 등 다양한 유형으로 세분화하기도 한다. 여기서는 디자인 컨설팅을 디자인 경영 컨설팅 Design management consulting의 개념으로 접근한다. 디자인 컨설팅은 기업의 전략과 목표에 기여하기 위해 그들이 가진 문제를 분석하고 해결하는 프로세스 중심의 실행 활동이다. 정경원 교수는 《디자인 경영》에서 디자인 경영을 다음과 같이 정의했다.

> "디자인 경영은 디자인을 경영 전략적 수단으로 활용하여 새로운 비전과 가치를 창출함으로써 조직의 목표를 달성하고 생활 문화를 창달하기 위해 경영자, 디자이너 그리고 관련 분야의 전문가들이 활용할 수 있는 지식 체계를 연구하는 분야다."

　　또한 크리스토퍼 프리먼은 '디자인 경영이 신제품을 개발하고 출시하는 데 필요한 모든 활동을 기획하고 조정하는 광범위한 경영과 관련 있다'고 말한다.

　　디자인 방법론을 활용해 접근하는 컨설팅과 기존 경영 컨설팅과는 관점의 차이가 존재한다. 기존의 경영 컨설팅은 돈과 숫자 중심의 정량 분석에 몰입해 정작 중심에 둬야 할 사람을 간과하거나 부분적으로 고려하는 경우가 많다. 반면에 디자인 컨설팅은 혁신의 중심에 사람을 두는 인류학적 접근 방법을 강조한다. 둘의 관점 차이는 팀 브라운의 이야기에서 더 명확히 확인할 수 있다.

---

* 《디자인 경영》(안그라픽스, 2006, 정경원 저), 222쪽

"인간 지향적인 접근 방식입니다. 그래야 소비자들의 입맛에 맞는 제품이나 서비스가 나올 수 있습니다. 맥킨지나 BCG 같은 컨설팅 회사는 재무나 회계, 마케팅 등 MBA의 시각으로 기업을 해부합니다. 하지만 우리는 소비자들이 기업과 상품을 바라보는 시각 그 자체를 추구합니다."

- 조선닷컴, '모여서 떠들고 낙서하며… 인간을 디자인한다'

디자인 컨설팅과 경영 컨설팅 모두 문제를 파악하고 분석을 통해 이를 해결하는 프로세스를 갖는다. 그리고 상황과 환경의 영향에 따라 프로세스는 문제 해결에 적합한 형태로 변형 적용된다. 하지만 재무나 마케팅 등 MBA식 관점만을 주요하게 다루던 사람들에게 디자인 컨설팅은 고객의 보이지 않는 욕망을 파악해 경영에 반영해야 한다는 관점의 변화를 강조한다. 특히 자문이나 조언의 형태에 그치지 않고 실행에 대한 제안과 구체화를 제공한다는 점에서 차이를 보인다. 이때 분석과 해결의 시각화는 중요한 요소가 되므로 디자인 컨설팅에서는 프로세스의 실행 단계와 활동을 반드시 고려하고 포함하게 된다.

디자인 컨설팅 기업의 인수합병 움직임

합병과 분사는 단순히 자산의 결합과 이관이나 서비스와 제품의 이동에 그치는 일이 아니다. 인력의 이동과 적응은 물론 그로부터 파생되는 기업 문화의 변화와 법률적 절차 등 난제가 수두룩하다. 그럼에도 이러한 변화가 활발하게 이루어지는 영역이 있다면 해당 비즈니스에 경쟁 구도의 변화를 비롯한 크고 작은 움직임이 발생한다는 신호다. 지금 우리가 살펴보는 디자인 컨설팅 영역에서도 그동안 생각하지 못했던 인수합병이 꾸준히 일어나 변화를 만들고 있다.

전략 측면에서 서비스 디자인을 언급하였듯 다양한 컨설팅 기업들은 해결안을 만드는 디자인 역량을 갖추고자 디자이너를 채용해왔다. 그리고 이제는 더 적극적으로 디자인 회사의 인수합병에 관심을 가지고 행동에 옮기고 있다. 딜로이트Deloitte가 2012년에 도블린Doblin을, 액센츄어 Accenture가 2013년에 피오르드Fjord를, BCG가 2014년에 S&C를, 맥킨지가 2015년에 루나 디자인Lunar Design을 각각 인수했다. 이는 일부의 사례를 정리한 것일 뿐 훨씬 다양하고 많은 회사에 변화가 있었다. 어찌 보면 당연한 일이다. 사업 전략을 컨설팅하는 입장에서 자신들이 원하는 수준의 결과물을 전달해줄 디자인 전문 회사를 원했지만 만족스럽지 못한 품질에 비해 비용이 비싼 경우가 많았다. 그런 상황에서 고객 중심 접근으로 전략 역량을 강화해 컨설팅 기업과 사업 영역이 겹치기 시작한 디자인 컨설팅을 제공하는 디자인 전문 기업이 꾸준히 등장하는 건 위협적이었다. 이러한 사업 환경에서 인수합병이라는 상호 결합을 통해 컨설팅 회사들은 기존의 주요 사업 영역인 전략과 기획 분야에 인간 중심의 디자인 사고 역량과 전문성을 더해 체계적 실행과 적용까지 제공할 수 있는 구조를 갖추게 되었다.

인수합병은 비단 컨설팅 업계에서만 일어나고 있는 변화는 아니다. 어댑티브 패스Adaptive Path는 사용자 경험 요소The Elements of UX로 유명한 제시 제임스 개럿Jesse James Garett이 공동 창업자로 참여해 2001년 설립된 디자인 기업이다. 다양한 프로젝트 활동 외에도 UX 위크UX Week, SX 컨퍼런스The Service Experience Conference 등 유명 행사와 교육을 운영하고 있으며 국내 활동에도 자주 모습을 드러내 익숙하다. 이러한 어댑티브 패스 역시 2014년 미국 신용카드사 캐피털 원Capital One에 인수되었다. 인수 이후에도 어댑티브 패스는 여전히 컨퍼런스와 교육 등 대중 영역의 기존 활동을 유지하고 있다(adaptivepath.org 참조). 그렇다고 어댑티브 패스가 기존과 동일하게 다양한 고객 프로젝트를 수행할 수 있다는 의미는 물론 아니다. 이제 어댑티브 패스는 새로운 금융 경힘을 제공하고자 하는 캐피털 원의 내부 조직이기 때문이다. 이처럼 다양한 디자인 전문 기업이 컨설팅 회사뿐 아니라 새로운 전략과 혁신을 원하는 기업으로 흡수되고 있다.

산업은 빠른 속도로 발전하고 있고 사람 중심의 혁신은 지속적으로 이어진다. 인수합병은 기업 측면의 선택을 떠나 서비스 디자인 및 경험 디자인 산업을 이끄는 전문 기업 비중이 줄어든다는 점을 의미한다. 따라서 이제 기업이 내부 역량을 키워 직접 해결하는 소위 인하우스 역량의 확보가 강조되는 상황이 될 수밖에 없다. 기업이 원하는 방향을 지속적으로 이해하고 앞으로 나갈 방향을 찾아 꾸준한 혁신과 변화를 추구하는 환경을 기업 내부의 전문 팀과 인력을 통해 만들어야 한다. 이러한 부분은 신규 조직이나 스타트업 역시 마찬가지다. 기존 기업에 비해 규모가 작아 전담 인원 확보가 어렵더라도 고객 중심의 내부 공감대 형성, 프로세스를 통한 역량 확보, 전문 기업과의 협력 등 다양한 접근 방법을 마련해야 한다. 결국 빠른 변화에 대응하기 위한 자연스러운 상호 보완의 흐름은 다양한 방향으로 전개될 것이다. 그리고 우리는 나름의 방식을 찾아 이에 대응해야 한다.

5.2 고객 개발, 고객 중심의 성장 프로세스

고객 개발은 스티브 블랭크가 제창했다. 신디 앨버레즈Cindy Alvarez는 린 고객 개발Lean customer development 형태로 소개하기도 했다. 이들은 스타트업을 중심에 두고 고객 개발을 강조한다. 여기서의 스타트업은 빠른 의사 결정을 통해 기민하게 행동하고 이 과정에서 얻은 내용을 다시 반영해 가파른 성장세를 만드는 것이 중요한 조직을 의미한다. 하지만 최근 비즈니스 경계의 파괴는 기업 규모에도 영향을 주고 있다. 큰 기업과 작업 기업의 구분은 오픈 소스, 네트워크 효과 등 여러 변화를 기반으로 약해지고 있으며 막연히 물리적인 규모로 나누는 일은 점점 어려워지고 있다.

그뿐만 아니라 최근에는 큰 규모의 기업에서도 스타트업을 벤치마킹한 프로세스를 반영하거나 아예 조직 자체를 그들과 유사하게 만들어 가볍고 기민하게 운영하기도 한다. 기업 내에 스타트업과 유사한 별도 태스크포스 형태의 조직이나 프로젝트팀을 만들거나 특유의 문화와 성격을 반영하는 등 여러 가지 노력을 기울이고 있다. 스티브 블랭크는 '스타트업은 대기업의 작은 버전이 아니라, 확장, 반복, 수익 가능한 비즈니스 모델을 탐색하는 임시 조직'이라고 말했다. 즉, 기업의 형태나 규모와 상관없이 빠른 성장과 혁신을 원한다면 스타트업에서 주목해온 고객 개발에 대한 이해를 기반으로 학습의 속도를 높여야 한다. 신디 앨버레즈 역시 《린 고객 개발》에서 고객 개발은 스타트업과 큰 기업 양쪽 모두에 유용하므로 회사 규모나 성숙도에 관계없이 통용될 수 있다고 언급하며 고객을 이해하기 위한 가설 주도 접근법으로 고객 개발을 정의한다. 즉, 고객 개발은 기업의 규모보다는 혁신을 필요로 하는 조직의 관점으로 반드시 접근해야 한다.

먼저 제품 중심의 모델을 주로 다루는 전통적인 신사업 추진 전략을 살펴보자. 특히 일정 크기 이상의 기업은 대부분 다음의 과정을 따르게 된다.

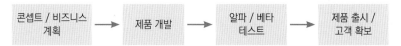

전통적인 신사업 추진 전략   이 모델은 고객, 시장, 제품 등에 대해 비교적 명확하게 알고 있는 기존 기업에 적합하며 주로 제품 중심의 사업 전략에 활용된다.

이 방법은 시장이 명확히 존재하고 차별화 방안을 찾을 수 있는 기존 기업에 적합한 접근이다. 하지만 정작 누가 고객이 될지 모르는 상황에서는 적합하지 않다. 스티브 블랭크는 《기업 창업가 매뉴얼》에서 익숙한 이 접근 과정을 활용하면 많은 사람이 9가지의 주요 실책을 범하게 된다고 설명한다.*

1 고객이 무엇을 원하는지 안다고 생각한다.

2 어떤 기능이 필요한지 안다고 생각한다.

3 제품 출시에만 집중한다.

4 실행을 강조하고 가설, 검증, 학습, 반복을 고려하지 않는다.

5 시행착오나 오류를 고려하지 않는 사업 계획을 세운다.

6 전통적인 직책을 스타트업에서의 역할과 혼동한다.

7 판매와 마케팅의 실행 계획에 집중한다.

8 성공에 대한 이른 예측이 섣부른 확장으로 이어진다.

9 위기관리가 악순환으로 이어진다.

여기서 오해해서는 안 되는 부분이 있다. 바로 서비스 디자인 씽킹과 린 스타트업에서 중요시하는 실행이다. 무작정 하는 실행이 늘 옳은 것은 아니다. 이유 없는 실행, 특히 과거의 관리 경험과 지식을 적용하면 통할 것이라는 믿음에서 진행되는 실행은 오히려 실패로 이어지기 쉽다. 실행에 앞서 고객이 어디에 있는지 고민하고 찾는 활동이 필요하다.

스티브 블랭크는 기존의 제품 개발 방법론의 문제점을 개선할 수 있는 '고객 개발 프로세스Customer development process'라는 네 단계 방법론을 제안했다. 비즈니스 모델의 탐색을 시작하는 고객 발굴Customer discovery과 고객 검증Customer validation, 비즈니스 모델을 실행하는 고객 창출Customer creation과 기업 설립Company building 과정으로 구성된다.

---

* 《기업 창업가 매뉴얼》(스티브 블랭크·밥 도프 저), 54~64쪽

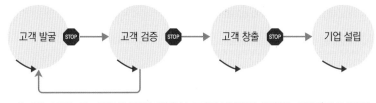

고객 개발 다이어그램　고객 중심으로 비즈니스 모델을 탐색하고 실행하는 과정으로 구성된다. 이전 단계로 돌아가는 것을 반영하지 않은 전통적인 사업 추진 모델과 달리 고객 개발 방법론은 개별 단계가 제대로 될 때까지 반복할 것을 강조한다. 출처 www.steveblank.com

　　'고객 발굴'은 회의실에서 벗어나 현장에서 고객을 만나 창업가의 비전에 적합한 고객과 시장을 찾는 과정이다. 현장에서는 고객의 문제와 해결에 대한 요구 사항을 탐색하는 단계와 최소 기능 제품을 통해 고객의 요구를 충족시키고 구매가 이루어지는지 확인하는 단계로 진행된다. '고객 검증'은 고객 발굴에서 확인한 비즈니스 모델이 고객을 확보하고 수익성 있는 사업이 될 수 있는지 검증하는 과정이다. 주로 시험 판매를 통해 고객이 돈을 내고 적극적으로 사용하는지 확인한다. '고객 창출'은 고객 검증 과정을 통해 학습한 내용을 중심으로 수요를 창출하고 비즈니스를 확장하는 과정이다. 그리고 '기업 설립'은 최종적으로 임시 조직이 아닌 기업으로 바뀌는 과정이다. 스티브 블랭크와 밥 도프는 이러한 고객 개발 과정을 위한 14개의 원칙을 정리해 '고객 개발 선언문'으로 이름 짓고 공개했다.*

---

*　《기업 창업가 매뉴얼》(스티브 블랭크·밥 도프 저) 참조

THE CUSTOMER DEVELOPMENT
[MANIFESTO]

A STARTUP IS A TEMPORARY ORGANIZATION DESIGNED TO SEARCH FOR A SCALABLE AND REPEATABLE BUSINESS MODEL

There **are no facts inside** your building, so get outside Pair Customer Development with Agile Development Failure is an integral part of the search **If you are afraid to fail you are destined to do so** Iterations/pivots are driven by **insight** from continuous "pass/fail" **tests** [Success begins with buy-in from investors, and co-founders] **No business plan survives** first contact with customers Validate hypotheses with customer experiments [Not all start-ups are alike] **Agree on Market Type** it changes everything Start-up metrics differ from those in existing companies [Track progress converting hypotheses into facts] **Fast & fearless** decision-making, cycle time, [speed and tempo] A startup **without** driven, **passionate** people **is dead** the day it opens Startup functions/titles are different from companies Preserve cash while searching for the business model **After** it's found, spend [Communicate & share learning] Startups demand **comfort with uncertainty, chaos** and change

스티브 블랭크가 자신의 홈페이지를 통해 공개한 '고객 개발 선언문' 고객 개발 과정을 위한 14개의 원칙이 정리되어 있다.
출처 www.steveblank.com

1 사무실에서 알 수 있는 것은 없으니 현장으로 나가라.

2 고객 개발에 애자일 개발을 접목하라.

3 실패는 탐색 절차의 필수적인 요소다.

4 끊임없이 반복하고 전환하라.

5 고객과 만나는 순간 어떤 사업 계획도 무의미하므로 비즈니스 모델 캔버스를 활용하라.

6 가설을 검증하고자 실험과 테스트를 설계하라.

7 시장 유형에 맞춰라. 시장 유형에 따라 모든 게 바뀐다.

8 스타트업은 기존 기업과 다른 지표를 쓴다.

9 빠른 의사 결정, 순환 주기, 속도, 박자를 중시하라.

10 열정이 가장 중요하다.

11 스타트업의 직책은 대기업의 직책과 다르다.

12 필요할 때만 쓰고 아껴라.

13 배운 것을 소통하고 공유하라.

14 성공적인 고객 개발은 합의에서 시작한다.

고객 개발 프로세스와 디자인 씽킹 기반 프로세스는 모두 고객 탐색 과정 Customer discovery process이라는 공통점을 갖고 있고 구현 과정에서 유사하거나 동일 기법을 활용한다. 이 책은 서비스 디자인 씽킹을 다루며 그에 대한 관점에 무게 중심을 두고 있으므로 고객 개발 프로세스를 완전히 동일하게 적용하거나 고려하는 것은 아니다. 하지만 고객 탐색 과정을 중심으로 한다는 측면에서 고객 개발 프로세스를 중요하게 살펴보고 또 일부 반영할 필요가 있다. 특히 고객 개발에 대한 스티브 블랭크의 기본 개념은 물론이고 린 고객 개발 관점의 적용이라는 측면에서 신디 앨버레즈가 소개한 기법들을 실천 방안으로 반영하는 부분도 고려해야 한다.

디자인 씽킹 vs 고객 개발

빠른 변화에 대응한 혁신을 원하는가? 스티브 블랭크는 기업의 규모에 따라 어떤 과정이 맞는지에 대한 논의가 중요한 것이 아니라 지금 진행되는 혁신의 속도, 질, 양에 기업이 만족하는지가 중요하다고 강조한다. 사람들의 니즈가 출발점이 될 수도 있지만, 또 한편으로는 새로운 제품과 서비스에서 시작할 수도 있다. 디자인 씽킹과 고객 개발은 모두 고객을 향하고 있으며 그들이 있는 곳으로 다가가Outside the building 고객의 니즈를 이해하고 인사이트를 찾고자 노력해 그들을 중심에 둔 혁신을 고민해야 한다고 강조하지만 같은 개념은 아니다.

디자인 씽킹은 사람들의 니즈로부터 출발한다. 사람들의 니즈를 이해하고 그들에게서 발견한 인사이트를 중심으로 문제를 해결하고자 반복해서 노력한다. 교육 단체나 비영리 조직을 위한 접근 방법 역시 공유되지만 현실적으로는 주로 시간과 돈이 충분하며 혁신을 추구하더라도 기존 사업이 존재해 어느 정도의 안정감을 가진 비즈니스에서 더 자주 활용된다.

반면 고객 개발은 (주로 창업자의) 제품과 서비스에 대한 가설에서 시작된다. 이들은 제품과 서비스를 위한 고객을 가급적 가장 빠른 시간 내에 찾고 적당한 결정을 통해 다음 단계로 나가야 한다. 즉, 고객 개발은 내일 당장 어떻게 될지 모른다고 주장하는 시간과 돈이 제한된 스타트업을 대상으로 시작된 방법이다.

스티브 블랭크는 자신의 홈페이지와 포브스를 통해 2014년 소개한 〈기업 혁신을 이끄는 법 : 디자인 씽킹 vs 고객 개발〉이라는 글에서 둘의 특징을 정리해 소개하기도 했다.* 고객 개발은 기술 기반의 혁신적 아이디어나 제품이 있으므로 속도를 위해 적당한 데이터와 의사 결정으로 이어진다. 반면 디자인 씽킹은 고객 니즈를 기반으로 충분한 데이터를 통해 적지 않은 투자가 요구되는 신규 제품 출시와 주로 연결된다.

---

*　〈Driving Corporate Innovation: Design Thinking vs. Customer Development〉 www.steveblank.com

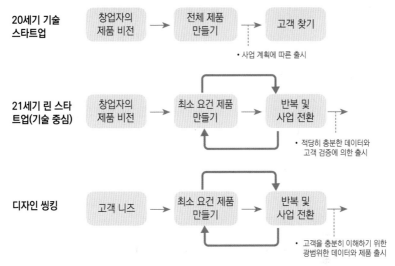

기술 스타트업, 린 스타트업, 디자인 씽킹의 비교 고객 개발과 디자인 씽킹은 창업자와 제품의 비전에서 시작되는지 또는 고객 니즈에서 출발하는지에 따라 차이를 만든다. 출처 www.steveblank.com

이처럼 디자인 씽킹과 고객 개발은 동일한 것은 아니며 분명 차이는 존재하지만 여전히 유사하거나 같은 부분을 가지고 있다. 두 접근 방법 모두 고객을 찾고 그들을 이해한 후 혁신을 이루기 위해 노력한다. 그리고 관찰, 인터뷰, 프로토타이핑 등 동일하거나 비슷한 실행 방법을 가진다. 그뿐만 아니라 최근에는 큰 기업에도 스타트업 개념이나 프로젝트 단위의 실행이 다양한 형태로 반영되고 있는 만큼 기업 형태나 규모와 상관없이 위기의식과 기민한 실행 움직임을 중요하게 고려해야 한다.

5.3 디자인 씽킹, 린, 애자일의 접점

서비스 기획자나 디자이너에게 애자일 혁신Agile innovation과 린 스타트업Lean startup은 디자인 씽킹만큼 익숙한 용어일 것이다. 일반적으로 애자일은 개발자에게, 린 스타트업과 디자인 씽킹은 디자이너와 기획자에게 더 익숙하지만 이들을 얼마나 이해하고 실무에서 경험했는지는 각자 다르다. 또 국내에서는 업무 적용 범위나 의미에 대해 고민할 겨를도 없이 한동안 유행처럼 회자된 것도 사실이다. 이들은 과연 어떻게 서로 연결되고 영향을 주고 있을까? 디자인 씽킹, 린, 애자일, 이 세 가지 방법들이 어떻게 자연스럽게 흘러가는지 소개한 다이어그램을 확인해보자.

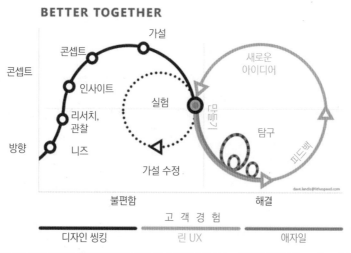

디자인 씽킹, 린 UX, 애자일이 함께 운영되는 프로세스의 모습   데이브 랜디스(Dave Landis)가 소개한 이 다이어그램에서 디자인 씽킹, 린 UX, 애자일이 어떻게 함께 움직이게 되는지 확인할 수 있다. 출처 www.lithespeed.com/lean-ux-dont-part-1-3-2

　　디자인 씽킹이 사용자를 이해하고 혁신하는 방법에 집중한다면, 린 UX는 시장에 적합한 방법을 찾고 입증하는 과정이며, 애자일은 이 과정을 기민하고 유연하게 실천할 수 있도록 이끌게 된다. 세 가지 방법론의 기본 관계는 비즈니스 상황에 따라 차이는 있겠지만 이 다이어그램과 유사한 접근으로 설명할 수 있다.

애자일은 소프트웨어 개발자가 제품과 서비스 구성의 핵심인 기업에서 주요 방법론으로 자주 언급된다. 철저한 단계별 계획을 기반으로 운영되어 변경이 쉽지 않은 폭포수Waterfall 방식 등 익숙한 전통적 개발 방식과 달리 애자일 방식은 일정한 주기로 빠르게 만들고 피드백을 받아 수정하는 과정을 반복해 개발한다. 애자일에 대한 부분은 여전히 개발 측면의 접근과 사례에서 찾아보는 게 더 쉽지만, 방법론의 연장선상에서 개발 외 다른 조직에 적용하는 논의가 적지 않다. 따라서 프로세스 활동의 기민하고 유연한 실천에 관심이 있다면 애자일 방법론에 대한 기본적인 사항을 알아두는 것이 좋다. 경영에서도 주로 위에서 아래로 지시하는 기존 방법의 대안으로 애자일 방법론Agile methodology이 주목받고 있다. 또 필요 없는 부분을 줄여 가볍게 움직이는 린의 바탕에도 애자일 관점의 기민함이 깔려 있으므로 애자일 접근에 대한 부분은 린 스타트업이나 린 UX 등을 이야기할 때도 빠지지 않는다.

린 UX는 디자인 씽킹, 애자일 개발 방법론, 린 스타트업 방법론을 토대로 한다. 린 스타트업을 고려한다면 디자인 사고와 고객 개발을 이해하고 이를 근간으로 가져가야 한다. 애자일과의 관계도 마찬가지다. 에릭 리스의 설명을 살펴보자.

> "린 스타트업은 린 생산 방법Lean manufacturing, 디자인 씽킹Design thinking, 고객 개발Customer development, 애자일 개발Agile development이 포함된 기존 경영 방법 및 제품 개발 방법론의 토대 위에서 만들어졌다. 이것은 지속적인 혁신을 만드는 새로운 방식이다. 이를 '린 스타트업Lean Startup'이라 부른다.*"

특히 린 UX는 다음과 같은 관점에서 앞서 언급된 주요 내용들의 중간 연

---

*　《린 스타트업》(인사이트, 2012, 에릭 리스 저), XIV쪽

결 고리를 한다. 우선 디자인 씽킹과 연결되는 린 UX라는 측면이다. 린 UX의 기본 토대 중 하나가 디자인 씽킹이라는 점은 디자인 방법론을 통해 비즈니스의 모든 면에 접근할 수 있다는 입장을 부여해 중요하다. 즉, 디자이너가 다양한 비즈니스 영역에 관여하는 것은 물론 비디자이너 역시 디자인 방법론을 활용해 문제를 해결하도록 방향성을 제시한 것이기 때문이다. 다음은 애자일과 연결되는 린 UX라는 측면이다. 애자일 개발은 린 UX의 또 다른 기본 토대다. 따라서 개인과 상호작용, 작동하는 소프트웨어, 고객 협업, 변화에 대응이라는 애자일의 핵심 가치가 린 UX에서도 동일하게 적용된다.*

애자일은 경영 관점의 모든 분야에 유효할까?

모두에게 환영받고 모든 곳에 활용되는 방법론은 없다. 애자일 역시 마찬가지다. 대럴 K.릭비Darrell K. Rigby와 제프 서덜랜드 등은 '기민성을 수용하라Embracing agile'라는 경영 관점의 애자일 혁신에 대한 글을 통해 기민함이 가장 어울리는 분야로 소프트웨어 분야를 꼽았다. 소프트웨어 분야는 ① 문제가 복잡하고, ② 초기에 답을 알 수 없고, ③ 제품 및 서비스의 요구 사항이 변하기 쉽고, ④ 업무의 모듈화가 가능하고, ⑤ 최종 사용자와의 협력과 피드백이 가능하고, ⑥ 통제에 의한 팀보다 창조적인 팀이 더 좋은 성과를 달성하는 경우가 있기 때문이다. 유사한 관점에서 애자일 영역으로 전략 기획, 마케팅, 제품 개발, 혁신 추진, 공급망 개선, 자원 할당, 조직간 협력 개선 등을 고려할 수 있다. 반면 일상적인 관리가 주를 이루는 구매, 회계, 방문 판매, 사무실 유지 보수, 성과 평가, 홍보 등의 업무에서는 고려하기 까다롭다. 베인앤컴퍼니는 '애자일 혁신'에서 관련 내용을 종합해 다음과 같은 표로 제시했다.

---

* 《린 UX》(한빛미디어, 2013, 제프 고델프·조시 세이던 저, 김수영 역), 29~30쪽

조건	애자일에 유리	전통적 방법에 유리
시장 환경	•고객의 선호와 해결 방안이 자주 변함	•시장 조건이 안정적이고 예측 가능
고객 참여도	•밀접한 협력과 신속한 피드백 •프로세스가 진행됨에 따라 고객이 자신이 원하는 바를 더 잘 알게 됨	•처음부터 요구 사항이 명확하고 안정적으로 유지됨 •고객과의 지속적 협력은 어려움
혁신의 유형	•문제가 복잡하고 해결책이 알려지지 않았고 범위도 명확하지 않음 •사양이 변할 수 있으며 창조적인 돌파와 개발 및 출시 기간이 중요	•이전에 유사한 업무가 수행된 바 있으며 해결책이 명확한 것으로 생각 •세부 사양과 업무 확신을 가지고 계획을 세울 수 있으며 이를 고수해야 함
업무의 모듈성	•점진적 개발이 가치가 있고 고객이 그것을 사용할 수 있음 •업무를 부분적으로 분할하고 신속하고 반복적인 주기로 수행할 수 있음 •말기의 변경 사항도 처리 가능	•모든 것이 완성되기 전에는 고객이 제품의 각 부분에 대한 테스트를 시작할 수 없음 •말기의 변경은 비용이 많이 들거나 불가능
업무 진행 중 실수의 영향	•소중한 교훈이 됨	•엄청난 재앙이 될 수 있음

애자일에 적합한 조건 모든 영역에서 애자일이 적합하고 유리한 것은 아니므로 적용을 위해서는 신중한 판단이 필요하다. 출처 'Agile Innovation', www.bain.com

디자인 씽킹, 린, 애자일은 서로 연결되고 영향을 준다. 따라서 디자인 활동 역시 더 짧은 주기로 반복 운영해 실패에 대한 부담을 줄이고 점진적으로 개선하는 방향을 고려해야 한다. 군더더기 없이 빠르게 움직이는 기업 활동은 예측하기 힘든 고객에 집중하게 할 뿐 아니라 특히 가치 있는 제품과 서비스를 적절한 시점에 소개할 수 있도록 도와 비즈니스 성과를 높이는 기반이 된다. 이것이 애자일, 린과 같은 기민함이 디자인 방법론에서도 최근 강조되는 이유이다. 특히 큰 기업에서는 주로 대규모 프로그램을 통해 변화를 시도하지만 스타트업과 같이 작은 기업에서는 빠르게 움직이는 것이 더 중요하다. 그리고 그 성공을 기반으로 다음 제품과 서비스 영역으로 성공 사례를 확대할 수 있다. 이처럼 기민한 움직임은 산업계 전반에서 관심을 갖는 내용이며 고객 개발 등의 접근 방법 역시 같은 맥락에 있다.

5.4 인간 중심 디자인 프로세스

디자인 씽킹 중심의 접근이 다른 방법과 차이를 만드는 이유는 무엇일까? 그 핵심은 겉으로 드러난 사람들의 니즈와 어려움은 물론 숨은 부분까지 충족시키는 해결책을 찾기 위해 인간 중심으로 활동한다는 데 있다. **인간 중심 디자인**Human-centered design **프로세스**는 1980년대 스탠퍼드 대학교의 롤프 패스트Rolf Faste가 구축한 뒤 IDEO의 데이비드 켈리가 비즈니스 영역으로 확대했다고 알려져 있다. 인간 중심은 말 그대로 사람으로부터 시작되는 프로세스로 사람들의 니즈와 행동을 파악해 솔루션을 찾고 제시해 전달하게 된다. 인간 중심 디자인은 적합성Desirability, 실현 가능성Feasibility, 지속성Viability이라는 3가지 관점을 동시에 고려해야 한다. 사람들이 진심으로 원하고 필요로 하는 것은 무엇인지, 기술을 고려해 실현 가능한 것은 무엇인지, 비즈니스적으로 지속 가능한 요소가 무엇인지를 함께 고려한다는 의미다.

인간 중심 디자인은 크게 3가지 주요 단계로 구성된다. 인간 중심 디자인의 약자와 동일하게 HCD로 조합되는 듣기Hear, 창작하기Create, 전달하기Deliver이다. 우선 듣기는 현장에서 사람들의 목소리를 듣고 맥락을 이해해 그들이 정말 원하는 것이 무엇인지 파악하는 과정이다. 창작하기는 듣기 단계에서 얻은 자료들을 구체화시켜 주요 기회 영역을 파악하고 기회에 대한 다양한 솔루션을 만들고 프로토타입으로 제작해 가시화하는 과정이다. 그리고 전달하기는 솔루션을 실행하고 실현 가능성과 지속성을 중심으로 평가해 피드백을 받고 또 다시 새로운 솔루션을 도출하는 과정이다.

HCD로 요약되는 IDEO의 인간 중심 디자인 방법론은 카이저 퍼머넌트Kaiser Permanente 병원 사례를 소개하며 팀 브라운이 2008년 언급한 것처럼 영감Inspiration, 아이디어화Ideation, 실행Implementation으로 이야기되기도 한다. 2015년 소개된 인간 중심 디자인 필드 가이드The Field Guide to Human-Centered Design에서도 이와 동일하게 프로세스를 설명하고 있다.

- **영감** : 사람들의 행동, 니즈 등을 관찰해 해결책을 찾아 나서도록 동기 부여

- **아이디어화** : 해결책을 위한 아이디어의 제안, 프로토타이핑

- **실행** : 프로토타입을 통해 테스트하고 피드백 내용을 반복 개선해 시장으로 나가기

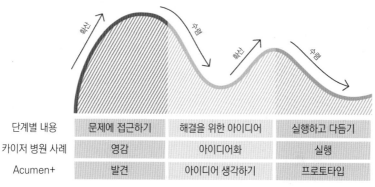

단계별 내용	문제에 접근하기	해결을 위한 아이디어	실행하고 다듬기
카이저 병원 사례	영감	아이디어화	실행
Acumen+	발견	아이디어 생각하기	프로토타입

세 단계로 표현된 인간 중심 디자인 카이저 병원 사례와 Acumen+의 인간 중심 디자인 교육을 기준으로 정리한 사례다. 서로 다른 용어를 사용하지만 크게 3가지 과정을 거쳐 진행된다.

그리고 IDEO 재단과 Acumen+에서는 인간 중심 디자인을 위한 강의를 제공하고 있는데, 여기서는 인간 중심 디자인 프로세스를 발견Discover, 아이디어 생각하기Ideate, 프로토타입Prototype으로 나누어 설명한다. 결국 서로 다른 용어를 사용하기도 하지만 이들은 모두 어떤 일이 벌어지는지 관찰하고 해

결책을 찾기 위해 함께 고민해 프로토타입을 개발하고 시장에서 성과를 확인하는 과정을 의미한다. 이처럼 인간 중심 디자인 프로세스는 혁신을 구성하는 활동에 따라 구별되는 영역들로 구성된 시스템이며, 특히 혁신 초기 단계에서 디자인 사고를 도입할 때 더욱 완벽한 결과로 연결될 수 있다.

　　인간 중심 디자인 프로세스 역시 무엇보다 현장에서 실천으로 옮기는 것이 중요할 것이다. 특히 인간 중심 디자인 프로세스에서는 한 사람의 천재가 아닌 여러 사람의 반복된 노력으로 창의적 혁신이 가능하다고 소개하는 만큼 모두가 접근할 수 있는 가이드가 필요하다. 이러한 부분을 해결해주는 툴킷이 있다. 바로 IDEO에서 출연한 비영리 단체인 IDEO 재단IDEO.org에서 공개한 인간 중심 디자인 툴킷Human Centered Design Toolkit이다. HCD를 현장에서 적용하기 위한 이 가이드는 www.designkit.org 사이트에서 확인할 수 있다. 빌 & 멀린다 게이츠 재단 등의 도움을 받아 개발된 이 툴킷으로 사회적 기업과 NGO를 포함한 다양한 사람들이 각자의 문제를 해결하고 사회 혁신의 기회를 찾는 데 한 걸음 다가설 수 있게 되었다. 즉, 전문 디자인 컨설팅 기관의 도움을 받지 않더라도 이 툴킷을 충실히 활용한다면 누구나 인간 중심 디자인 프로세스를 현장에 적용하고 실천해 사람 중심의 혁신을 이끌어낼 수 있다는 점에서 중요하다.*

5.5 UX, CX, SX... 그리고 경험 디자인

　　경험 제공의 중요성이 반영되어 경험을 의미하는 X(eXperience)를 포함하는 다양한 용어가 최근 소개되고 있다. UX, CX, SX, PX, HX 등 비슷해 보이는 용어들이 다양하게 사용되며 혼란스러울 때도 많다. 이들 간의 미

---

* 　필드 가이드는 다음 링크에서 다운받을 수 있으며 한글판도 있다. www.designkit.org/resources/1

묘한 기준은 주로 누구의 관점인지에 따라 경험eXperience 앞에 조합된 단어를 바꾸며 구분된다. 사용자 경험을 의미하는 UXUser eXperience는 기기 등 사용자와 닿아 있는 사용 과정이 주요 관심의 대상이며 특히 스마트폰의 확산 과정에서 홍보나 마케팅에도 폭넓게 사용되고 다루어져 이제 익숙하다. UX는 사용자User 중심으로 다루어지는데 대부분 구매 시점 이후의 사용 과정에 집중해 인간 중심의 총체적 경험을 제공하는 것이 목표다. 소비자 경험 또는 고객 경험을 의미하는 CXCustomer eXperience는 고객Customer에 집중하며 기업이 그들에게 제공하는 총체적 경험을 범위로 한다. 즉, 사용 과정뿐만 아니라 구매 전, 구매 시점, 구매 후를 포함하는 전체 단계와 이해관계자를 함께 다룬다. 그리고 서비스에 적용되고 해당 산업에 집중하면 SXService eXperience, 환자를 중심으로 병원 등 의료 서비스와 산업에 집중하면 PXPatient eXperience다. 지금 이 순간도 관련 용어 및 개념이 다양하게 확장되고 있다.

하지만 정의에 의한 분류에만 집중할 경우 자칫 한정된 범위나 UX, SX, PX와 같은 파생된 개념에 갇힐 수 있으므로 인간의 경험이라는 확장된 시각을 갖기 위해 노력해야 한다. 이를 위해 인간의 경험을 위한 디자인을 의미하는 경험 디자인Design for experience을 살펴봄으로써 '경험'이라는 측면을 더 면밀하게 바라볼 필요가 있다. 김진우 교수는 《경험 디자인》에서 우리의 삶에 필수적 요소이며 자연스럽게 회상할 수 있는 경험을 진정한 경험으로 언급한 철학자 존 듀이의 관점으로 상호작용, 연속성, 성장이라는 세 가지 경험의 원리를 소개한다. 경험은 사람의 행동과 생각 그리고 외부의 자극이 만드는 상호작용Interaction, 독립적 부분이 아닌 현재와 그 전후의 관련성에 대한 연속 성Continuity, 현재뿐 아니라 앞으로 더 커지고 끊임없이 발전한다는 성장Growth의 원리를 갖고 있다는 의미다. 김진우 교수는 이러한 철학적 관점을 포함해 경험 디자인을 다음과 같이 설명한다.*

> "경험 디자인은 사람이 진정한 경험을 할 수 있도록 제품이나 서비스를 제공하는 원리나 방법을 말한다. 진정한 경험을 줄 수 있는 서비스는 구조적 특징, 행동적 특징 그리고 표현적 특징을 가지고 있다."

서비스 디자인은 한정된 웹과 모바일 등을 넘어 더 넓은 범위에서 사람들에게 좋은 경험을 제공하고 사회적인 파급 효과와 필요까지 고려해야 한다. 결국 이를 위해서는 경험 디자인을 이해하고 다루어야 한다. 경험 디자인과 서비스 디자인 씽킹 프로세스를 조금 더 비교해보자.

'서비스 디자인'과 '경험 디자인'은 방법론에서 유사하다. 디자인 사고를 기반으로 표면에 드러나지 않는 숨겨진 니즈를 파악하고 분석하며 이를 결과물로 도출해내는 데 필요한 과정을 진행해 혁신의 기반을 마련한다. 또한 사람들을 제대로 깊이 이해하는 맥락적 탐구를 중요하게 다룬다. 물론 UI와 UX에서는 사용성 평가Usability test를 실험실 중심으로 진행하기도 하지만 질 높은 사용자 경험을 제공하기 위해선 자연스러운 환경에서 사용자들의 맥락적 사용성을 연구하고 파악하는 것이 중요하다. 이 외에도 프로토타이핑 등을 통해 결과를 빠르게 구현하고 개선하는 과정 역시 강조된다.

하지만 대상과 범위가 완전히 동일한 것은 아니다. 경험 디자인은 주로 수요자라 불리는 고객이나 사용자를 대상으로 집중하지만, 서비스 디자인은 수요자는 물론 공급자를 포함한 다양한 이해관계자를 통합적으로 고려한다. 경험 디자인은 대부분 가시 영역에 속하는 고객 또는 사용자와의 접점에서 확인 가능한 앞 단Front stage에 더 집중하지만, 서비스 디자인은 앞 단과 함께

---

* 《경험 디자인》(안그라픽스, 2014, 김진우 저), 46~48, 54쪽

비가시 영역인 뒤 단Back stage까지 중요하게 고려하는 경우가 많다.

예를 들어 서비스 디자인 프로세스에 다루는 서비스 청사진Service blueprint은 가시선을 기준으로 앞 단은 물론 뒤 단의 활동을 함께 살펴보는 과정이다. 따라서 이해관계자의 니즈, 시스템 및 인프라 등을 포함하는 환경, 뒤 단 중심의 상호작용 등 비가시 영역을 포함하는 더 넓은 범위의 총체적 관점이 요구된다. 물론 서비스 청사진과 같은 일부 산출물을 제외하고는 도출된 결과물에서도 이 둘은 동일한 부분이 함께 존재하므로 결과물만을 가지고 이것이 무엇을 목적으로 나왔다고 단정 짓기는 어렵다.

서비스 디자인 씽킹 프로세스의 실행 면에서 다양한 경험 디자인 영역과 접근에 대한 고민이 필요하다. 전체 과정에서 총체적 고객 경험을 제공해야 하며, 단편을 살펴보는 것이 아니라 경험 디자인의 관점에서 큰 그림을 그려 각 요소를 전략 차원으로 활용해야 한다. 단순한 제품과 서비스라는 접근이 아닌 경험 전체를 다시 생각해야 한다는 의견은 어쩌면 꽤 오랫동안 익숙한 주장이었다. 하지만 중요한 것은 결국 실천과 적용이다. 특히 조직의 규모와 상관없이 경험에 대한 고려와 적용은 필요하다. 이미 존재하는 서비스나 제품을 넘어서는 새로움을 제공하길 원하고 혁신을 지향한다면 경험 디자인의 다양한 영역과 내용에 꾸준히 깊이를 더하는 일은 당연히 중요하다.

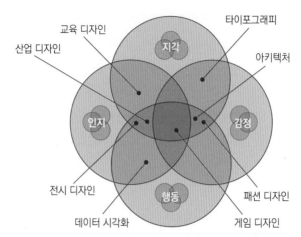

어댑티브 패스의 공동 창업자인 제시 제임스 개럿이 사용자 경험의 영역과 관계를 소개한 다이어그램 경험 디자인을 다루며 사용자를 단순히 서비스나 제품을 사용하는 개체의 관점으로 단편적으로 봐서는 안 된다. 감각을 통해 느끼고, 행동하고, 감정에 영향을 받는 인간으로 접근해 경험의 다양한 영역에 적극적으로 관여(Engagement)하고 이를 충족시켜야 한다. 이러한 경험 디자인 관점을 기반으로 우리는 새로움과 혁신을 담은 총체적 고객 경험을 제공할 수 있다.
출처 http://uxdesign.com/assets/state-of-user-experience-garrett.jpg

5.6 누가 추진하고 무엇을 적용해야 할까?

'고객이 가장 중요하다', '진짜 경험을 제공하자'는 슬로건은 이젠 식상할 정도다. 하지만 이를 실제 조직 구성과 시스템에 반영하고 프로세스를 운영하는 조직의 주요 활동으로 가져가는 건 간단하지 않다. 그만큼 실행이 어렵다. 서비스 디자인 씽킹 역시 마찬가지다. 이해가 아닌 실행의 단계에 접어들면 고려 사항과 해결 사항도 많아지며 특히 각 조직과 기업의 상황에 따라 프로세스를 적용하는 방법은 다를 수밖에 없다. 전체 프로세스에 걸쳐 더 적극적으로 실행하는 경우도 있을 것이고 고객을 이해하기 위한 관찰과 인터뷰 등 일부 활동만 고려하는 경우도 있을 것이다. 어느 쪽이든 실행에는 변화가 동반되어야 하며 실천을 위한 조직과 시스템의 정비가 필요하다.

서비스 디자인 씽킹 프로세스를 적용하고 최선의 결과를 도출해내려면 전담 인력은 물론 다양한 백그라운드를 가진 사람들과 협업해야 한다. 이러한 접근을 통해 개방적이고 종합적 관점을 가질 수 있으며 프로세스 진행에서 사용자를 포함한 이해관계자의 참여를 고려하고 확대할 수 있다. 이러한 변화는 인간 중심의 새로운 경험을 제공해 혁신을 하고자 원하는 모든 기업에 해당되는 내용이다.

오랜 역사를 가진 식료품 제조 기업 네슬레를 살펴보자. 제조업의 이미지가 강한 네슬레에 정성 조사, 혁신 프로세스, 다양한 인력의 협업 등을 연상하는 사람은 드물 것이다. 하지만 네슬레는 이미 네슬레 영양 센터를 운영해 민족지학이나 경제학 등 여러 분야의 인재가 소비자를 고려한 다양한 기업 활동을 펼치고 있다.[*]

다양한 IT 제품과 서비스를 시장에 소개하는 삼성의 사례를 확인한다면 기업의 노력을 더 분명히 확인할 수 있다. 2006년 보르도Bordeaux라는 애칭으로 잘 알려진 TV 모델 역시 고객의 행태와 니즈를 확인한 결과물이다. 에스노그라피 연구를 통해 TV는 켜져 있는 시간보다 더 오래 꺼져 있는 제품이라는 점을 발견하고 꺼져 있을 때도 고급 가구의 이미지를 가질 수 있도록 와인잔 모양의 감성적인 디자인을 구현해 큰 인기를 얻었다. 이는 디자이너들이 과거의 틀을 깨는 전략적 사고 역량을 갖추고 전체 조직이 디자인 원칙을 반영하는 공감 역량을 통해 성과를 보인 좋은 사례다. 지금도 삼성은 디자이너, 엔지니어, 마케터, 에스노그라퍼 등으로 구성된 다학제팀Multidisciplinary team이 혁신 프로세스를 지속해서 수행하고 있다.[**]

---

[*] 《하버드비즈니스리뷰》(2015년 12월호), '변화의 시점을 감지하라', 마크 베르톨리니 외 저, 132쪽
[**] 《하버드비즈니스리뷰》(2015년 9월호), '삼성은 어떻게 디자인 강자가 됐을까', 유영진 외 저, 86~87쪽

필요한 자질을 갖춘 신규 인력을 확보하든 내부 구성원의 역량을 키우든 새로운 변화를 위해 필요한 인력을 서둘러 확보해야 한다. 그런데 단순한 인적 자원의 보충으로 접근해서는 혁신을 하기 힘들다. 전체 조직의 철학과 사고방식에 변화가 필요하며 조직에 속한 모두가 새로운 변화의 주체가 되어야 한다. 그리고 이를 뒷받침하는 시스템이 필요하다. 특히 단기적 성과에 쫓겨 기존 방법과 동일한 잣대로 관리하고 평가해서는 안 된다. 기업의 규모가 클수록 대부분 짜인 계획안에서 정해진 부서가 활동할 뿐 아니라 단기 지표와 성과를 중점적으로 관리하는 경우가 흔하므로 주의 깊게 살펴야 한다. 지금까지 어려움을 겪던 문제의 근본적 해결이나 무엇이 될지 아직 모르는 새로운 기회를 찾는 일이기 때문이다.

그렇다면 새로운 혁신은 조직을 구성하는 개인이라는 관점에서 어떤 사람을 필요로 할까? 조직 단위의 움직임은 개인의 변화와 노력을 기반으로 한다. 따라서 디자인 사고의 가능성을 믿고 도전하고 실행하는 사람이 필요하다. 앞서 여러 차례 강조한 것처럼 이는 일반적 의미의 디자인과 디자이너의 보강을 의미하는 것은 아니다. 디자인 사고를 P&G에 성공적으로 불어넣었던 클라우디아 코치카 역시 같은 의미에서 디자이너는 아니다. 그녀는 회계 분야 출신으로 마케팅을 담당했고 그 과정에서 디자인에 관심을 갖고 이해한 사람이다. 그녀의 이런 업무 경험은 특정 영역에 치우치지 않고 비즈니스와 디자인, 분석과 직관의 균형을 가치 있게 다룰 수 있는 기반이 되어 오히려 더 중요한 강점이 되었다. 그리고 디자인 사고의 적용에 있어 비즈니스를 담당하는 사람들의 신뢰 역시 얻을 수 있었다.[*] 따라서 (그림을 그리는) 디자이너가 아니더라도 서비스 디자인 씽킹 프로세스를 익히고 실행하는 도전을 주저할 필요는 없다!

---

[*]   《디자인 씽킹》(로저 마틴 저), 170쪽

변화된 사고방식을 받아들이려면 혁신에 대한 리더의 믿음과 리더십 그리고 프로세스를 실행하는 조직 관리가 필요하다. 이러한 측면에서 스타트업이나 프로젝트팀 형태의 조직은 기민한 조직과 빠른 운영을 중심으로 혁신을 강하게 원하므로 사고와 프로세스의 변화를 더 적극적으로 고려해볼수 있을 것이다. 사회의 변화를 중요시하고 장기적 관점의 목표에 많은 의미를 부여하는 비영리 단체 역시 마찬가지다. 이러한 조직에서는 아직 과거 데이터가 충분하지 않아 증거 수집과 근거 제시 중심으로 이루어지는 관리 활동에 어차피 관심을 가질 수도 없는 경우도 많으므로 서비스 디자인 씽킹 프로세스를 우선적으로 고려해보는 것이 오히려 현명한 접근이 될 수 있다. 어느 쪽이든 새로운 접근 방법의 선택이 아직 쉽고 가능한 경우라면 디자인 사고 중심의 접근을 빠르게 실험하고 적용해보자. 혁신을 위한 적절한 도전이될 것이다.

방법론을 단순히 대입하는 것만으로 혁신이라는 결과물이 만들어지는 것은 아니다. 서비스 디자인 씽킹을 둘러싼 움직임을 이해해야 복잡한 비즈니스에 능동적으로 대응할 수 있다. 따라서 경험 디자인, 애자일과 린, 고객개발 프로세스, 다양한 인수합병 등을 고려해 더 효과적으로 프로세스를 도입하고 적용해야 한다. 그리고 변화를 이끄는 조직 활동에도 서비스 디자인 씽킹의 다양한 요소가 반영되어야 사람 중심의 혁신을 이끌 수 있다.

2부에서는 서비스 디자인 씽킹 프로세스의 단계별 활동을 살펴보며 고려 사항과 적용 방법을 알아보자.

서비스 디자인 씽킹
프로세스의 여섯 단계

06

이해하기

프로젝트 시작하기

J.R.R 톨킨의 소설을 기반으로 제작된 영화 〈반지의 제왕〉 3부작은 〈반지의 제왕 : 반지 원정대〉로 시작한다. 앞으로 다뤄질 인물과 배경이 소개되고 어떤 문제에 직면해 있고 어떻게 해결하려 드는지에 대한 전반적인 내용이 담겨 앞으로의 이야기 흐름을 알려준다. 만약 첫 편 '반지 원정대'를 안 본 채로 시리즈의 남은 두 영화를 본다면 어떨까? 문제의 원인과 인물 간의 관계가 명확하지 않아 맥락 파악이나 중요한 단서를 놓칠 수 있어 영화 자체를 제대로 이해하기 힘들 것이다. 그러기에 첫 단추는 늘 중요한데, 프로젝트에서도 마찬가지이다. 충실한 프로젝트 수행의 처음은 이해하기 단계다.

전체 활동을 위한 준비 〈반지의 제왕 : 반지 원정대〉는 전체 이야기를 이끌어갈 문제, 등장인물과 인물 간 관계를 알려준다. 서비스 디자인 씽킹 프로세스의 첫 단계도 유사하다.

'이해하기' 단계는 프로젝트의 목표와 계획을 세우는 과정으로 전체 활동을 위한 준비 과정이다. 프로젝트가 일정에 쫓길 때면 대부분은 문제 해결과 이를 위한 활동이 더 급하고 중요하게 느껴져 초기 준비 활동을 가볍게 넘기고 싶을지도 모른다. 하지만 목표를 향한 일관된 흐름을 가지고 프로젝트가 제대로 진행되려면 전체의 방향을 정하는 시작 단계에 충실히 임해야 한다. 이해하기 단계가 짜임새 있게 운영될 때 이어지는 다음 단계들이 매끄럽게 진행되어 전체 프로세스 관점에서 더 효율적이다.

이 단계에서는 팀 구성과 프로젝트 기본 관점을 정한 뒤, 문제를 확인하고 접근 방향을 고민하게 된다. 그리고 이미 보유한 자료를 중심으로 필요 정보 및 내외부 이해관계를 확인하는 활동을 진행한다.

● '놀 프로젝트' 소개

2부에서는 단계별 이해와 실제 활용에 도움을 주고자 '놀 프로젝트' 사례를 살펴본다. '놀 프로젝트'는 서울 서대문구 연희동에 위치한 '꽃피는 학교'의 '문화디자인팀'이 2014년부터 꾸준히 진행 중인 놀이터 개선 활동이다. '아이들이 없는 놀이터'라는 문제에서 자발적으로 시작된 이 활동은 놀이 경험이 필요한 아이들이 놀이터에서 놀지 못하는 사회 문제를 해결하는 데 참여하고 있다.

놀 프로젝트가 시작된 처음 몇 개월은 프로젝트에 대한 내부 검토와 준비에 시간을 썼다. 이후 외부 홍보로 모집한 10명의 아이와 학부모를 중심으로 첫 번째 외부 운영 과정을 진행했다. 심층 조사와 참여 그리고 결과에 대한 전문가 검증 등의 과정이 약 7개월간 진행됐다. 이 활동은 '아름다운재단'의 '청소년 자발적 사회문화활동 지원사업' 공모에 선정되며 활동에 대한 외부의 인정을 받고 사회적 필요도 확인받았다.

프로젝트는 참여자의 높은 만족도와 외부의 인정에서 알 수 있듯 아이들이 놀이터에서 노는 새로운 기회를 만들었다는 점에서 성공적이었지만 진행 방법과 과정에 있어 아쉬운 부분도 있었다. 문화디자인팀은 사람들에게 필요한 부분을 더 깊이 고민하고 체계적인 프로세스를 통해 문제를 해결하고 싶었다. 그 결과 서비스 디자인 씽킹 프로세스를 두 번째 프로젝트 운영에 적용했다.

'놀 프로젝트' 초기 활동 모습   '아이들에게 놀이터를 돌려주자'는 슬로건 하에 진행되었으며 '아름
다운재단'의 '청소년 자발적 사회문화활동 지원사업'과 함께했다. 출처 bfchange.tistory.com/726

학생들의 자발적 참여와 운영을 기반으로 진행되어 인력과 예산이 부족
한 이 프로젝트는 비슷한 상황에 처한 기업이나 조직의 현실적인 사례다. 자
신감과 몇 가지를 선별해 즉시 실천하는 실행력이 중요함을 이 프로젝트에
서 확인할 수 있을 것이다.

6.1 팀 구성과 준비

혁신을 위한 실행의 첫걸음은 좋은 팀을 구성하는 일이다. 프로젝트를
시작하려면 실행에 옮길 사람이 당연히 필요하다. 사람 수만 채우면 자연스
럽게 팀이 될 거라 생각했을 수도 있다. 하지만 사람의 참여는 조직의 가치관
과 목표에 변화를 주는 간단하지 않은 요소다. 서비스 디자인 씽킹 프로세스
가 제대로 운영되려면 사람의 니즈에 관심을 갖고 사람을 중심으로 움직여

야 하므로 숫자 중심에서 벗어나야 한다. 그리고 익숙한 조직 문화나 구성원의 행동에도 변화가 필요할 수 있다. 하지만 두려워할 필요는 없다. 작은 변화라도 성공 사례를 만든다면 더 큰 변화를 이끌 수 있다.

우리는 모두 디자이너다

이제 다양한 분야와 디자인이 상호 연결되고 접점을 만드는 일은 자연스러우며 어느 영역에서든 적극적으로 고민하고 대응해야 한다. 디자인은 마케팅, 상품 기획 등 여러 영역에서 고객을 이해하기 위한 심층 조사나 기업 이미지 변경을 위한 브랜딩 등에 이미 적극적으로 반영되거나 고려되고 있다. 이러한 상황에서 가장 필요한 부분은 자신에 대한 신뢰, 특히 창조적인 능력을 충분히 가진 스스로에 대한 믿음이다.

1부에서 심미적 요소가 강조된 외형 디자인을 넘어서 문제 해결을 위한 비즈니스 콘셉트와 전략 방향을 제시하는 활동으로 디자인을 설명했다. 이러한 개념을 이해했더라도 서비스 디자인 씽킹 프로세스를 실행할 때면 각자 부담되기 마련이다. 디자인 비전공자라면 '디자인에 대해 잘 모르는데', '디자이너가 아닌데', '그림을 그려야 하는 걸까'와 같은 고민을 자연스럽게 할 것이다. 반대로 디자인을 전공했다면 프로세스를 제대로 실행에 옮기고 비즈니스 관점의 혁신을 정말 이끌 수 있을지 고민할 것이다. 분명한 건 디자인 프로세스를 계획하고 실행할 수 있다면 서비스 디자인 씽킹 프로세스를 구현하는 디자이너라는 자신감을 가져도 좋다는 것이다. 오히려 디자인이라는 부분에 얽매여 각자 분야에 대한 전문성을 가져야 한다는 부분을 놓쳐서는 안 된다. 다양성 위에서 상호 보완해 문제를 해결할 수 있다는 믿음 저변에는 팀원 각자의 전문성이 숨어 있다. 그러므로 프로젝트에 적합한 팀을 만드는 팀 설계 활동은 이해하기 단계의 주요 활동이다.

또한 서비스 디자이너는 서비스 디자인을 위한 철학을 고민해야 한다. 서비스 디자인 씽킹 프로젝트는 '이익 창출'과 같은 한 가지 측면만 고려해서는 안 된다. 예를 들어 초등학생용 스마트 시계 개발 프로젝트를 진행한다고 해보자. 사용자인 초등학생에만 집중하면 충분할까? 만약 사용자가 기기의 내장 게임에만 빠져 있다면 그래도 좋을까? 구매자인 부모만 고려하면 어떨까? 선생님과 친구들은 어떤 역할을 할까? 그들과의 연결이 즐거움, 안전 등에 얼마나 영향을 줄까?

서비스 디자인은 다양한 이해관계자와 그들 간의 상호작용, 주위 환경 등 여러 요소를 깊이 고민하고 반영해야 한다. 결국 판단 기준이 되는 서비스 디자인을 위한 철학은 중요하며 궁극적으로는 보편적 인류 행복에 기여할 수 있는지에 대한 고려 역시 필요하다. 이러한 측면은 비즈니스 조직을 비롯해 공공 기관, 교육, 비영리 조직 등에서 서비스 디자인 도입을 고려하게 되는 또 다른 이유가 되고 있다.

협업과 팀의 가능성을 믿자

협업은 디자인 씽킹의 핵심 요소다. 디자인 씽킹의 결과물은 천재 한 명이 갑자기 멋진 아이디어를 내놓는 것이 아니라 인간 중심의 접근으로 팀이 프로세스를 반복하는 협업 과정 끝에 만들어진다. 그러므로 '한 명의 천재가 만 명을 먹여 살린다'는 조직 구성과 관리 방식은 디자인 씽킹 프로세스에 맞지 않다.

디자인 씽킹을 기반으로 하는 활동들은 팀과 협업의 중요성을 강조한다. 이것은 팀이 무조건 우선이 되고 개인의 캐릭터가 무시되는 것을 의미하지 않는다. 오히려 다양한 개성과 경험이 융합되어 더 큰 성과를 만들 수 있다는 가능성을 강조한다. 비슷한 사람끼리 모이면 기존과 크게 다르지 않은 시선을 갖기 쉽다. 그래서 다양한 사람이 각자의 색깔을 내고 주어진 문제를 여러 시각으로 바라볼 수 있는 다학제적 팀 구성이 중요하다.

　그런데 팀원을 그냥 모아두면 오히려 강한 개성끼리 부딪힐 수 있다. 또한 문제를 알고 있던 것이 해결에 도움이 되는 것은 아니며 오히려 일종의 제약으로 작용하기도 한다. 따라서 기존 경험보다는 모두가 처음이라는 마음 자세로 문제를 대해야 한다. 이를 위해 프로젝트 시작 단계부터 팀의 서로 다른 시각을 협업으로 이어갈 수 있는 다양한 활동이 필요하다. 자발적으로 함께 지켜나갈 기본 원칙Ground rule을 정하고, 지정된 시간에 티 타임을 겸한 자율 토론을 하거나, 주간 단위로 프로젝트 주제와 연계된 외부 활동 등을 고려할 수 있다. 다만 이러한 활동이 막연히 자유로운 일을 의미하는 것은 아니다. 협업이 중심이 되는 활동이라는 걸 잊지 않게 하고, 팀원이 지치지 않고 프로젝트 일정을 준수하는 데 도움이 되어야 한다. 어떤 활동이든 팀의 협업 분위기를 조성하고 팀원으로 자발적인 활동을 북돋을 수 있어야 한다는 점 그리고 이것이 결국 긍정적이고 낙관적인 프로젝트 분위기로 이어져야 한다.

　그렇게 프로젝트를 이끌어 가려면 팀원 모두가 각자의 역할과 책임을 가져야 한다. 팀 리더의 역할은 특히 중요하다. 팀 리더는 프로세스의 처음부터 끝까지 책임감을 갖고 진행해야 한다. 또한 팀원의 지식과 경험을 프로젝트 기간 동안 연결하는 프로세스 퍼실리테이터Process facilitator 활동을 수행해야 한다. 업무 범위 지정, 팀원 간 활동 조율, 팀 내외의 협업 및 갈등 해결, 팀이 조직에 기여 가능한 기회 확보 등 프로젝트팀이 직면하는 다양한 활동을 챙기고 멤버 각자를 지원해야 한다. 리더에게는 경험과 지식이 필요하지만 팀원이 빡빡한 프로젝트 일정 안에서 주인 의식과 신뢰를 기반으로 열정을 놓치지 않게 하는 부분이 더 중요한 역량으로 고려되기도 한다. 이를 위해 먼저 선정된 팀장이 팀원을 고르는 하향식Top-down 방식이 아닌 구성원들이 리더를 고르는 상향 식Bottom-up 방식을 채택하면 모두에게 기회를 부여하고 자발적 참여와 지속적 성장을 부여할 수 있다.

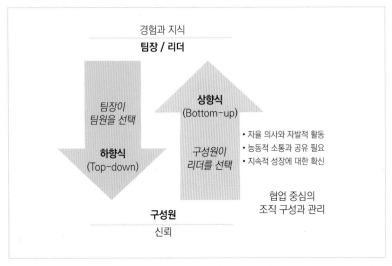

조직의 상향식·하향식 접근 디자인 씽킹 기반의 활동은 팀과 협업을 중요하게 강조한다. 팀 중심의 자발적 참여를 통한 성장을 원한다면 상향식 접근 방법을 검토할 수 있다.

　　또한 프로젝트에서의 협업은 팀 내부뿐 아니라 이해관계자도 반드시 고려해야 한다. 현상 파악 부분 외에도 문제 해결을 위한 아이디에이션 작업이나 비즈니스 모델의 변경 등을 고민할 때 함께 공유하고 어떻게 해결할지 충분히 소통할 필요가 있다. 특히 외부 컨설팅이 아니라 내부 혁신 조직이라면 장기적 관점에서 의견을 교환할 수 있는 채널을 확보하고 정기적 또는 비정기적으로 꾸준히 교류하는 것이 중요하다. 문제 해결의 아이디어나 내용의 반영은 어느 순간 이루어지는 것이 아니며 장기적인 관점에서 고려할 때 더 큰 성과가 나오는 경우도 많다.

　　그리고 협업을 우선하는 흐름은 프로젝트 종료 후 대부분 진행하는 성과 평가에서도 동일하게 이어져야 한다. 평가를 할 때 개인의 노력도 중요하지만 팀의 성과가 어떠한지 확인하고 인정해주는 것이 더 중요할 수 있다. 특히 비즈니스를 위한 조직 측면에서 전체가 이룬 성과라는 것을 반드시 고려해야 하며 이를 위해 팀이 어떠한 상호 관계를 만들고 활동했는지 확인해야 한다.

공간은 혁신의 베이스 캠프

프로젝트만을 위한 별도의 공간은 문제 해결에만 온전히 집중할 수 있는 분위기를 만들뿐 아니라 프로세스 과정을 따라가며 다양한 기록과 산출물을 채울 수 있어 공유 활동 등에 도움이 된다. 하지만 공간 이야기가 나오면 자원 재배치로 생각하거나 너무 파격적인 환경을 만들까봐 거부감부터 나타내는 경우도 많다. 하지만 이러한 접근은 기반 시설 관점으로 공간을 바라보기 때문에 나타나는 오해다. 공간은 단순히 인프라Infrastructure나 유틸리티Utility 관점으로 볼 것이 아니라 관계 형성과 의사소통을 위한 필수 프로젝트 요건으로 바라봐야 하며, 특히 잘 구성된 공간은 즐거운 분위기 속에서 문제 해결의 영감을 불러일으키는 역할을 한다.

협업을 위한 프로젝트 공간을 설계할 때 커뮤니케이션이라는 측면에서 알렌 곡선Allen curve이 자주 인용된다. 조직에서 일하는 사람 간 물리적 거리가 멀어지면 의사소통 빈도가 급격히 줄어든다는 이론으로 1주일 내 의사소통 가능성은 거리 15m가 넘으면 5% 미만으로 떨어지고 그 이상에서는 거의 발생하지 않는다는 내용을 담고 있어 '15m의 법칙'으로 불린다. 거리가 멀수록 의사소통 빈도는 급격히 감소하므로 커뮤니케이션 활성화를 위해 프로젝트팀이 함께할 수 있는 물리적 공간은 중요하다.

커뮤니케이션이라는 측면뿐 아니라 프로젝트 공간이 갖는 다른 고려 사항도 많다. 즐거움 속에 진지함이 필요하다. 즉, 디자인 사고를 자연스럽게 발현시키고 혁신을 만드는 중요한 자원으로 프로젝트에 몰입할 수 있는 환경이라는 부분에 주목하자. 문제 해결에 자극이 될 수 있거나 참조할 만한 소재들을 수시로 함께 살펴보고 모르는 내용을 편하게 서로 질문하고 또 자연스럽게 토론으로 연결되어야 한다. 이를 위해 개인이 조사하거나 작성한 자료를 벽면에 붙이고 공유하여 작성자 혼자 알고 그치는 것이 아니라 프로젝트 참여자 모두가 쉽게 확인하고 자극받게 해야 한다. 그리고 창조적인 해결책이 떠올랐을 때 프로토타이핑 역시 쉽게 가능해야 한다. 유사한 관점에서 IDEO와 구글 등은 딱딱하고 획일화된 회의실이 아닌 자유롭고 유연한 가능성의 공간을 마련해 언제라도 프로젝트와 풀어야 할 문제에 몰입하도록 유도한다. 만약 회의실이나 특정 공간을 마련하기 어렵다면 한쪽 벽면이나 보드 등을 지정해 분리된 공간으로 구성해도 좋다.

프로젝트팀이 주어진 공간을 자율적으로 구성하게 만들자. 발견점과 아이디어가 적힌 포스트잇, 도출해 낸 퍼소나, 세컨더리 리서치에서 찾은 정보 등으로 분리된 공간을 채울 수 있어야 한다. 이 활동은 프로젝트팀으로 함께 고민하는 의미 있는 첫 활동이 될 것이다.

다양한 프로젝트 공간의 시각화 운영 사례 회의실이나 프로젝트 방과 같은 별도의 공간(좌), 지정 벽면이나 보드(우) 등 조직과 상황에 따라 다르다. 이때 핵심은 팀이 함께 프로젝트의 산출물과 진행 과정을 쉽게 확인하고 몰입할 수 있는 환경을 자율적으로 만드는 것이다.

6.2 프로젝트의 출발점 잡기

모든 프로젝트는 주어진 상황과 자원도 다르고 역량에도 차이가 있으며 프로세스와 그 과정을 바라보는 시각이나 단계별 활동에 대한 고민도 다르다. 우리가 서비스 디자인 씽킹 프로세스를 위해 가장 먼저 정할 부분은 바로 프로젝트의 '관점'이다.

프로젝트의 관점은 큰 규모의 기업에서 미래를 위해 투자하는 것인지, 비교적 작은 조직이 시장에서 빠르게 적응하기 위한 것인지, 비영리 조직을 운영하는 것인지, 조직 내부의 변화를 위한 것인지, 학습 중심의 교육인지 등에 따라 다르다. 어떤 상황이든 스티브 블랭크의 '현장으로 나가라Getting out of the building'와 와이 컴비네이터의 폴 그레이엄이 언급한 '사용자에 대한 전문성 Expertise in your own users'은 반드시 포함해야 한다. 책 속의 프로세스를 단순히 따라가는 것이 아니라 현장에서 우리가 만들어갈 변화와 혁신은 사람과 맥락을 고려해야 한다. 그리고 프로젝트 목표를 설정하는 과정에서 문제가 무엇인지 확인하고 구체화해야 한다. 프로젝트를 진행할 문제를 정의하고 취사선택하는 능력이야 말로 우리에게 요구되는 진짜 관점이다.

지금부터 고객 개발을 고려한 서비스 디자인 씽킹 프로세스를 살펴볼 것이다. 프로세스가 어떻게 구성되며 단계별 필요한 활동은 무엇인지 하나하나 확인해보자. 어떻게 활용할 것인지는 각자의 상황에 따라 다를 수 있지만 내용을 이해하고 프로젝트의 활동을 선택하고 실행하는 일은 다른 무엇보다 중요하다.

첫 단추를 끼우는 것이 중요하다는 데는 이견이 없을 것이다. 프로세스의 첫 단추는 문제를 이해하고 도전 과제를 선택하는 것이다. 이를 중심으로 진행할 프로세스의 전반적인 방향이 정해진다.

문제 정의하기, 디자인 챌린지

많은 프로젝트가 고객 또는 기업 문제를 구체적으로 고민하는 것에서 시작된다. 여기서 말하는 문제는 직관적으로 쉽게 드러난 과제라기보다는 사람들이 제대로 표현하지 못하거나 알지 못하지만 해결하고 싶은 니즈를 포함하는 영역이다. 대부분 적당한 해결책이 존재하지 않아 지나쳤거나 자신만의 차선책으로 해결해온 영역이므로 차별화된 해결 방법을 제안할 수 있다면 사람들에게 인상 깊은 경험을 제공할 수 있다. 이러한 문제를 정의하는 과정에서 기능은 물론이고 감성적이고 사회적인 다양한 요소와 상황을 복합적으로 고려해야 한다.

디자인 챌린지Design challenge란 프로세스를 위해 사람의 관점에서 명확하고 구체적으로 정리된 계획적인 문제를 말한다. 단순히 문제에 그치지 않고 이를 체계화된 기회로 바꾸는 과정으로 HMW 질문으로 구성하거나 목표 설정 템플릿 등을 활용해 행위 동사로 표현한다. 바로 프로세스의 출발점으로 볼 수 있다. 그렇다면 디자인 챌린지를 어떻게 구성해야 할까? 팀은 물론 다양한 이해관계자와 소통할 수 있도록 디자인 챌린지는 명확하게 이해할 수 있어야 한다. 모두가 같은 기준에서 문제를 생각할 수 있도록 쉽게 이해할 수 있어야 한다. 또한 기존에 찾아내지 못한 가치를 발견할 수 있다는 가능성을 포괄해야 한다. 그리고 가능성을 제약하지 않는 범위에서 실행 및 관리 가능한 수준을 반영할 필요가 있다.

관점을 변화시켜 기존의 접근 방식으로는 찾지 못한 문제의 해결책을 찾는 부분은 프로세스 전반에 걸쳐 중요하며 이는 문제 정의하기에서도 마찬가지다. 관점의 변화는 무엇일까? 클레이튼 크리스텐슨 교수가 책과 인터뷰 등을 통해 소개한 밀크셰이크 사례를 짚어보자.* 맥도날드는 디저트 상품으로 분류되던 밀크셰이크의 매출을 늘리고 싶었다. 초기에는 익숙한 방법으로 접근했다. 버거킹이나 KFC 등 경쟁사 제품을 검토하고 인구 통계학적으로 분석한 후 밀크셰이크의 품질을 개선했다. 하지만 매출의 변화는 없었다. 왜 그랬을까? 이런 문제가 주어졌다면 대부분 비슷한 접근을 한다. 우유나 아이스크림 등의 재료를 개선해 맛과 품질을 바꾸거나, 가격을 낮추고 광고를 늘리는 활동 말이다. 그런데 그건 잘못된 접근 방식이다. 크리스텐슨 교수는 해결하고 싶다면 관점을 제품 그 자체에서 고객이 제품을 왜 구매하는지로 바꿔야 한다고 강조한다. 이를 위해 '무슨 일(역할)을 시키려고 밀크셰이크를 고용(구입)했요?'와 같이 질문을 바꾸어 접근하라고 설명한다. 더 잘 팔리는 밀크셰이크가 아니라 고객의 어려움과 진짜 니즈를 파악해야 한다는 의미다.

맥도날드는 관점을 바꿔 새로운 접근을 시도했다. 고객을 관찰한 결과 밀크셰이크를 구입하는 손님 중 절반은 아침에 혼자 방문해 단품으로 구매했다. '밀크셰이크가 무슨 역할을 하기에 아침부터 구입하는 걸까?' 고객 대부분은 지루하고 허기지며 빈손이던 출근 상황을 해결하고 싶었다. 그래서 주문 시간은 짧지만 출근하는 동안 입이 심심하지 않고 부스러기가 생기지 않아 귀찮지 않은 밀크셰이크를 구입한 것이다. 이러한 관점으로 보면 맥도날드가 문제 해결을 위해 할 일은 앞서 언급한 방법과 달라야 한다. 예를 들어 걸쭉한 스무디를 아침 시간의 새로운 메뉴로 보강하거나 바쁜 출근 시간을 아낄 수 있는 드라이브 인이나 선불카드 발매 등 새로운 시스템을 말이다. 밀크셰이크의 재료를 고민하더라도 우유의 품질이 아니라 지루함을 해결할 수 있는 씹는 재미를 고려해보는 건 어떤가?

---

*   《일의 언어》(클레이튼 크리스텐슨 외, 알에이치코리아, 2017), P27~32

고객이 정말 원하고 필요로 하는 것이 무엇인지 확인하려면 문제 정의하기 단계부터 관점을 바꾸기 위해 노력해야 한다. 특히 무엇이 문제인지 고민할 때는 익숙한 기존의 방법을 의식적으로 벗어나고자 노력할 필요가 있으며 결국 이러한 노력이 모여 혁신이라는 결과를 도출한다.

문제 정의는 무엇이 중요한지 판단하는 과정으로 문제의 우선순위를 조절해 더 가치 있는 문제부터 다루어야 한다. 이때 디자인 씽킹의 기반이 낙관주의임을 잊지 말자. 문제를 발견했다면 이는 결국 새로운 기회가 있다는 의미이기도 하다. 항상 과제에 도전할 때는 인간 중심의 접근을 통해 문제가 해결될 것이라는 낙관적 가능성을 기반으로 구체적으로 접근해야 한다. 설령 해결책에 대한 아이디어가 지금 당장은 없더라도 결국 언젠가는 새로운 기회를 찾을 수 있다는 믿음이 더 중요하다.

프로젝트를 위한 창의적 도구, '우리가 어떻게 ~ 해볼까?'

워렌 버거Warren Berger가 《하버드비즈니스리뷰》에 기고한 '최고 혁신가들이 쓰는 비밀 문장'에는 구글, 페이스북, IDEO 등에서 프로젝트팀을 시작하며 적용하는 창의적 해결책을 유도하는 비밀 문장이 소개되어 있다. 바로 '우리가 어떻게 ~해볼까?'(How Might We, HMW)이다. 인사이트를 확보하려면 문제 정의가 명확해야 한다. 만약 잘못된 질문으로 시작한다면 그로부터 파생된 해결책 또한 잘못될 수밖에 없다. HMW 접근법을 처음 사용한 것으로 알려진 비즈니스 컨설턴트 민 바사두르Min Masadur는 올바른 문제 찾기 또는 문제 정의를 위해 HMW 접근법을 사용할 것을 제안한다.

우리는 어떻게 비밀 문장이라 불리는 이 창의적 도구를 사용할 수 있을까? 간단하다. '어떻게(How)', 'Might(해볼까)' 'We(우리)'라는 세 단어를 사용해 질문을 만들기만 하면 된다. 물론 단지 세 단어를 사용한다고 끝나는 것은 아니다. 이러한 접근법이 유용한 이유와 각 구성 요소를 살펴봐야 한다. 흔히 우리는 어떤 문제를 해결하기 위해 '어떻게 ~할 수 있을까(can)?' 또는 '어떻게 ~해야 할까(should)?'의 형태로 질문을 던진다. 그 순간부터 사람들은 시작도 하기 전에 이걸 정말 할 수 있을지 또는 이걸 해야 하는지 등의 선입견과 제약을 갖게 되고 자신의 창의성과 유연한 접근을 제한한다. 이를 극복하고 창의와 협력 기반의 더 큰 가능성을 이끌기 위해 HMW의 세 단어는 다음과 같은 의미를 담고 있다.*

- How 어떻게
  어딘가에 해결책이 있음을 암시해서 잠재 니즈를 발견하고 해결하는 데 필요한 창의에 대한 자신감을 얻게 한다.

- Might 해볼까
  아이디어를 마구 꺼낼 수 있다는 의미다. 물론 좋은 아이디어일 수도, 아닐 수도 있지만 어느 쪽이든 괜찮으며 그로부터 가치 있는 무언가를 배우게 될 것이다.

- We 우리가
  창의적인 해결책을 찾기 위해 서로의 아이디어를 쌓아나가면서 함께 할 것을 시사한다.

이처럼 HMW의 구성 요소를 하나하나 살펴보면 결국 인간 중심, 낙관주의, 실험 중시, 협동 등 디자인 씽킹의 속성을 고루 반영하고 있다. 따라서 서비스 디자인 씽킹을 통해 창의적 문제 해결책을 찾고 싶다면 HMW 접근법을 통해 프로젝트를 시작할 필요가 있다.

HMW 질문법은 어떻게 혁신적인 기업 속으로 확산될 수 있었을까?

---

* www.linkedin.com/pulse/20121023175121-10842349-the-secret-phrase-that-sparks-creative-solutions

HMW는 비즈니스 컨설턴트 민 바사두르가 P&G에서 크리에이티브 매니저로 1970년대 초, 코스트 비누를 만들며 사용한 방법이다. 이후 그는 HMW 접근법을 다양한 기업에 전파했고 그중 사이엔트Scient의 디자이너 찰스 워렌Charles Warren이 IDEO로 이직하면서 HMW 접근법을 가지고 갔다. 이후 워렌이 구글로 다시 이동하며 더욱 확산되었고, 워렌과 함께 구글플러스를 작업한 폴 애덤스Paul Adams에 의해 다시 페이스북에 확산됐다.* 이러한 과정을 통해 잘 알려진 혁신 기업들은 어렵고 창의적인 문제에 접근하기 위해 HMW 질문을 던지고 있다. 특히 IDEO는 어떤 종류의 디자인 챌린지든 예외 없이 HMW 질문으로 시작하며, 구글 벤처스의 디자인 스프린트도 HMW를 중심으로 첫 단계를 다룬다.

국내 서비스 디자인 프로젝트에서도 HMW 접근법을 어렵지 않게 찾을 수 있다. '우리가 어떻게 하면 ~할 수 있을까?'의 형태로 번역되어 사용되기도 하는데, 'How can we (do this)?'가 아닌 'How might we?'를 좀 더 익숙한 표현으로 활용했다고 보면 된다.

HMW 질문의 사용 시기가 초기로 한정되는 것은 아니다. HMW는 프로젝트 시작 단계뿐 아니라 창의적 문제 접근이 필요한 다양한 단계와 활동에 사용된다. 오히려 프로세스 도입 초기에는 고려하지 않기도 하며, 어떤 특정 형태의 팀이나 조직에서 사용하는 것도 아니다. 규모가 큰 기업도, 스타트업도, 비영리 단체도 사용할 수 있다. 이처럼 서비스 디자인 프로세스를 위한 HMW의 활용에 대해서는 여러 방향에서 생각해볼 수 있다. 범위가 너무 넓거나 작지만 않으면 대부분은 적절한 HMW 질문을 찾아낼 수 있다. 창의적 문제 해결이 필요한 프로세스의 모든 단계에서 디자인 사고가 충분히 반영된 이 질문법을 활용하자.

---

* 〈The Secret Phrase Top Innovators Use〉(Warren Berger, 2012) www.hbr.org/2012/09/thesecret-phrase-top-innovato 참조

헬스케어 메이커톤
5가지 주제

서울 13개 시립병원으로부터 다양한 병원 내 문제와 이슈를 수집하여, 5가지 주제를 선정하였습니다.

지금 이 순간에도, 각 병원에서 발생하고 있는 이 문제들을 개선하는 메이커 여러분의 참신한 아이디어가 필요합니다!

#1. 어떻게 하면 환자가 머무는 병실이 더 스마트해질 수 있을까?
#2. 어떻게 하면 수술 전 환자와 보호자의 불안감을 덜어 줄 수 있을까?
#3. 어떻게 하면 아이들에게 친화적인 병원이 될 수 있을까?
#4. 어떻게 하면 병원에 있는 사람들이 더 자주 손을 씻을 수 있을까?
#5. 자유 주제

HMW를 활용한 국내 사례 시민공감서비스디자인센터가 게시한 헬스케어 메이커톤의 공지글은 HMW 질문을 활용해 참여자들에게 주제를 전달한다.

콘텍스트를 고려한 관점 갖추기

서비스 디자인 씽킹 프로세스를 성공적으로 진행하려면 여러 가지를 고려해야 한다. 그중 숨겨진 니즈를 찾는 부분은 가장 자주 언급되는 만큼 중요하다. 니즈를 세분화하는 방법은 다양하다. 누구나 잘 알고 명확하게 말할 수 있는 표면 니즈Explicit needs는 대부분 너무 뻔해 혁신의 의미가 부여되는 경우가 드물다. 끊임없이 고민해야 하는 니즈는 사람들이 원하는 게 무엇인지 스스로 알지 못해 표면적으로 꺼내지 못한 숨겨진 니즈Unmet needs다(잠재 니즈라고도 한다). 우리는 서비스 디자인 씽킹 프로세스를 진행하며 이 숨겨진 니즈를 발견하기를 원하며 특히 관찰하기와 분석하기 단계를 거치며 이에 집중하는 과정을 가지게 된다.

숨겨진 니즈와 함께 프로세스를 바라보는 관점에서 꾸준히 고려해야 할 부분이 있다. 바로 콘텍스트다. 즉, 개별의 특징이나 기술의 접근이 아닌 서비스와 제품은 물론 이를 둘러싼 상황에 가치를 두고 맥락을 고려한 관점으로 살펴봐야 한다.

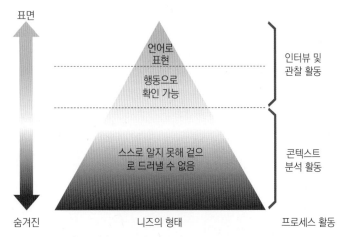

니즈의 세분화　사람들은 잘 알고 명확하게 말하는 표면 니즈에 비해 더 많은 숨겨진 니즈를 가지고 있다. 이러한 니즈는 프로세스의 관찰하기와 분석하기 활동을 통해 명확해진다.

콘텍스트를 고려한다는 건 단편적인 부분에 편향되어선 안 된다는 의미다. 예를 들어 사람들이 식사할 식당을 고를 때 음식 맛만 고려하는 것은 아니다. 맛도 중요하지만 목적에 따라 대화하기 적당한지, 분위기는 어떤지, 교통 접근성이나 주차는 편리한지 등을 고려한다. 즉, 음식이라는 제품과 서비스에만 집중하는 것이 아니라 음식을 둘러싼 전반적 상황(콘텍스트)을 고려하게 된다. 초밥을 대형 마트의 푸드코트에서 살 때와 고급 일식집에서 먹을 때를 생각해보자. 초밥 품질의 차이보다 가격 차가 훨씬 크다. 왜 그럴까? 결국 일식집이 제공하는 공간의 분위기, 일하는 사람들의 친절함, 식당의 역사 등 다양한 요소들이 형성한 콘텍스트가 둘의 가치 차이를 만든다. 정성적 접근을 통해 이러한 부분을 꾸준히 고민하고 반영할 때 고객에게 새로운 가치를 전달하고 인상 깊은 경험을 제공할 수 있다.

콘텍스트를 충실히 반영하려면 프로젝트 시작 단계에 의사 결정자가 던진 질문을 그대로 인용하거나 프로젝트팀이 세운 초기 가설에 집착해서는 안 된다. 알려진 트렌드가 동일하게 나타날 것이라는 가정도 피해야 한다. 대신 사람들의 행동과 이야기로부터 찾아낸 사실Fact에서 출발해 문제를 해결하려는 접근이 필요하며 이를 기반으로 아이디어를 도출하고 콘셉트를 구체화해야 한다. 서비스와 제품이라는 콘텐츠 자체가 아닌 주위를 둘러싼 콘텍스트를 제대로 파악하고 반영할 때 비로소 서비스 디자인 씽킹 프로세스는 기존 접근 방식과 다른 해결 방법을 가져올 수 있다.

6.3 프로젝트 계획 세우기

서비스 디자인 씽킹 프로세스는 기본적으로 프로젝트를 기초로 한다. 개인별 업무와 과제를 반복하는 상설 부서와 달리 명확하게 설정된 목표와 이를 위한 팀이 구성된다. 따라서 시작과 끝이 정해져 있으며 한정된 시간이 주어져 프로젝트를 완료하면 다시 재구성된다. 어떤 부서에 있느냐보다 어떤 프로젝트에 참여하는지가 우선하며 팀 전체가 협력하여 일을 진행한다. 프로젝트 중심의 접근은 모든 조직에서 고려하는 것이 아니라 서비스를 만들고 새로운 사업 기회를 찾는 팀이나 조직에 적합하다. 태스크포스* 조직이나 스타트업처럼 빠른 시간에 주어진 문제를 해결해야 하는 경우도 마찬가지다. 물론 프로젝트가 처한 환경과 요구에 따라 프로세스의 활동과 구성이 달

---

* Task Force, TF. 전문 인원들로 구성된 프로젝트팀으로 주어진 문제에 대해 일정한 성과가 달성될 때까지 일시적으로 운영된다.

라질 수 있지만 손쉽게 접근하고자 요령을 찾겠다는 의미는 아니다. 오히려 변경에 따른 치열한 고민과 적극적 실행이 필요하다.

서비스 디자인 씽킹 프로세스를 원활히 운영하기 위해 프로젝트 계획을 세우고 단계별 활동을 충분히 진행할 수 있는 기간을 고민해야 한다. 특히 '무한대의 시간이 주어진다면 잘할 수 있을 것인가?'에 대한 대답이 '아니다'라는 것을 우리는 경험적으로 알고 있다. 따라서 어떤 문제를 핵심으로 다룰 것이며 프로젝트의 시작과 끝이 언제인지부터 분명히 정해야 한다.

프로젝트 계획이 포함해야 할 내용

프로젝트 계획을 세우기에 앞서 프로젝트의 핵심 문제를 명확히 정의해야 한다. 특히 프로젝트팀 기준에서 디자인 챌린지가 분명히 정리되지 않았다면 함께 충분히 검토하고 팀원 간 핵심 문제는 무엇인지 합의하는 시간이 필요하다. 이때 HMW 질문 형태로 문제를 정의할 수 있다. 그리고 이 과정을 통해 프로젝트팀이 핵심 문제를 기반으로 구체적으로 알아야 할 것은 무엇인지 정리해야 한다. 이때 존재하는 다양한 자료 중심으로 진행되는 사전 조사 활동을 포함하는 것은 우리가 알아야 할 내용이 무엇인지 좀 더 구체적으로 고민하는 계기가 된다. 그 실행 방법은 뒤에 이어질 이미 존재하는 내용 중심의 조사 활동 부분을 참조하자. 특히 이 단계에서 고려되지 않은 문제나 내용은 그만큼 프로젝트 과정에서 우선순위가 밀릴 가능성이 높으며 논의를 통해 핵심 디자인 챌린지가 이전과 바뀔 수도 있으므로 신중하게 판단해야 한다.

디자인 챌린지를 검토하며 목표가 명확해졌다면 이제 전체 일정과 주요 활동 등이 포함된 프로젝트 계획이 필요하다. 어떤 목적과 범위에서 프로젝트가 진행되는지, 예상되는 산출물은 무엇인지, 주어진 일정과 예산 등은 얼마나 되는지, 누구를 대상으로 어떤 방법으로 문제에 접근할지 등을 기본적으로 고민해야 한다. 같은 프로젝트 목적과 범위가 주어져도 제약 사항이나 프로젝트팀 구성 등에 따라 계획은 다를 수 있다. 계획은 프로젝트가 다루어야 할 단계별 활동을 다뤄야 한다. 활동 전반을 이해하고자 톰 켈리가 《유쾌한 이노베이션》에서 소개한 5가지 기본 내용을 살펴보자.

1 **이해하라**Understand : 현실을 제대로 인식하고 제약을 이해한다.

2 **관찰하라**Observe : 실생활의 상황에서 무엇이 진짜 사람들을 움직이는지 알아낸다.

3 **시각화하라**Visualize : 누구나 알아볼 수 있는 시각 자료로 구성한다.

4 **평가하고 개선하라**Evaluate & Refine : 초기 프로토타입에 집착하지 않고 관찰하고 개량해 계속 개선한다.

5 **실행하라**Implement : 실천을 통해 상업성을 염두에 두고 도전적으로 아이디어를 구현한다.

프로젝트 계획이 정리되면 달력에 공유하자. 핵심은 계획이 시각화되고 모든 팀원에게 공유될 수 있어야 한다는 점이다. 그리고 여기서 정리한 계획이 향후 절대 변하지 않는 것은 아니므로 쉽게 쓰고 지울 수 있는 화이트 보드 형태를 활용하거나 포스트잇을 이용해 자유롭게 붙이고 변경할 수 있게하자. 공유 기능을 가진 온라인 일정관리 프로그램을 사용하면 이러한 수정이 간편하다.

프로세스 유연성에 대한 고려

프로세스 방법론을 얼마나 유연하게 운영해야 할까? 물론 시간, 예산, 인원 등이 충분히 확보될 수만 있다면 모든 프로세스를 순서대로 충실히 진행해 확실한 문제 해결책을 찾고 장기적 관점의 효과 역시 얻는 방향으로 진행할 것이다. 이러한 충실한 접근은 대규모 기업이 충분한 프로젝트 기간에 새로운 기회 영역을 찾아 제안하는 활동에 주로 쓰인다. 필요하면 디자인 방법론에 익숙한 전문가나 기관의 코칭, 컨설팅 등을 받아 전문성을 보강해 운영하기도 한다.

하지만 대부분 우리가 처한 현실은 전체 방법론을 고려하기 쉽지 않거나 자원이 부족한 쪽에 가깝다. 규모가 작아 자원이 한정적이거나 불확실한 현재 상황을 빠르게 돌파하고 싶은 조직에서 당장 고려할 수 있는 현실적 접근은 지금 바로 적용 가능한 부분을 선택적으로 진행하는 것이다. 최근에는 프로토 퍼소나Proto-persona, 래피드 프로토타이핑Rapid prototyping 등 기민함을 고려한 다양한 방법이 고려되고 있다. 그리고 확보된 내용을 프로세스에 반영해 점진적으로 기존 활동을 보완해야 한다. 이러한 접근은 린 고객 개발 프로세스에 가까운 관점을 보이는 경우도 흔하다. 스타트업 대부분은 비즈니스에 대한 가정과 초기 제품에 대한 가설을 전제로 하는데, 린 고객 개발은 이러한 가정과 가설을 짧은 기간 동안 반증하고 틀렸음을 증명해 잠재된 문제점을 찾는 활동이 핵심이다.

그리고 공유 가치Shared value를 기반으로 하는 임팩트 비즈니스Impact business를 실현하기 위해 서비스 디자인 씽킹 프로세스를 적극적으로 고려하는 경우가 있다. 사회적 가치와 경제적 가치를 함께 추구하는 임팩트 비즈니스는 기업의 장기 경쟁력을 강화하는Creating business value 한편 사회·환경적 목표를 달성하는 Creating social value 사업으로, 마이클 포터 교수가 CSVCreating Shared Value라고 주장한 경제와 사회 영역의 경계를 허문 비즈니스 영역이다. 소셜 임팩트Social impact라는 용어가 의미하듯 혁신적 아이디어를 중심으로 사회 문제를 해결하고 동시에 이윤을 추구한다. 하지만 사회적 기업, 사회 공헌 목적의 기업, 더 넓게는 비영리 단체 등이 고려할 수 있는 자원이나 환경은 또 다르다. 일정 면에

　　　　　　　　PART 2 • 서비스 디자인 씽킹 프로세스의 여섯 단계

서는 조금 더 장기적으로 바라볼 수도 있지만, 인력이나 예산 등 자원 측면에서는 더 제한적이기 쉽다. 결국 이러한 상황에 대응해 프로세스를 어떻게 적용할 것인지 고민하고 계획을 마련해야 한다.

프로젝트마다 주어진 상황과 환경이 다르고 필요한 관점 또한 다르므로 접근 방법에 따른 공통점과 차이점을 염두에 둔 유연한 운영이 필요하다. 그리고 이러한 부분은 프로젝트 계획을 세우는 과정에서 충실히 반영되어야 한다.

시간과 비용이 충분하지 않은 상황 뛰어넘기

어떤 프로젝트든 다음과 같은 두 가지 공통 제약을 갖는다. 바로 프로젝트의 예산과 시간이다. 충분한 시간과 넉넉한 예산이 주어진 경우라면 서비스 디자인 씽킹 프로세스를 충실히 고민하고 적용할 수 있을 것이다. 하지만 아쉽게도 대부분 현장은 그렇지 못하다. 예상보다 시간이 짧고 예산이 넉넉지 못한 경우가 흔하다. 그럼에도 고객 중심의 접근을 위해 다음의 활동은 기본적으로 수행해야 한다.

- 이미 공개된 정량 중심의 자료를 찾아서 참고한다. 인구 통계 자료, 사업 및 기술 트렌드 자료, 설문 조사 자료 등은 물론 경쟁사의 정보와 사업 전략 등을 담은 문서 역시 중요하다.

- 이미 진행된 유사 자료를 찾아서 확인한다. 내부 사용자 리서치 자료는 물론 서비스 이슈 리포트나 고객이 자발적으로 작성한 블로그 후기 등을 살펴보자. 유사 프로젝트가 있었다면 현재 상황은 어떤지 확인해보자.

- 고객 개발 관점으로 프로세스를 고려하자. 서비스 디자인 씽킹이 제시하는 충분한 조사 활동은 중요하다. 하지만 현실적으로 접근이 어렵다면 고객 개발이 제안하는 방법으로 검토해볼 필요가 있다. 사람을 만나고 관찰해 그들의 상황과 생각을 파악하는 활동은 어떠한 상황에서도 기본이다.

프로젝트 계획을 세우며 다양한 자원을 효율적으로 운영하는 방법을 고민하기 마련이다. 이때 관찰하기 단계에서 이뤄지는 다양한 활동을 축소하는 방안을 고려하기도 한다. 예를 들어 시간과 비용을 아끼고자 인터뷰 대상 수나 관찰 활동 수를 줄일 수도 있다. 관찰하기 단계에서 다시 다루겠지만 절대 답은 없다. 하지만 분명한 것은 서비스 디자인 씽킹 프로세스의 활동에 익숙해지고 문제를 명확히 이해하고 있으면 관찰하기 단계에 드는 비용과 예산을 아낄 수 있다는 것이다.

6.4 이미 존재하는 내용 중심의 콘텍스트 조사

이미 존재하는 내용 중심의 콘텍스트 조사 단계는 무엇을 조사하고 연구할지 더 구체적으로 접근하기 위한 활동이다. 문제에 대한 다양한 정보를 수집하고 시장 내 관련 분야는 물론 타 분야에서 어떤 사례가 있는지 확인한다. 이때 조사 대상은 산업, 문화, 기술, 기관 등 다양하다. 특히 시장의 동향 및 경쟁 상황 등을 파악하는 것은 앞으로 우리가 프로세스를 진행하며 부딪히게 될 제약 사항을 발견하는 과정이기도 하다. 전체 프로세스 중 문제에 대한 콘텍스트를 이해하는 활동이라는 의미에서 콘텍스트 조사Context research로 부르기도 한다. 콘텍스트 조사를 통해 우리가 해결해야 할 문제와 기회 영역의 콘텍스트가 시간에 따라 어떻게 변화했고 현재 상황은 어떠한지 짧은 기간에 이해하게 된다.

선행 사례, 산업 내 경쟁 관계, 이해관계자 생태계 등을 파악하게 되는 콘텍스트 조사는 주로 2차 조사를 통해 이루어지며, 이어지는 관찰하기 단계에서 집중해야 할 부분이 무엇인지 확인하고 놓치지 않게 해준다. 그리고 분석하기 단계에서는 관찰하기 과정에서 확인한 내용을 토대로 인사이트를 도출하는 데 도움을 준다.

여기에서는 자료 조사 중심의 탐구, 전문가 인터뷰, 이해관계자 지도를 다룬다. 하지만 필요에 따라 모바일 설문과 같은 정량 조사나 좌담회 형식의 정성 조사를 비교적 빠르게 실행할 수 있는 형태로 구성해 이 단계에서 진행해볼 수도 있다. 상황에 따라 간략한 세컨더리 리서치를 통해 트렌드 파악 정도만 수행한 후 관찰하기 단계로 빠르게 넘어가는 경우도 있다.

세컨더리 리서치 중심의 콘텍스트 이해

세컨더리 리서치(2차 조사)는 문제를 중심으로 외부와 내부 상황을 파악하고 프로젝트 범위를 정하는 데 도움을 준다. 데스크 리서치Desk research라 부르기도 한다. 과거에는 책과 정기간행물 등 인쇄물의 내용에 주로 의존하거나 비디오테이프에 기록된 영상 등을 하나하나 찾아서 필요한 내용을 얻었다. 물론 이 방법을 여전히 사용하기는 하지만 이제는 기술의 발달과 콘텐츠의 증가로 온라인 환경을 적극적으로 활용해 더 쉽고 빠르게 진행한다. 다양한 해외 사례를 시차 없이 살펴볼 수 있고 검색 엔진 등을 활용해 방대한 공개 데이터 속에서 필요한 내용만 찾아 정리하는 일이 가능해졌다. 발견한 자료를 얼마나 믿을 만한가에 대한 고민은 여전히 필요하지만 기술의 발달은 앞으로도 조사 환경을 더욱 편리하게 만들 것이므로 방법에 대한 고민보다는 세컨더리 리서치를 어떤 방향으로 진행할지 짚어보는 것이 더 중요하다.

세컨더리 리서치를 시작하면 우선 전반적인 시장 환경이 어떻게 변화하고 있는지, 우리 서비스가 시장에서 어떤 평가를 받는지, 경쟁사는 어떤 동향을 보이고 있는지 확인하게 된다. 이때 고객들이 우리 서비스를 과거와 유사하게 사용 중인지 확인해보고 대체재나 보완 활동이 생긴 것은 아닌지 살펴보는 것이 중요하며 그 과정에서 미처 고려하지 못했던 기회 영역을 찾게 될 수 있다. 트렌드가 빠르게 변하고 있을 뿐 아니라 온라인 네트워크와 빠른 물류 이동을 통해 지역과 국가의 경계가 약해지고 있어 우리가 생각하지 못한 영역에서 새로운 경쟁자가 나타나 시장의 판도를 변화시키는 경우도 자주 발생하고 있다. 따라서 주류가 아니라고 생각해 크게 관심을 갖지 않던 스타트업이나 외국 기업에도 관심을 갖고 신기술을 반영한 솔루션 제공 등은 없는지 폭넓게 확인해야 한다.

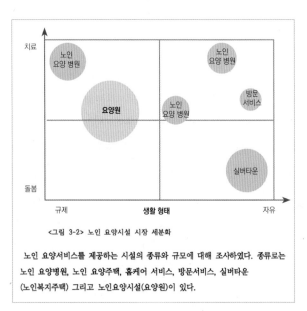

<그림 3-2> 노인 요양시설 시장 세분화

노인 요양서비스를 제공하는 시설의 종류와 규모에 대해 조사하였다. 종류로는 노인 요양병원, 노인 요양주택, 홈케어 서비스, 방문서비스, 실버타운 (노인복지주택) 그리고 노인요양시설(요양원)이 있다.

세컨더리 리서치 활동 기반의 분석 사례　연구 조사 서적, 리포트, 통계 정보 등 온·오프라인의 다양한 자료를 중심으로 데스크 리서치를 실시해 노인 요양·복지 시설의 시장 상황을 파악하고 세분화할 수 있었다. 위 그림은 그러한 조사 내용을 바탕으로 노인 요양 시설의 시장 세분화를 정리한 결과물을 논문에 포함한 사례다.

　이미 진행했던 프로젝트에서 문제 접근의 힌트를 얻을 수 있다는 점을 간과해서는 안 된다. 프로젝트 시작 시점에 이미 관련 보고서를 확보하고 검토 과정을 거칠 것이다. 하지만 보고서 외 진행된 인터뷰, 현장 관찰, 좌담회,

아이디에이션 세션, 워크숍 등의 산출물을 다시 한번 확인해보는 것이 좋다. 기존의 결과가 편향을 줄 수 있다고 우려된다면 결과가 정리된 보고서 대신 진행 과정의 산출물이라도 확인하자. 프로젝트가 놓쳐서는 안 되는 문제 해결의 관점을 확인하고 관찰하기 단계 등에서 꼭 고려해야 할 활동을 가늠할 수 있기 때문이다.

● 어디서 자료를 찾아야 할까

검색 서비스로 세컨더리 리서치에 필요한 자료를 손쉽게 찾을 수 있는 시대다. 그리고 필요하면 전문 조사 기관이 발행한 영역별 조사 보고서를 구입할 수도 있다. 이처럼 정량 조사 기반으로 고객의 생각과 요구를 확인하는 방법은 다양하다. 하지만 이러한 활동에 익숙하지 않다면 다음과 같은 사이트를 출발점으로 고려할 수 있다.

- **국가통계포털** www.kosis.kr
  통계청이 국내, 지역, 국제 주요 통계를 모아서 원하는 통계를 찾을 수 있게 제공한 국가통계 포털(KOSIS, Korean Statistical Information Service)

- **공공데이터포털** www.data.go.kr
  공공기관이 생성 또는 취득하여 관리하는 공공 데이터를 한 곳에서 제공하는 통합 포털

- **LG경제연구원** www.lgeri.com
  LG 씽크탱크에서 연구한 국내외 경제 동향, 경영 전략 및 이슈, 산업과 기술의 흐름 등 다양한 정보 제공

- **DMC리포트** www.dmcreport.co.kr
  DMC 미디어에서 국내외 시장, 소비자, 서베이, 매체 등에 대한 리포트와 뉴스 제공

- **정보통신산업진흥원** www.nipa.kr
  정보통신산업과 기술에 대한 동향 정보, 통계 정보 등을 제공(NIPA, National IT Industry Promotion Agency)

- **트렌드 인사이트** www.trendinsight.biz
  소수 집단의 작은 트렌드와 취향에 주목하는 미시적 관점의 트렌드와 콘텐츠를 제공하는 미디어 사이트

- **한국갤럽조사연구소** www.gallup.co.kr
  주요 사회 이슈 및 한국인의 라이프 스타일을 조사한 갤럽 리포트 제공

전문가 인터뷰

전문가 인터뷰 Expert interview는 전문가를 섭외해 인터뷰를 진행하는 방법이다. 전문가들은 전문 지식을 바탕으로 주제와 관련한 역사, 최근 동향, 이해관계자 정보, 규제 등 다양한 정보를 알고 있으므로 짧은 시간에 빠르게 관심 영역의 정보를 얻을 수 있다.

다만 전문가는 전문 지식을 바탕으로 자신의 견해와 예상 의견을 정보와 함께 전달하는 경우가 흔하다. 때로는 전해들은 내용이나 가정 상황을 실제 정보보다 더 강조해 언급한다. 따라서 전문가가 제공한 정보를 너무 과신하여 그들의 추측이 과하게 포함된 내용이나 제안 사항을 그대로 받아들인다면 오히려 올바른 해결 방법을 찾는 데 지장을 초래하기도 한다.

따라서 전문가 인터뷰를 진행할 경우 전문가가 전달한 내용에 대해 객관적 시각을 갖기 위해 노력해야 한다. 편향되지 않은 관점을 갖기 위해 한 사람이 아닌 여러 전문가를 만나는 것이 좋다. 전문가 인터뷰 내용과 세컨더리 리서치를 통해 발견한 정보를 비교해 판단하는 것도 필요하다. 우리에게 필요한 정보와 불필요한 견해 사이에서 판단의 균형을 잡을 수만 있다면 전문

가 인터뷰는 문제와 관련된 다양한 정보를 빠르게 확보하고 이해하는 데 도움을 주는 방법이다.

이해관계자 지도 그리기

이해관계자 지도Stakeholder's map는 사람들의 상호 연결 관계를 파악하고 동기와 니즈를 이해해 시각적으로 구성해 나타내는 방법이다. 이해관계자 지도는 팀이 모여 프로젝트가 누구를 위한 활동인지 고민하는 것에서부터 출발한다. 목표와 해결 문제 등을 놓고 직접 관련된 사람들을 먼저 고려한 후 이를 넓혀가며 주변과의 관계를 확대해 살펴보게 된다. 물론 사람들을 직접 만나볼 수 있다면 간단한 인터뷰가 도움이 된다.

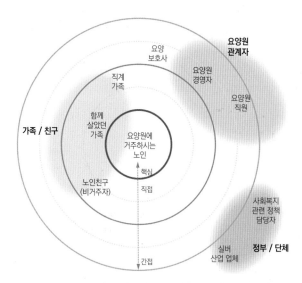

이해관계자 지도 사례 소규모 요양원의 경쟁력 강화를 위한 프로젝트를 진행하며 작업 된 초기 이해관계자 지도이다. 이 지도를 통해 요양 서비스에는 가족 / 친구, 요양원 관계자, 정부 / 단체 등 다양한 연결 관계가 형성되어 있어 이를 파악하는 것이 중요하다는 것을 확인할 수 있다.

이해관계자를 확인하고 지도를 그리는 과정은 이해관계 안에서의 서비스 경쟁력과 앞으로의 고객 변화를 가늠해보는 부분이다. 현재 이해관계에선 우호적으로 보이지만 앞으로 경쟁자가 되거나 선도적 위치에 설 수 있는 잠재력이 있는지 함께 생각할 필요가 있다. 만약 현재 우리 이용자의 사용 방식에 변화가 생기고 다른 이해관계자를 통해 일부 해결하는 등의 활동이 감지된다면 지금 우리 서비스에 필요한 혁신과 변화에 대해 더 다각도로 고민해야 한다는 신호로 볼 수 있다.

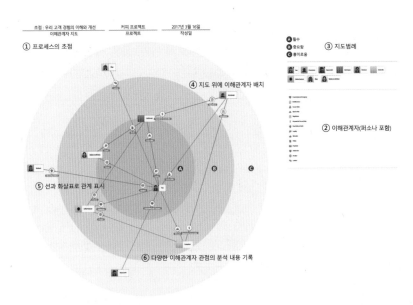

이해관계자 지도 작성　이해관계자 지도는 여러 형태가 있으며 프로젝트에 따라 적합한 형태로 제작된다. 그중 워크숍을 위해 스매플리(www.smaply.com)에서 공개한 동심원 모양의 이해관계자 지도는 다음의 항목과 순서로 작성한다. ① 프로세스의 초점/프로젝트명/작성일 기재, ② 퍼소나를 포함한 이해관계자 작성, ③ 지도 범례 정리, ④ 지도 위에 이해관계자 배치, ⑤ 선과 화살표로 관계 표시, ⑥ 다양한 이해관계자 관점의 분석 내용 기록

출처 https://www.smaply.com/blog/workshop-templates

이 단계에서 이해관계자 지도를 그렸다고 프로젝트를 마칠 때까지 동일한 내용을 고수해야 한다는 것은 아니다. 시간의 흐름에 따라 이해관계 역시 지속해서 변화하므로 관찰하기 단계 등을 거치며 확보된 정보 등을 토대로 업데이트하고 보강할 필요가 있다.

이해관계자 지도의 형태 역시 고정된 것은 아니다. 고객과 사용자를 중심으로 이들을 둘러싼 사람들과 관계를 이해하고 프로젝트팀이 프로세스에 참고할 수 있는 형태면 된다.

간혹 사용자 경험 디자이너와 서비스 디자이너는 디자인 사고 중심의 방법론을 활용하고 있다는 점에서 비슷하게 바라보곤 하는데 이해관계자 지도는 이들을 비교적 명확히 나누는 활동이다. 물론 업무 현장에서는 사용자 경험 디자이너도 사용자에 집중하되 필요에 따라 이해관계 역시 파악하고 반영해 문제를 해결할 때도 있다. 하지만 서비스 디자이너는 선택이 아닌 필수로 고려해야 하는 활동이라는 점에서 접근의 차이가 있다.

서비스 디자인 씽킹 프로세스의 첫 단계는 프로젝트의 목표를 세우고 문제에 접근하는 '이해하기'다. 혁신 조직으로 팀을 구성해 문제를 정의하고 계획을 세워 앞으로 이어질 전체 활동에 충분한 인사이트를 제공할 수 있도록 준비 활동이 진행된다. 특히 세컨더리 리서치, 전문가 인터뷰 등을 통해 우리가 해결해야 할 문제와 기회 영역의 콘텍스트를 빠른 시간에 이해하는 것은 중요하다. 그리고 이해관계자 지도를 활용해 프로젝트와 관련된 사람들의 상호 관계를 시각적으로 구성해보자. 모든 준비가 됐다면 이제 사무실 밖으로 나가 고객을 관찰할 차례다.

'놀 프로젝트'의 첫 번째 운영이 성공적으로 마무리된 후 두 번째 운영에 대한 논의가 시작됐다. 학교 내 지도 선생님과 함께 두 번째 과정을 진행하며 어떤 부분을 더 고민하고 활동을 추가할지 의견을 나누었다. 놀 프로젝트는 놀이 경험이 필요한 아이들이 놀이터에서 놀지 못하며 아이들이 없는 놀이터가 늘고 있다는 문제의식에서 출발했다. 그 결과 새로운 과정에서는 다음 두 가지 방향을 더 반영하기로 했다.

- 프로젝트의 진행 방법을 새롭게 고민하고 개선하자.
- 지속 가능한 프로젝트를 위해 운영 내용을 체계적으로 정리하자.

문화디자인팀은 이러한 내용을 더 적극적으로 반영하기 위해 서비스 디자인 씽킹 프로세스를 적용하기로 한다. 우선 서비스 디자인 씽킹에 대해 자세히 살펴보고 실제로 프로젝트에 이를 적용할지 최종 결정이 필요했다. 이를 위해 서비스 디자인 씽킹의 전반을 이해하는 워크숍을 진행했다. 디자인 씽킹과 서비스 디자인 등 기본적인 내용을 이해하고 프로세스를 운영하는 데 필요한 부분을 논의한 뒤 서비스 디자인 씽킹 프로세스에 맞춰 프로젝트를 진행하기로 했다.

핵심 질문 정의, 일정 계획하기 등 프로세스를 시작하는 과정이 순차적으로 진행됐다. 특히 팀과 협업이 만드는 가능성과 공간이 가진 중요성이 강조됐다. 입학과 졸업이 있고 학년이 바뀌는 학교 운영 특성상 문화디자인팀역시 매년 변화가 생기는데, 두 번째 놀 프로젝트 운영을 위한 팀 구성도 그로 인해 변화가 있었다. 첫 번째 놀 프로젝트를 이끌었던 학생이 졸업하면서두 번째 프로젝트는 다른 학생이 문화디자인팀을 새롭게 이끌게 되었고 기존 학생에 새로운 학생을 추가했다.

팀 구성의 변화에 맞춰 프로젝트팀의 그라운드 룰을 만들었다. 토요일에는 이론 학습과 사전 실습을 진행하고 수요일에는 프로젝트 주요 활동을 실제로 운영하기로 정했고 그 외 회의 시간 준수, 1인 1회 이상 의견 제안 등 팀원의 적극적 참여를 독려하는 내용이 그라운드 룰에 반영됐다. 그리고 놀 프로젝트가 활용할 팀의 프로젝트 공간이 학교에 마련됐다. 교실 공간과 벽면을 활용하는 부분을 학교로부터 허락받아 프로젝트 진행 사항을 논의하고 실행하는 과정을 공유하기로 했다.

놀 프로젝트의 이해하기 단계 활동 사례   프로젝트 과정에서 알고 싶은 것들을 파악하기 위해 마인드맵을 그리는 모습

프로젝트팀은 공간에 대한 논의와 결정을 마친 후 새롭게 운영할 프로젝트의 출발점을 잡기 위한 활동을 진행했다. 놀이터에서 아이들에게 놀이 경험을 제공하려는 팀의 문제의식과 고민을 서비스 디자인 기회로 전환하기 위해 HMW 질문, 즉 '우리가 어떻게 하면 ~ 할 수 있을까?'의 형태로 만들었다. 이 과정을 통해 정리한 놀 프로젝트팀의 목표는 다음과 같다.

- 어떻게 하면 아이들에게 놀이터에서 가능한 경험을 전할 수 있을까?

- 어떻게 하면 아이들에게 민속놀이 문화를 자연스럽게 이어줄 수 있을까?

- 어떻게 하면 참여하는 아이들 모두가 소외되지 않고 함께 놀 수 있을까?

- 어떻게 하면 아이들이 프로젝트 종료 후에도 제공한 놀이를 즐길 수 있을까?

프로젝트 과정에서 알고 싶고 해결해야 할 내용에 대한 논의가 이어졌다. 놀이터 이용의 일반 행동, 아이와 부모의 놀이터 활동, 놀이에 대한 사람들의 생각 등 큰 구분 아래 다음과 같은 내용이 이야기됐다.

- 놀이터를 이용하는 사람들의 일반적인 행동은 어떠한가?
  - 놀이터에 사람들이 가장 많은 시간은 언제일까?
  - 사람들은 놀이터를 방문한 후 얼마나 머무를까?
  - 아이와 부모는 놀이터에서 무엇을 할 수 있다고 기대할까?
  - 놀이 외 발생하고 있는 사람들의 활동이 있다면 무엇일까?

- 아이는 놀이터에서 어떤 활동을 원할까?
  - 아이들은 놀이터에서 정말 놀고 싶어 할까?
  - 아이들은 주어진 놀이 기구를 어떻게 활용하고 있을까?
  - 아이들은 놀이터가 안전하다고 생각할까?

- 부모 관점에서 놀이터는 어떤 공간일까?
  - 부모들이 원하는 놀이는 어떤 형태일까?
  - 부모는 왜 아이를 놀이터에 보내고 또 보내지 않을까?
  - 놀이터에 함께 온 부모는 무엇을 할까?
  - 부모는 놀이터가 안전하다고 생각할까?

- 사람들은 놀이에 대해 어떻게 생각할까?
  - 놀이라고 이야기했을 때 사람들이 자연스럽게 떠올리는 것은 무엇일까?
  - 몸 놀이와 몸으로 하지 않는 놀이는 어떤 공통점과 차이가 있을까?
  - 아이들은 (전자, 컴퓨터) 게임에 대해 어떻게 생각하고 얼마나 하고 있을까?
  - 놀이터 외 키즈 카페나 놀이동산 등 기타 놀이 장소들은 어떤 역할을 할까?

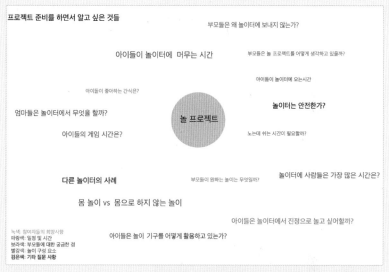

프로젝트에서 알고 해결해야 할 내용을 정리한 자료 프로젝트를 준비하며 팀이 알고 싶은 내용과 해결해야 할 부분에 대해 함께 논의하고 정리한 초기 결과물 중 하나이다.

그리고 인터넷과 책 등에서 프로젝트에 필요한 내용을 찾고 콘텍스트를 확인하는 세컨더리 리서치 과정을 가졌다. 일종의 간접 체험이지만 비용과 기간 등의 제약으로 팀이 직접 조사하기 힘든 내용을 알 수 있어 프로젝트 진행 방향을 잡는 데 도움을 주는 과정이다. 독일 프라이부르크시의 주민참여 놀이터, 놀이터 전문디자이너 '권터 벨찌히' 강연 후기, 놀이터 정책에 대한 국제 흐름을 다룬 기사 등의 글과 '아파트 어린이 놀이터 환경의 서비스디자인 적용방안에 관한 연구(김영대, 국민대학교 석사 학위)' 등의 논문을 살펴보며 놀 프로젝트에 필요한 정보와 트렌드를 살펴보고 자주 언급되는 내용을 확인할 수 있었다. 세컨더리 리서치와 함께 프로젝트에 새롭게 참가한 팀원들의 이해를 높이고자 전문가 강연과 인터뷰를 진행했다. 이를 통해 학령기에 따른 아이들의 특징과 특히 아이들 스스로 놀이를 통한 자신감과 자기존중감을 얻어야 한다는 부분을 이해할 수 있었다.

이해관계자 지도 작성을 중심으로 프로젝트의 이해관계를 파악하는 시간을 가졌다. 이 활동은 세컨더리 리서치와 구분해 진행된다기보다는 비슷한 시기에 함께 진행됐다. 이해관계자를 파악하는 과정을 통해 팀은 놀 프로젝트와 연결된 이해관계자가 생각보다 다양하고 복잡하다는 것을 확인할 수 있었다.

놀 프로젝트에서 작성한 이해관계자 지도 사례   이해관계자 지도를 통해 프로젝트와 관련된 이해관계자를 살펴보고 반드시 만나 보거나 특히 관심을 가지고 관찰해야 할 사람은 누구인지 파악한다.

관찰하기

접근하고 발견하기

'삼시세끼', '나 혼자 산다', '꽃보다 시리즈'는 대표적인 관찰 예능이다. 제작진의 상황 설정이나 개입은 최소화하고 대신 출연진의 있는 그대로의 모습을 보여주며, 표출된 행동이나 말에 대한 속마음을 인터뷰로 확인한다. 시청자는 출연진의 있는 그대로의 모습을 자연스럽게 관찰하는 데서 재미를 찾고 민낯에 가까운 모습에 공감하고 몰입한다.

방송 프로그램을 통해 익숙한 관찰 활동　카메라를 통해 출연진의 일상을 밀착 관찰해 그 내용에 공감하는 형식은 TV 관찰 예능 프로그램이나 영화 '트루먼 쇼' 등을 통해 익숙하다.

'관찰하기' 단계는 현장으로 가서 문제에 접근하고 배우는 과정이다. 고객의 숨겨진 니즈를 파악하고자 프라이머리 리서치Primary research, 1차조사 중심의 다양한 접근이 필요하다. 사무실 안에서 발견되지 않는 사람들의 행동과 숨겨진 니즈를 찾기 위해 현장으로 나가 사람을 만나 관찰하고 이야기하는 관찰하기 단계의 모습은 관찰 예능과 유사하다. 하지만 무작정 밖으로 나가 사람들의 표면적 행동을 확인하거나 그들에게 선호를 묻는 것은 좋은 방법이 아니다.

문제에 접근해 관찰하는 과정은 생각보다 쉽지 않으며 특히 비용과 예산의 제약이 클 경우 관찰 활동을 수행해야 하는지부터 고민하게 될 수도 있다.

사업이나 마케팅 전략 업무에서 다루는 조사 활동은 현상 파악 관점에서 드러난 문제점을 해결하고자 주로 '무엇What'이나 '어떻게How'에 집중한다. 반면 디자인 씽킹 기반의 활동은 현상 자체의 확인을 넘어 '왜Why?'라는 관점에 집중한다. 고객들의 생활 공간으로 들어가 그들을 관찰하고 체험하고 심층 인터뷰를 진행해 '왜'라는 질문으로 문제 해결의 실마리를 찾아야 하는데, 이때 관찰자의 공감Empathy 능력이 필요하다. 관찰하기 단계는 인사이트(통찰력)를 갖추는 데 꼭 필요한 활동이다. 관찰 활동에서 얻어진 인사이트를 통해 사람들의 니즈를 해결할 서비스와 제품을 고객에 맞춰 제공할 수 있다. 관찰 활동은 고객 개발 관점의 접근과 많은 부분 교집합을 가진다. 대부분 현장에서 이루어지는 만큼 세부 활동을 신중하게 고민해 접근해야 한다.

7.1 현장 조사를 위한 사전 활동

관찰하기 단계의 현장 조사는 고객의 어려움과 니즈를 파악하고 인사이트를 찾는 활동이다. 어떻게 하면 사람들의 숨겨진 니즈를 파악하고 인사이트를 찾을 수 있을까? 현장 조사 활동은 이러한 고민을 해결하고자 여러 영역의 기법을 수용해 다양한 형태로 발전해왔다. 자연스러운 환경에서 사람들의 행동을 관찰하고 숨겨진 니즈를 찾기 위해 1부에서 설명한 에스노그라피 접근이 활용된다. 물론 서비스 디자인 씽킹의 관찰 활동은 학문적 인류사회학 연구가 아니라 비즈니스 상황을 반영해 실용적 결과로 연결하는 과정이다. 따라서 사람들의 상황과 행동을 제대로 이해하는 방법으로 다른 문화의 사람들과 생활하며 구성원이 되어 접근하는 **참여 관찰**Participant observation 방법을 제한된 시간과 예산 등의 프로젝트 조건을 고려하여 수용한다. 그리고 관찰자는 커뮤니티의 구성원이 아니므로 한발 물러서 불필요한 개입을 최소화하고 객관적 중립성을 지키며 환경의 일부가 되는 관찰 조사Observational research 방법을 최대한 수행해야 한다.

사람들의 행동을 관찰하고 현장 조사에서 발견과 영감을 이끌어내는 이 활동은 주로 다양한 분야의 전문가로 구성된 팀으로 진행되며, 서비스 디자인 씽킹 프로세스는 물론 경험 디자인 등에서도 적극적으로 활용된다(디자인 리서치라고 한다).

현장 조사 계획 세우기

알고 싶은 내용이 무엇인지를 이해하기 단계에서 확인했다면 이제 현장 조사 계획 세우기Fieldwork planning가 필요하다. 현장 조사 계획에는 목표에 맞는 조사 방법, 적절한 조사 인원과 선정 기준, 일정, 리서치 가이드라인 등의 준비가 포함된다. 또한 전체 프로젝트 일정을 고려해 관찰하기 단계의 시간이 적절한지 판단해야 한다. 프로젝트마다 원하는 방향과 결과에 대한 목표가 다른 만큼 절대적인 기준은 없다.

관찰하기 단계의 현장 조사는 크게 인터뷰와 관찰로 구분되는데, 사용할 방법을 정하고 그에 따른 조사 계획을 세워야 한다. 그리고 나서 계획이 반영된 조사 활동에 적합한 질문으로 구성된 조사 가이드라인을 만든다. 어떻게 조사 참여자와 상호작용을 구성하고 진행할지는 크게 두 방향으로 고려할 수 있다. 첫 번째는 총체적 경험 중심의 구성이다. 일상생활에서 이루어지는 폭넓은 활동을 관찰해 주어진 환경에서 사람들의 행동에 영향을 주는 다양한 요소를 확인한다. 두 번째는 과업 중심의 구성이다. 과업의 시작과 준비부터 과업 단계별 세부 사항을 확인하고 의미를 찾는다. 이러한 전반적 조사 방향의 고려와 함께 조사 목적에 따른 접근 방법과 자세를 고민해야 한다. 이때 하이 매리엄폴스키가 에스노그라피 연구의 이상과 목적으로 소개한 8가지를 기본자세로 고려하자.

1 심층적인 소비자 이해의 추구 : 눈에 보이는 현상은 물론 이면에 숨은 의미까지 찾아낼 것

2 소비자 관점에서 바라보기 : 편견과 성향을 버리고 사람들의 입장에 서려고 노력할 것

3 열린 마음으로 다른 관점 수용하기 : 기대나 예상 없이 현장의 새로운 관점을 기꺼이 받아들일 것

4 맥락과 전제 조건 탐구하기 : 연구에서 다루는 제품 이상의 것을 탐구하고 동일한 환경에서 사용되는 다른 제품을 비교해 사람들의 변화 가능성까지 찾아낼 것

5 사람들의 행동 이면에 숨어 있는 느낌과 감정 밝혀내기 : 보디랭귀지를 관찰하고 언어적 표현 뒤 숨은 의미를 추측해 겉으로 보이는 태도 이면의 감정을 찾을 것

6 관찰한 태도와 행동을 가능한 한 자세하게 기록하기 : 사람의 행동 전체 과정을 관찰해야 하며 새롭게 알게 된 사실을 통해 기대와 만족 기준에 관한 단서를 얻을 것

7 그 분야에 대해서 다 아는 것처럼 행동하지 않기 : 항상 전제조건을 의심하고 당연하게 여겨지는 사실들에 의문을 제기할 것

8 방법론적 유연성 : 조사하는 주제의 범주 및 소비자의 인구 통계적 특징 등에 따라 사용 도구와 접근법을 달리할 것

특히 미처 알 수 없었던 현장에서의 발견점이 조사 계획보다 더 중요하므로 상황에 따라 질문이나 운영 방법을 유연하게 바꿔야 한다. 정해진 질문으

로 구성된 설문 조사를 하듯 틀에 갇혀 가능성 있는 새로운 접근을 제한하는 우를 범하지 말아야 한다. 즉, 구조화된 자료 수집과 즉흥적 자료 수집을 조합하여 모두 활용하는 에스노그라피의 조사 접근 방법을 반영해야 한다. 서비스 디자인 씽킹 프로세스를 위한 조사는 정리된 리서치 가이드라인의 무조건 준수가 아니다. 진행 맥락에 따라 변화가 필요하다면 현장에서 판단하여 즉시 결정해야 한다. 또한 한 가지 방법만을 주로 사용하던 과거와 달리 최근에는 다양한 방법론을 복합적으로 활용한다. 결국 우리가 원하는 것은 조사 그 자체가 아니라 문제를 해결하는 것임을 관찰하기 과정 내내 잊지 말자.

리서치에서 만날 고객 정의하기

지금은 스마트폰이 대신한 휴대용 음악 플레이어 시장에서 애플의 아이팟은 2004년 기준으로 70% 이상의 시장 점유율을 기록한 대표 제품이다. 시장을 장악한 아이팟의 인기를 기반으로 2007년에는 '아이팟 + 휴대 전화 + 인터넷 커뮤니케이터'의 콘셉트로 재발명한 전화기라고 정의한 아이폰을 선보이면서 아이팟은 지금의 스마트폰 시장과 생태계를 만드는 출발점이 되기도 했다. 아이팟은 터치, 나노, 셔플 등 다양한 모델로 구성되어 있다. 하지만 이처럼 다양한 시리즈를 출시하면서 애플이 통계 자료 중심의 세분화에 의한 고객 분류를 한 것은 아니다. 그들은 사람들이 음악 기기를 사용하는 여정과 상황에 따른 콘텍스트를 파악하고 고객의 니즈에 집중하였고 이를 기반으로 아이팟 모델을 선보였다는 점을 기억하자. 특히 신규 사업 기회를 고민할 때 아이팟처럼 고객의 니즈에 집중할수록 그들이 원하는 해결책이 무엇인지 이해하기 쉽다. 따라서 해당 고객에게 각광받을 가능성이 큰 서비스와 제품을 성공적으로 출시할 가능성이 크다.

우리가 인터뷰와 관찰을 통해 현장에서 집중하고 확인할 부분은 '사람'

들의 실제 행동과 경험이다. 그럼 누구를 만나야 할까? 현재 시장의 주요 영역에 속한 다수의 고객에 대한 관심은 당연하지만 이들에 집중할 경우 이미 알고 있는 바를 재확인하는 데 그치기 쉽다. 남들과 다르게 살고 생각하고 소비하는 '극단적 사용자'를 찾아야 한다. 즉, 우리가 관심을 갖고 찾아야 할 사람은 **익스트림 유저**Extreme user 또는 선도 사용자Lead user이다. 고객 개발에서 관심을 가지고 있는 특정 서비스의 얼리어답터Early adopter일 수도 있다.

- **익스트림 유저** : 해당 서비스에 대해 정확히 이해하고 그 가치 이상으로 사용 범위를 넓혀가는 소비자나 서비스에 대해 전혀 모르거나 아예 사용하지 않는 사람을 통칭하는 말
- **선도 사용자** : 서비스의 개선 필요성을 다른 소비자보다 먼저 인식하고 스스로 해결책을 찾으며 시장 흐름을 선도하는 사용자
- **얼리어답터** : 제품의 수용이 다른 사람보다 일찍 발생하는 소비자로, 변화에 민감하며 남들보다 먼저 제품 정보를 접하고 평가하는 성향을 보이는 사용자

얀 칩체이스는 이들을 사회 주류의 관점에서 보았을 때 극단적인 상황에 처해 자신의 필요로 인해 스스로 혁신을 만드는 사람으로 설명한다. 이들은 직접 불편한 문제의 해결책을 찾아 극복하는 경우가 많은데 주류에 속하는 다수의 입장에서는 니즈의 수준이 높아 낯설어 보이는 경우가 흔하다. 오히려 그렇기 때문에 그들이 가진 문제점과 지식은 우리에게 영감을 줄 수 있다. 또한 그들이 문제를 해결하기 위해 나름대로 고안한 접근 방법을 심층적으로 분석하면 새로운 기회 발굴의 힌트와 숨겨진 니즈를 발견하여 강력한 통찰력을 이끌어낼 수 있다.

만날 사람을 선정하려면 먼저 이해하기 단계에서 확인한 세컨더리 리서치의 인구 통계학적 자료, 전문가 인터뷰 내용 등 다양한 자료를 종합한다.

그리고 이를 중심으로 만날 대상의 분류 기준을 정한다. 최종 고객은 누구인지, 사용자에 머무르고 있는 사람은 누구인지, 아직까지 우리가 대응하지 않은 사람은 누구인지 등을 여러 모로 고려해야 한다. 이렇게 기본 기준이 정해지면 어떤 사람이 극단적 사용자가 될지 그리고 몇 명을 만나야 할지 판단해야 한다. 결국 고객 선정은 양이 아니라 질이다. 고객 개발의 관점에서 시장 초기에 만날 고객과 가까운 이들을 통해 문제를 검증하는 것이 중요하다. 그렇지 않고는 다수의 주요 시장으로 넘어가기 어렵다.

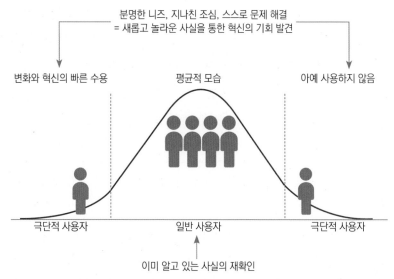

관찰하기 단계에서 집중해야 할 대상인 극단적 사용자　다수의 일반 사용자를 관찰할 경우 우리가 이미 알고 있는 바를 재확인하게 되는 데 그치기 쉽다. 오히려 사회 주류의 관점에서 극단적인 상황에 놓여 있어 스스로 문제를 해결하는 극단적 사용자로부터 혁신의 기회를 발견할 수 있으므로 그들에 집중해야 한다.

● 몇 명을 만나야 할까

우리가 만나야 할 대상은 극단적 사용자 또는 그들을 반드시 포함하는 방향으로 고려해야 한다. 그렇다면 만나야 할 적정 인원은 과연 몇 명일까? 만나야 할 사람 숫자에 대한 절대적 세부 기준은 없지만 인간 행동을 조사해 엄밀한 확률 논리에 기댄 방법은 아니므로 정량 조사와 달리 비교적 소규모다.

'사용자 5명만 테스트하면 되는 이유'라는 글에서 제이콥 닐슨이 소개한 '5'명이 있다. 사용자 전문가인 제이콥 닐슨은 자신의 연구를 분석해 5명을 인터뷰한 뒤 85%의 문제가 발견되었다는 비교적 일관된 결과를 얻었다. 이 주장에 따르면 5명만 인터뷰하면 대부분 문제를 알 수 있으므로 남은 15%를 알기 위한 더 많은 인터뷰를 하는 것은 투자 대비 얻는 바가 적다.* 구글 벤처스의 디자인 스프린트^{Design sprint}도 이를 반영해 하루 동안 5명의 인터뷰를 통해 제품이나 서비스가 될 새로운 아이디어에 대한 반응이나 프로토타입 기반의 솔루션을 확인했다.

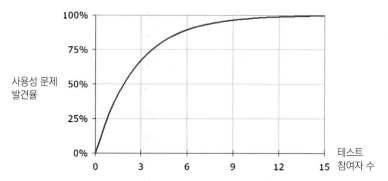

테스트 참여자 증가에 따른 문제 발견율의 변화　닐슨노먼그룹 블로그를 통해 제이콥 닐슨이 소개한 이 그래프에서 5명을 인터뷰한 뒤 문제의 85%가 발견되며, 최소한 1명이라도 하면 25%를 확인할 수 있다는 점을 알 수 있다.　출처 www.nngroup.com

---

* 　물론 마법의 숫자 5에도 예외는 있다. 예를 들어 카드 소팅 방법에서는 적어도 15명이 필요하다.

그래프를 보면 1명만 테스트해도 전체 문제의 25%를 찾아낼 수 있다. 즉, 자원이 부족해 여러 명 확인할 수 없더라도 반드시 최소한 1명은 관찰하는 것이 바람직하다. 제이콥 닐슨과 구글처럼 5명으로 운영할 수도 있지만 리크루팅부터 인터뷰까지 직접 모두 진행한다면 현장 경험의 차이나 참여자 모집이 잘못되는 등의 돌발 변수가 생길 수 있음을 고려해 판단하자. 이러한 여러 요인을 고려해 단일 주제일 때 인터뷰 기본 인원은 현실적으로 6~8명 운영을 권한다. 이러한 접근이 군더더기 없이 진행되기 위해 두 번째와 다섯 번째 인터뷰에서 체크할 내용이 있다. 우선 두 번째 인터뷰 후 가급적 인터뷰 가이드라인을 다시 한번 리뷰해 남은 인터뷰의 품질을 높이자. 그리고 다섯 번째 인터뷰 후 문제에 정말 깊이 공감하고 해결책이 나올 수 있다는 부분에 열광하는 사람이 있었는지 확인하자. 반드시 1명은 있었어야 한다. 만약 없었다면 남은 인터뷰이에게서 확보해야 한다.

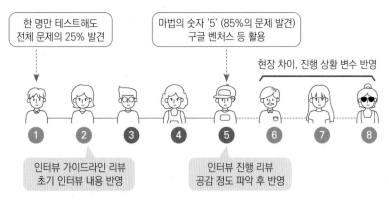

인터뷰이 숫자가 갖는 의미 인터뷰 진행 과정에서 확인하고 고려해야 할 내용이 각각 존재하며 주제와 환경에 따른 변화를 그때그때 반영해 진행해야 한다.

분명한 건 마법의 숫자를 믿기보다는 중복성이 관찰될 때까지 계속해서 사람들과 접촉하고 현장을 관찰해야 한다. 5, 8, 15번과 같은 숫자보다는 맥락을 이해하고 현상을 파악했는지 고민해 더 진행할 필요가 없다는 확신이 들 때까지 사람을 만나야 한다. 사람들과 이야기를 해도 프로젝트팀을 놀라게 하는 내용이 나오지 않는다면 비로소 충분히 인터뷰가 진행된 것이다. 즉, 조사 내용에서 패턴 확인이 가능하고 인사이트를 확보할 수 있겠다는 팀의 공감대가 형성되는 때다.

고객 개발 관점의 접근과 활용

고객 개발 활동은 현장 고객 관찰에서 얻어낸 교훈을 사업에 빠르게 반영하고 피드백을 얻는 과정의 반복이다. 서비스 디자인 씽킹 과정과 같거나 유사해 둘을 적절히 응용하여 활용할 수 있는데, 관찰 활동 중 관찰자의 기본 태도를 포함한 여러 가지가 비슷하게 다뤄진다. 물론 다른 점도 있다. 예를 들어 디자인 씽킹 프로세스에서는 참여자의 전문성이나 희소성 및 예비 과제 등을 고려해 보상으로 사례금을 지급하지만 고객 개발에서는 보상 개념을 제외하고 현금이 아닌 방법으로 지급할 것을 제안한다.

가정에서 시작해 이를 현장 조사로 입증하는 프로토 퍼소나 기반의 활동에도 고객 개발 관점이 반영되었다. 서비스 디자인 씽킹 프로세스에서는 주로 현장 조사 내용을 분석해 퍼소나를 만든다. 하지만 빠른 이터레이션을 고려하거나 기간이 짧은 대부분의 프로젝트는 고객의 모습을 빠르게 정의할 필요를 느낀다. 이러한 점을 보완하기 위해 가정을 중심으로 고객의 모습을 빠르게 정의하는 과정을 진행해볼 수 있다. 프로토 퍼소나, 래피드 퍼소나Rapid persona, 가정 퍼소나Assumption persona 등 여러 방법이 제안되었으며 이 책에서는 이 과정을 (린 UX와 동일하게) 프로토 퍼소나로 지칭한다. 고객의 모습을 정의하는 이유는 명확하다. 우리는 다양한 사람에게 관심을 가지지만 모두가 만족할 수 있는 서비스나 제품은 없으므로 집중해야 할 구체적 대상이 필요하다. 프로토 퍼소나는 팀 내 브레인스토밍을 통해 가급적 빠르게 의견을 모아 → 프로토 퍼소나 템플릿을 활용해 몇 개의 타깃 고객 및 사용자의 모습을 구성한 뒤 → 현장 조사 활동을 통해 → 초기 내용을 수정하고 서비스의 고객을 추정하게 된다. 이때 프로토 퍼소나 템플릿은 사용자의 모습과 이름Sketch and name, 행태적 인구 통계 정보Behavioral demographic information, 불편 사항과 니즈Pain points and needs, 잠재적 솔루션Potential solutions을 포함하는 4~6개의 항목으로 구성된다.

프로토 퍼소나를 만든 후에는 그들이 서비스를 이용하며 겪게 될 스토리를 작성해보자. 스토리를 만들면서 미처 생각하지 못했거나 반드시 고려해야 할 사항을 찾게 될 것이다. 이 부분은 인터뷰 가이드라인에서 고려해야 한다.

이름과 모습	기본 정보	행동
이름과 스케치로 표현한 모습	인구 통계학적 정보 (나이, 직업, 가족 관계 등)	주제와 관련된 행동
니즈 / 불편 사항	가치 / 목표	잠재적 솔루션
현재의 상황이나 서비스에 대한 구체적인 불만, 어려움, 니즈	주제와 관련한 퍼소나의 지향점	문제의 해결과 연결 가능한 아이디어나 잠재적 해결 방안

프로토 퍼소나 템플릿 사례 프로토 퍼소나는 세컨더리 리서치, 전문가 인터뷰, 브레인스토밍 등에서 얻은 내용을 활용해 대상을 미리 빠르게 그려보는 작업이다. 그 결과물은 리서치와 같은 관찰하기 단계의 기초 활동 자료가 된다.

앞의 과정에서 얻은 정보와 고민은 고객 개발에서 강조하는 '밖으로'를 더 현실적으로 만들어준다. 앞에서 소개한 내용을 살펴보고 실행에 옮겨 고객 중심의 집중력을 높이기 바란다.

7.2 인터뷰 중심의 조사

관찰하기 단계 중 인터뷰 중심의 조사 활동은 서비스 디자인을 위한 관찰과 발견 활동의 핵심이다. 서비스 디자인을 위한 인터뷰는 우리가 '인터뷰'라는 말을 들었을 때 일반적으로 떠올리게 되는 취재, 면접 등의 인터뷰와는 다른 여러 요소를 가진다.

우선 사용자 환경 안에서 콘텍스트가 반영된 인터뷰를 해야 한다. 사용자에게 던지는 질문은 그들이 적응해 잘 인식하지 못하는 것들을 다시 발견하는 자극제가 되어야 한다. 조사는 가급적 실제 사용자 현장에서 진행되는데, 자신이 생활하는 환경에서 가장 자연스럽게 행동하며 주관적인 경험이 형성되기 때문이다. 반대로 그들이 생활 환경에서 분리될 경우 바뀐 환경 때문에 왜곡이 생기기 쉽다.

목적에 따라 심층 인터뷰, 다이어리 연구, 포커스 그룹 조사 등의 조사 방법 중 더 자주 사용되는 활동이 있지만 그 분류가 절대적이지는 않으며, 오히려 프로젝트 성격과 조건에 따라 더 적합한 활동을 선택해야 한다. 목적에 맞는 다양한 조사 활동이 정해지면 그에 적합한 조사 기준이 필요한데 리서치 가이드라인은 그러한 역할을 하게 된다.

대부분 조직은 인터뷰에 관련한 업무 경험이 없어 까다롭게 여겨질 것이다. 하지만 반드시 진행해야 한다. 컨텍스추얼 인쿼리*, 고객 개발 인터뷰 활동 등 다양한 내용이 그동안 소개되었으며 이 책에서는 실무 적용을 위한 기본

---

*   Contextual Inquiry. 사용자 공간에서 그들의 행동을 구체적으로 관찰해 현장 속 사람들의 숨겨진 니즈를 찾아내고 해석하는 정성적 현장 리서치 방법론

내용을 설명하고 있다. 그리고 인터뷰를 소개한 뒤 관찰과 체험 등의 활동을 다루지만 오히려 관찰을 먼저 진행한 후 인터뷰하거나 필요할 때마다 운영할 수 있다.

인터뷰 가이드라인 준비

인터뷰 가이드라인은 인터뷰에서 놓쳐서는 안 되는 사안을 중심으로 준비하는 질문 개요서Outline이다. 인터뷰를 진행하면서 필요한 것을 알려주는 지침서로 순서대로 읽어 내려가는 대본이 아니다. 응답자로부터 실마리를 찾아내는 것이 중요하기 때문에 정량 조사와 달리 진행 과정에 인터뷰 설계가 바뀌기도 한다. 즉, 인터뷰 반응과 상황에 따라 세부 진행 사항은 변경될 수 있으며 대부분 첫 인터뷰 후 내용이 변경되거나 새로운 질문이 생긴다. 인터뷰 가이드라인은 자연스러운 진행을 위해 일반적으로 크게 네 단계를 갖는다.

1 **시작**
제일 먼저 진행자가 누구인지, 인터뷰를 통해 무엇을 할지, 어느 정도 시간이 걸릴지 등을 소개한다. 특히 사진 촬영, 녹취 등 민감할 수 있는 부분에 대한 양해와 내용 폐기 계획 등을 알려야 한다. 반대로 인터뷰 진행 내용을 외부에 비밀로 할 경우 비밀 유지를 요청하고 필요에 따라 서명을 받는다. 이어서 전반적인 라이프 스타일에 대한 확인을 한다. 특히 이 부분은 라포Rapport라 불리는 인터뷰 진행자와 참여자 사이의 친밀도 형성에 중요하다. 보통 생활 전반에 걸친 넓고 사소한 내용부터 시작해 점차 인터뷰와 관련 있는 내용으로 접근하는 형태로 설계한다.

2 **조사**
인터뷰의 몸통 부분이다. 알아야 할 내용과 2차 조사에서 도출된 부분 등을 중심으로 팀의 여러 관점을 질문에 반영해야 한다. 이 과정에서는 기본적으로 질문과 답변을 통해 사용 맥락, 불편, 니즈 등을 면밀히 살펴본다. 진행 시간이 충분하지 않거나 고객 개발의 관점에서 보상 없이 진행되는 경우라면 가장 중요한 질문을 앞으로 가져오자. 질문 하나로 어떤 특정 답을 얻으려는 게 아니다. 오히려 질문과 답변 과정 전체를 살펴보며 퍼즐을 맞추듯 정답을 찾아가는 과정에 가깝다. 이 과정에서 철저한 확인을 위해 면밀한 질문을 계속 던지게 되는데, 이는 응답자 입장에서 쉽지 않은 일이다. 이때 유도 심문을 하거나 당하기 쉬우니 특히 주의해야 한다.

3 검증

필요에 따라 사전에 준비된 프로토타입 등을 중심으로 아이디어를 검증하는 경우도 있다. 특히 프로젝트팀이 직접 구상한 아이디어에 대해 '좋아요?', '나빠요?' 등으로 답을 유도하기 쉽다. 이를 피하고자 객관적인 설명 후 '어때요?'와 같은 형태로 질문하는 것도 방법이다.

4 마무리

인터뷰 진행 과정에 자연스럽지 않았던 내용이나 추가 질문을 하고 확인한다. 마무리 시점엔 이미 인터뷰 참여자들이 지쳐 있어 특히 명확하게 물어야 한다. 인터뷰 참여에 대한 사례(보상)와 상관없이 선의를 느낄 수 있도록 돕자. 사례 지급 등 인터뷰 후속 조치에 대해 간단히 설명하고 녹음기와 카메라 등 인터뷰 장비를 챙긴 후 감사 인사를 하고 종료한다.

고객 개발에서는 가정이 좁고 분명하며 주어진 시간이 짧을 때가 많아 《린 고객 개발》에서는 인터뷰 기본 질문을 20분 정도 진행하는 걸 제안한다. 예를 들어 다음과 같이 간결하게 말이다.

1 오늘 OOO을 어떻게 하셨는지 말씀해주십시오.

2 OOO을 완료하기 위해 사용하시는 [도구/제품/앱/요령]이 있습니까?

3 만약 당신이 어떠한 문제도 해결할 수 있는 마법 지팡이가 있다면 어떤 문

제를 해결하겠습니까?

4 마지막으로 OOO을 하셨을 때 그 일을 시작하기 직전에 무엇을 하고 계셨
습니까? 그 일을 마치고 나서는 무엇을 하셨습니까?

5 OOO에 대해 제가 더 여쭤봤으면 하는 것이 있습니까?

특히 세 번째 질문과 같은 형태의 개방형 질문을 마법 지팡이 질문The magic wand question이라고 부른다. 이런 질문은 참여자의 마음을 열어 자연스럽게 아이디어를 도출하는 데 효과적이다.

인터뷰 참여자를 모집하기 위해 서비스 디자인 씽킹 프로세스에서는 주로 필요한 참여자 조건을 명시한 선별 질문지Screening questionnaire를 리크루팅Recruiting 업체에 맡긴다. 고객 개발이 목적인 경우에는 인터뷰 참여자를 직접 모집하는 것이 기본이다. 인터뷰 가이드라인에는 인터뷰 대상, 주제, 소요 시간이 명시되어 있어야 한다. 또 인터뷰 진행 시 몇 명의 인원이 어떤 역할을 할지도 함께 미리 정해야 한다. 인터뷰 진행에는 기본적으로 진행자Moderator, 노트 작성자, 조사 가이드, 참여자 연락처, 사진기, 녹음기 등이 필요하다. 진행자와 보조 진행자로 나누어 최소 2명이 진행하거나 각 역할에 맞춰 3명 이상이 참여할 수 있다. 하지만 인터뷰 대상자의 부담을 줄이기 위해 최대 4명 정도로 제한하는 것이 좋다. 물론 정답은 없다. 장소와 시간 등 여러 환경 요소가 다르므로 유연하게 움직이자.

그리고 인터뷰 및 관찰 연습을 프로토 퍼소나 기준으로 해보자. 짧은 시간이라도 직접 체험해보면 더 현실적인 고객 모습을 만들 수 있다. 현장 활동이 형식적으로 끝나지 않으려면 간단한 것부터 하나씩 연습하기 바란다.

사용자 인터뷰를 위한 질문법

"만약 소비자에게 무엇을 원하느냐고 물으면 더 빨리 달리는 말이라고 대답했을 것이다."

단순하고 형식적인 질문으로는 인사이트를 얻을 수 없다는 포드 창립자 헨리 포드의 말이다. 고객과의 만남은 가설 검증의 시간이 아니라 예상하지 못한 실마리를 찾아내는 과정이다. 이때의 질문은 사람들이 느끼는 불편함과 어려움, 충동적 욕구, 기능적 필요, 감성적 니즈 등을 찾기 위해 우리의 관점을 바꾸는 도구다. 따라서 고객을 만나는 순간만큼은 선입견을 버려야 한다. 당연해서 또는 너무 간단해서와 같은 제약을 두지 말고 고객이 생각하는 내용을 끄집어내고 여기에서 고객의 어려움과 니즈를 찾아내야 한다. 결국 '무엇을 물을까'와 같은 접근보다는 고객 또는 사용자로부터 '무엇을 배울 수 있을까'의 접근이 중요하다.

인터뷰를 풀어가는 기본 열쇠는 열린(개방형) 질문이다. "예"나 "아니오"라는 답에서 더 깊이 들어가기는 쉽지 않으며 열린 질문은 정보의 질뿐만 아니라 양적 측면에서도 중요하다. 사람들의 이야기를 듣고 그들을 이해해야한다. 듣고 싶은 것만 듣는 확증편향이 있으므로 의식적으로 경청하려고 노력해야 한다. 특히 참여자의 답변에서 연결된 더 많은 내용을 들으려면 반드시 열린 질문을 해야 한다. "~을 할 것인가?"와 같은 형태의 질문은 "예/아니오"를 자연스럽게 유도한다. "왜, 무엇을, 어떻게"는 "예/아니오"를 피할 수있게 해준다. "왜 그런 생각을 하게 되었는지 여쭤봐도 될까요?", "말씀하신 과정이 어떻게 진행되는지 좀 더 설명해주시겠어요?"와 같은 형태의 질문을 하자. 육하원칙을 고려하자. 그리고 맞장구치자! 열린 질문이 고객의 말문과 마음의 문을 열게 할 것이다.

또 다른 열쇠는 경험 여정의 확인이다. 우리가 다루는 주제와 관련해 처음부터 끝까지 단계별로 어떤 경험을 했는지 그 여정을 따라가며 확인하자. 경험을 넓은 범위로 묻기보다는 단계별로 접근해 물어야 더 구체적인 정보를 얻을 수 있다.

인터뷰 방법은 상황별 같거나 다를 수 있지만 서비스 디자인 씽킹 프로세스가 고려하는 기본적인 내용은 다음과 같다.

- 현장으로 출발하기 전 인터뷰 가이드를 준비하고 그 전체 내용을 확인하자. 가정한 부분과 어려움이 예상되는 내용을 미리 체크하자.

- 공손할 필요는 있지만 미안해할 필요는 없으므로 까다로운 질문도 자신 있게 하자. 응답할 마음이 없었다면 리쿠르팅 때 거절한다.

- 질문 하나로 완벽한 답변이 나오는 경우는 드물다. 필요하다면 "왜"라고 묻자. 특히 진행자가 이해했어도 기록이나 스크립트로 판단하는 팀원들은 그렇지 않을 수도 있으므로 "왜"라고 물어 구체적인 내용을 얻는 것은 중요하다.

- "다른 부분이 있다면", "좀 더 이야기해본다면"과 같이 후속 질문을 던진 뒤에는 조급해하지 말고 참여자의 이야기를 기다려라. 그들에게는 생각할 시간이 필요하다.

- 참여자의 내용을 이해한 후 자신의 표현으로 요약 설명해 내용이 맞는지 참여자에게 확인받자. 의도적으로 왜곡해 참여자가 바로 잡는지 확인하는 것도 효과적이다. 기존 내용은 물론 더 중요한 다른 정보가 빠졌었다면 자연스럽게 확인할 수 있다.

- 예시를 주고 참여자의 선택을 유도하기보다는 구체적인 과거의 경험을 물어보자. "어떻게 가능했나요?", "무슨 의미일까요?"와 같은 형태로 재구성해 경험을 듣자.

- 질문에 집중해 참여자를 관찰하는 부분을 놓쳐서는 안 된다. 인사이트는 언제든 나타날 수 있으며 인터뷰와 관찰이 따로 움직이는 것은 아니다.

- 짧게 묻고 길게 듣기 위해 노력하자. 질문이 너무 길어지면 응답자가 점점 이해하기 어렵다. 또 너무 서두르면 불안해 보이기 쉽상이다.

- 어려운 용어나 전문 용어를 피하고 응답자에게 익숙한 언어를 사용하자. 우리는 응답자가 직접 이야기한 살아 있는 언어와 표현이 필요하다.

- 응답자는 습관적으로 자신이 보고 있는 것을 말할 때 '이것', '저것'으로 지칭하는데 "이것이라면 ○○○을 말하는 것이죠?"와 같이 다시 확인해 명확히 구분되게 하자.

- "아이디어가 어때요?"와 같은 질문을 했다면 그 답변은 냉정하게 바라보자. 실제 구매를 고려하지 않았거나 관심이 없을수록 선의로 쉽게 답한다.

- 가격에 대한 부분을 포함할 때는 "얼마에 살 것인가요?"보다는 "이 문제를 해결하기 위해 어느 정도 비용을 사용하고 있나요?"(경험)로 물어보자. 어느 정도 비용을 지불할 수 있을지 물었다면 답을 그대로 받아들이는 대신 발견점 찾기에 집중하자.

질문하기보다 더 중요한 것이 있다. 바로 공감 표현이다. 인터뷰어와 인터뷰이는 생면부지일 가능성이 커 인터뷰이가 자신의 의견을 솔직하게 말할 수 있는 분위기가 조성되기 쉽지 않다. 인터뷰이에게 본인(인터뷰이)이 인터뷰 주제에 대해 가장 잘 아는 전문가이며 본인(인터뷰이)의 어떠한 말과 행동도 도움이 될 거라고 안심시키자. 그렇게 하면 더 편안한 분위기를 조성할 뿐 아니라 무언가에 도움이 되려는 이타심과 자신의 존재를 드러내고 싶은 욕구를 끌어낼 수 있다. 때로는 자신의 불편함을 해소하거나 말하는 것으로 스트레스를 풀려고 참여하는 사람도 있다. 따라서 "지금까지 몰랐던 정말 좋은 정보입니다", "매우 잘 알고 계셔서 도움이 크게 됩니다"와 같은 표현과 호응으로 그들의 전문성을 강조하여 참여자가 서비스에 기여한다고 느끼게 해야 한다.

그리고 때로는 말이 아닌 침묵이나 미소가 질문이 된다. 대부분은 침묵을 견디기 힘들어 한다. 하지만 인터뷰에서의 침묵은 답할 기회이며 동시에 압박이다. 참여자를 쳐다보고만 있거나 손짓이나 어리둥절한 표정을 짓는 것만으로도 참여자는 더 많은 정보를 제공한다.

● '왜'라는 질문의 힘

조사 과정에서 만난 인터뷰 응답자가 직접적인 해결 방안을 던질 때도 있지만 대부분 표면적인 해결책이거나 자신만의 특화된 상황일 때가 많다. 우리는 근본 원인과 그 해결의 실마리를 찾아 인사이트로 연결해야 하므로 이때 필요한 것이 '왜?'라는 질문이다. 관찰하기 단계에서 '왜'라는 질문은 사람들의 숨겨진 부분을 확인하는 중요한 열쇠다. 물론 '왜?'라는 단정적인 질문에 사람들이 거부감을 가질 수 있으므로 너무 자주 질문해 방어적인 태도를 보이게 해서는 안 된다. 따라서 '왜'라는 직접적 표현 대신 응답 내용을 바탕으로 더 구체적인 부분을 확인하는 형식으로 묻는 것이 좋다. 하지만 거부감을 줄이려 너무 돌려 말하면 오히려 질문의 의도를 응답자가 파악하지 못하는 경우가 생긴다. 이럴 때는 차라리 '왜 좋은가'보다 '왜 좋아하지 않는가'와 같은 부정의 의미를 담은 '왜'를 던져보자.

'왜'라는 질문의 힘을 이야기할 때 자주 언급되는 내용이 바로 **5Why 방법**5Whys method이다. 5Why 방법은 특정 상황을 이해하기 위해 '왜'라는 질문을 반복하고 여기에서 사람들의 숨겨진 니즈를 찾고 문제의 본질을 확인해 해결책까지 파악하는 방법이다. 이름 그대로 해결책을 위한 How가 아닌 본질을 찾기 위한 Why를 묻는다. 도요타 생산 시스템Toyota Production System, TPS에서 오노 다이치가 이야기한 5Why에서 '5'는 반복되는 질문 횟수인 동시에 본질을 찾기 위한 노력을 상징하는 숫자다. 문제가 쉽다면 4Why, 3Why일 수도 있다. 즉, 조사 과정에서 '5'번 질문을 반복해야 한다는 의미라기보다는 본질에 다가갈 때까지 '왜'를 던져야 한다는 의미다. 물론 '왜'라는 질문만으로 응답자가 손쉽게 근본 원인을 찾는 것은 아니다. 대부분 처음에는 금방 떠올릴 수 있는 가장 표면적인 이유를 답하기 마련이다. 하지만 '왜'라는 질문의 반복과 함께 응답자는 당연하다고 믿던 것을 다시 생각해보고 그 이유를 되짚어보기 시작한다. 따라서 한 번의 '왜'라는 질문보다는 몇 번의 '왜'를 거치며 더 효과적이며 결국 그들의 언어로 구성된 원인과 고민을 들어볼 수 있다.

5Why 사용법은 간단하다. ① 해결해야 할 문제를 간결하게 적는다. ② 그 아래에 왜 해결해야 하는지 작성해본다. ③ 앞서 작성한 내용을 왜 해야 하는지 다시 적어본다. ④ 문제의 본질에 도달할 때까지 이를 반복한다. 미국 제퍼슨 독립 기념관의 외벽 손상 문제 해결 사례는 5Why의 대표 사례다. 제퍼슨 독립 기념관은 외벽 손상으로 페인트칠에 금전적 시간적 낭비가 심해 문제의 근본 해결책을 다음과 같이 5Why를 적용하여 찾았다.

- 1Why : 왜 외벽의 부식이 심한지 생각해보니 비누 청소를 자주 하기 때문이다.
- 2Why : 왜 비누 청소를 자주 하는지 물어보니 비둘기 배설물이 많아서다.
- 3Why : 왜 비둘기 배설물이 많은지 생각해보니 비둘기 먹이인 거미가 많아서다.
- 4Why : 왜 거미가 많은지 생각해보니 거미의 먹이인 불나방이 많아서이다.
- 5Why : 불나방이 많은 이유는 직원들이 일찍 퇴근하기 위해 전등을 주변보다 일찍 켜기 때문이다.

한 번의 질문으로 얻을 수 있는 것은 표면적인 부식이었지만 거듭된 '왜'의 반복 후 결국 건물 외벽을 깨끗하게 관리하는 데 필요한 건 전등을 오후 7

시 이후에 켜는 것이었다.

5Why와 함께 래더링Laddering 또한 인터뷰에서 자주 활용된다. 이 기법은 고객이 던진 이야기를 이어지는 질문으로 계속 이끌어 그들이 왜 그런 내용을 전달했는지 끄집어낸다. 때로는 특정한 제약 사항을 가정해 진행하기도 한다. 비용이 없어서 서비스에 현재의 절반 정도의 특징과 기능만 포함시킬 수 있다고 가정한 뒤 참여자가 어떤 부분을 선택할지 물어보는 형식이다. 이 방법은 사람들이 어떤 부분을 핵심 가치로 생각하는지, 가치의 크기와 관계 없이 필요한 부분이 있다고 느끼는지, 기능과 특징 간의 상호작용이 존재하는지 등을 확인할 수 있다. 이 방법은 고객 입장에서 서비스나 제품의 사용 방법과 선호도에 대해 깊이 있게 들여다볼 수 있는 기회를 제공해준다. 속 깊은 이야기를 이끌어내려면 사회적으로 올바른 이야기를 해야 한다는 부담감을 덜어줘야 한다. 이럴 때는 다른 사람들의 사례를 인용해보자. "어떤 사람들은 이 부분에 대해 기분이 별로 좋지 않았다고 이야기했는데 그 부분에 대해서는 어떻게 생각하세요?"와 같이 묻거나 "만났던 사람 중에 어떤 사람은 기분이 별로 좋지 않다고 했고 또 어떤 사람은 좋다고 말하기도 했습니다. 응답자는 어떠세요?"와 같이 양 측면을 모두 언급해 비슷한 효과를 얻을 수도 있다. 자극을 주는 질문이어야지 "내용에 동의하세요?"와 같은 유도 질문은 안 된다.

인터뷰 응답자가 우리가 원하는 해결책을 바로 내어주는 것은 아니다. 인터뷰의 충실한 질문은 조사를 통해 우리가 얻고자 하는 결과에 한 발 더 가깝게 다가설 수 있게 해주는 과정이다. 인터뷰를 마친 후에는 본질에 집중한 해결책을 찾기 위해 우리에게 '왜'라는 질문을 던지자.

심층 현장 인터뷰

사용자를 리서치 공간으로 불러 진행하는 일반 인터뷰 방법과 달리 심층 현장 인터뷰In-context interview는 실제 그들이 생활하는 현장으로 찾아가 집중적으로 인터뷰를 수행한다. 이때 콘텍스트를 파악하는 활동Contextual interview이 중요하다. 사람들은 보통 자신의 행동이나 특정 현상을 추상화하고 요약하려 하는데 이를 있는 그대로 펼쳐서 구체적인 사실로 확인하는 것이 콘텍스트 파악을 위한 활동의 출발점이다. 참여자가 생활하는 친숙한 현장에서 이루어지는 심층 인터뷰In-depth interview는 주로 소수의 인원을 대상으로 깊이 있게 묻고 행동과 환경을 직접 확인해 사람들을 충실히 이해하는 기회다. 숫자나 압축된 용어에 가려져 지나쳤던 고객의 숨겨진 니즈를 맥락 속에서 끄집어내고 문제 해결의 단서를 찾아야 한다. 따라서 비영리 단체나 커뮤니티 등 한정된 자원에서 프로세스를 수행하는 경우에도 심층 현장 인터뷰는 가급적 진행하는 것이 좋다.

심층 인터뷰 진행 사례　심층 인터뷰는 집, 사무실, 학교 등 사용자가 익숙한 환경에서 진행된다.

인터뷰 참여자가 가장 편한 장소에 앉게 한 뒤에 심층 인터뷰를 시작하자. 영상 녹화 위치는 응답자가 자리에 앉는 동안 빠르게 판단해 선정한다. 좋은 촬영을 위한 여러 가이드가 있지만 여기서는 항상 인터뷰 참여자 중심이라는 한 가지만 기억하자. 영화를 만드는 것이 아니라 인터뷰를 한다는 점을 고려하면 어렵지 않게 판단할 수 있을 것이다. 그리고 인터뷰를 본격적으로 진행하기 전 응답자에게 반드시 촬영 및 녹음에 대한 사전 허가를 받아야 한다. 스마트폰과 소셜 미디어의 대중화로 촬영과 공유는 생활 일부가 되었지만 사전 허가는 여전히 꼭 필요하다.

인터뷰가 시작되면 가이드라인을 참조해 참여자와 대화를 진행한다. 이때 '무언가 하고 싶다'는 가정이 아닌 실제 행동과 감정을 잡아내야 한다. 예를 들어 구입한 노트북 모델명을 확인하는 것만으로는 사람들의 노트북 구매 동기를 파악하기 어렵다. 그들이 구입한 노트북과 가격을 통해 유추할 수 있는 정보는 있지만 사실 확인에 그치기 쉽다. 사용자의 맥락을 이해하기 위해 알아야 할 부분은 다양하다. 왜 프로모션을 통해 구입했을까? 구입한 노트북을 실제로 어떻게 사용하고 있을까? 왜 노트북을 집에서 주로 사용할까? 왜 항상 모니터를 연결할까? 어떤 외장 기기를 왜 구입해 사용할까? 맥락을 고려한 흥미로운 발견을 이끌기 위해서는 참여자가 주로 활동하고 사용하는 곳에서 다양한 내용을 함께 이야기하고 세부 사항을 확인해야 한다. 특히 감정 카드나 사물 카드 등을 준비하면 떠올리기 쉽지 않은 느낌이나 이야기를 참여자가 끄집어낼 수 있도록 도울 수 있다. 그리고 참여자의 행동을 기록할 필요가 있는데 촬영하지 못했다면 재현을 요청하면 생각보다 쉽게 도움을 받을 수 있다.

인터뷰를 종료하기 전 궁금한 내용은 가급적 현장에서 물어보고 확인하자. 인터뷰 참여자들은 가급적 본인들이 약속한 시간 안에 활동이 종료되기를 원하고 있어 현장을 떠난 후에는 추가 질문의 답변을 얻기가 어렵다. 가이드라인의 내용뿐 아니라 현장에서 발견한 흥미로운 내용을 확인한 후 마무리하자.

　물론 심층 인터뷰 역시 단점과 한계가 있다. 우선 참여자의 다양한 의견과 생각을 확인할 수 있지만 조사자의 역량에 따라 그 결과의 신뢰성이 변할 수 있다. 그리고 진행 상황 및 참여자에 따라 인터뷰마다 다른 질문을 하게 되어 답변의 분석이 쉽지 않고 쉽게 내용을 일반화할 수도 없다. 따라서 이를 보완하고자 사전 준비를 충분히 진행하고 다이어리 연구나 섀도잉 등의 방법을 다양하게 조합해볼 수 있다. 특히 인터뷰라는 용어의 특성상 질문 중심의 활동만을 고려할 수 있지만 반드시 관찰이 함께 진행되어야 한다. 관찰을 통해 얻게 되는 인사이트가 질문보다 더 클 수 있다는 점을 기억하자.

● 스스로 기록하고 공유하는 개인 관찰, 다이어리 연구

　다이어리 연구Diary study는 글과 사진으로 구성된 일기 형식으로 참여자가 직접 작성하는 조사 방식이다. 사진을 강조한 포토 다이어리로 소개할 때도 있다. 다이어리 연구는 일정 기간 주어진 양식과 질문을 일기장 형태로 제공한다. 참여자는 제품 및 서비스 이용 경험을 일기장에 작성하며 일상생활과 그 안에서의 사용 경험 맥락을 기록하게 된다. 비교적 손쉽게 사람들을 관찰할 수 있는 이 방법은 인터뷰나 현장 관찰의 준비 용도, 인터뷰 대상자가 연구 주제에 관심을 갖게 하는 용도 등으로 다양하게 활용된다. 따라서 심층 인터뷰를 관찰하기의 중심 활동으로 고려한다면 다이어리 연구를 그에 앞서 진행해볼 만하다.

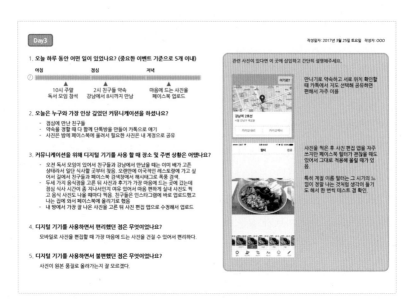

다이어리 연구 작성 사례　참여자는 디지털 기기를 활용한 커뮤니케이션에 대한 조사를 위해 주어진 양식에 시간, 장소, 상황에 따른 활동을 사진과 함께 첨부해 일기처럼 작성한다.

다이어리 연구는 먼저 연구에 맞는 형태로 일기장을 구성해 참여 대상자에게 전달한다. 다이어리 앞쪽에는 연구에 관한 소개와 작성 방법 그리고 예시를 포함한다. 다이어리 작성은 사용자가 연구 주제에 따라 활동 기준으로 주기적으로 작성하거나 시간별로 정리해 기록한다. 작성된 내용을 통해 직접 행동 패턴을 찾기도 하지만, 사전 활동일 경우 실마리를 찾은 후 현장 방문에서 그들의 행동과 환경을 직접 확인하며 조사를 완성하게 된다. 섀도잉 등 다른 방법과 함께 진행될 수 있으므로 어떻게 진행하고 조합할지는 프로젝트 목적에 따라 팀이 선택해 운영하면 된다.

● 스스로에 대한 발견, 사진 연구

고객이 직접 제공한 내용을 기준으로 그들의 관점을 이해하기 위해 **사진 연구**Photo study를 진행할 때도 있다. 다이어리 연구처럼 관찰자가 아닌 참여자가 직접 사진을 찍고 소개하는 조사 방법으로 사진에 집중한 방법이다.

진행 방법은 간단한데 우선 참여자에게 주제를 정해주고 정해진 기간 동안 사진을 찍게 한다. 이때 주어질 주제를 조사 목적 그대로 한정해 제시하면 표면적인 내용에 집중하기 쉬우므로 더 넓은 범위로 제시해 참여자 내면의 좀 더 깊은 영역까지 확인하자. 예를 들어 영화 관람 행태가 궁금하다면 영화 관람을 주제로 제시하기보다는 기분 좋게 스트레스가 풀리는 순간과 같이 범위를 확장해 주제를 제시하는 편이 좋다.

그리고 찍은 사진에 대해 참여자에게 설명을 듣고 간단한 인터뷰 형식의 대화를 진행한다. 다른 조사 방법에 비해 참여자는 직접 찍은 사진을 통해 훨씬 적극적으로 자기 생각과 감정을 표현하고 효과적으로 설명할 수 있을 뿐 아니라 관찰자가 확인하기 어려운 개인적인 부분에 대한 촬영도 가능하다. 참여자는 자신의 행동을 스스로 돌아보면서 미처 생각하지 못했던 부분을 알게 되기도 한다. 이런 상황을 자연스럽게 형성하고 이끌어가며 그들의 생각과 느낌을 파악하는 것이 가장 중요하다. 과거에는 주로 폴라로이드 카메라를 직접 제공했지만 최근에는 자신의 스마트폰을 이용하게 할 때도 있다. 다이어리 연구처럼 이 활동만으로도 분석 가치가 있는 정보를 제공하지만 그보다는 다른 연구 방법들과 결합되어 더 다양한 인사이트를 제공할 때가 많다.

사진 연구 사례 폴라로이드 카메라를 사용하거나 스마트폰을 이용해 참여자의 생각을 담은 사진을 촬영한 후 이를 중심으로 대화를 나누며 인사이트를 찾게 된다.

● 자연스러운 환경에서의 관찰, 가정 방문

심층 현장 인터뷰는 고객의 자연스러운 생활 환경 안에서 사용 상황은 물론 문화, 사회적 배경을 확인하기 위한 가정 방문Home visiting 형태로 주로 진행된다. 가정 방문 또는 홈 비지팅은 말 그대로 참여자의 가장 자연스러운 현장인 집에 관찰자가 방문해 행태와 상황을 관찰하는 방법이다. 인터뷰와 관찰을 적절히 병행해 진행하는 경우가 많아 인터뷰 중심, 현장 관찰 중심 모두 중요하게 고려된다. 이 방법은 다양한 기업에서 활용하고 있는데, 예를 들어 소프트웨어 회사 인투잇Intuit과 코렐Corel의 '팔로우 미 홈Follow Me Home' 프로그램은 고객 현장 조사팀이 고객의 집으로 따라가 그들이 제품을 이용하는 과정을 관찰하는 활동이다.

사람들은 자연스러운 환경에서 당연하다고 여기거나 크게 의식하지 않았던 행동을 하게 된다. 그런 점에서 홈 비지팅은 인위적인 조사 공간이 아닌 사용자의 집에서 이뤄지므로 최적의 접근 방법이다. 사람들은 집이라는 환경에서 다른 공간과 다른 편안한 상태의 행동과 말을 하고, 구입한 물건이나 과거 기록 등을 쉽게 공유해준다. 항상 구입하는 음식 재료가 무엇인지 확인하고 싶다면 가장 좋은 방법은 글자로 된 영수증을 보는 것이 아니라 냉장고를 열고 직접 눈으로 확인하고 이야기를 듣는 것이다. 이를 통해 그들이 명확하게 느끼는 어려움이나 니즈 외에도 그들이 인지하지 못하던 문제 또한 발견할 수 있다.

단, 집은 지극히 개인적인 공간이므로 사례 비용 없이는 섭외 자체가 쉽지 않다. 만약 뜻하지 않게 고객의 집을 방문하는 기회가 생긴다면 홈 비지팅이 필요로 하는 관점을 놓치지 말고 대화하고 관찰해보자. 예를 들어 해외 출장 중에 집으로 초대받아 식사하는 기회가 생겼다면 그냥 지나치지 말자. 꾸준히 관찰하고 대화하는 것이야말로 고객 개발의 기본 활동이다.

포커스 그룹 조사

포커스 그룹Focus group은 특정 주제에 대해 소규모 집단을 대상으로 진행하는 조사 방법이다. 많은 사람이 쉽게 떠올리는 대표적인 정성 조사 기법으로 그룹 참여자 간 상호작용이 중시된다. FGIFocus Group Interview, FGDFocus Group Discussion, 집단 좌담회 등으로 부른다. 조사 대상이 되는 6~8명의 참여자들이 함께 2시간 내외 동안 인터뷰 진행자의 유도에 따라 인터뷰를 진행한다. 이때 인터뷰 진행자를 제외한 연구자들은 미러룸에서 참여자들을 관찰한다.* 사용자를 직접 만나서 진행하지만 자연스러운 환경이 아닌 인위적인 집단과 공간 안에서 이루어진다. 따라서 심층 현장 인터뷰만큼 현실 세계가 깊이 반영된

---

* 미러룸은 벽의 한쪽은 유리, 반대쪽은 거울로 되어 있는 방으로 참여자 쪽은 거울로 보여 관찰자를 의식하지 않고 솔직한 의견을 공유할 수 있다.

이해와 추론 내용을 제공하지는 않는다.

포커스 그룹 인터뷰 진행 사례 포커스 그룹은 참여자 집단을 구성해 진행자 주도로 조사 활동을 진행하며 이때 팀의 관찰자들은 미러룸에서 이들의 활동을 확인한다.

    이 방법은 정해진 주제에 집중하고 그와 관련된 사람들의 생각을 평가하기 쉽다. 일대일 방법에 비해 6~8명 정도의 다수를 대상으로 한 번에 운영되어 상대적으로 비용이 적게 들고 진행 기간도 짧다. 경험이 많은 진행자라면 진행 방법에 대한 노하우는 물론 어느 정도 정형화된 질문 단계를 가지고 운영할 수 있다. 반면 주제에 대한 참여자의 기억이 분명해야 제대로 된 이야기를 들을 수 있고, 자신의 생각을 참여자가 분명히 갖고 있고 이를 언어 중심으로 표현할 수 있을 때 효과적이다. 특히 그룹이기 때문에 여러 사람을 대상으로 정해진 시간 동안 운영되어 효율적이지만 한 사람에게 주어진 시간이 짧아 깊이 있는 확인은 어렵다. 그리고 진행 과정에서 참여자 간의 토론 기회는 제한적일 수밖에 없으며 특정 참여자에 의해 분위기가 흔들리거나 평소 생각과 다른 의견에 동조할 수도 있어 결과가 편향될 수 있다. 포커스 그룹 조사는 시장에 어떤 변화가 있고 우리에게 시사하는 점은 무엇인지 판단하고 싶을 때 일반적으로 활용된다. 특히 전반적인 가설을 다수의 사용자로부터 빠른 기간 내 확인할 수 있어 시간적 제약이 중요한 프로젝트에서 탐색 조사 방법으로 고려해볼 수 있다.

더 나은 포커스 그룹 조사를 고민하고 있다면 미국의 헬스케어 기업 애트나Aetna의 CEO 마크 베르톨리니가 제안한 내용을 고려해보자. 우선 그는 시장에서 발생한 간극으로 인해 바뀌고 있는 고객의 니즈를 이해하기 위해 고객군을 가장 높은 수익을 가져오는 고객, 가장 낮은 수익을 가져오는 고객, 현재 회사가 대응하지 않는 고객으로 나누어 확인할 것을 충고한다. 이들을 대상으로 대화할 때 서비스에 대한 의견을 묻는 대신 각 그룹이 충족하길 원하는 다양한 니즈와 이를 해결하는 과정에서 발생하는 어려움을 찾아내는 데 집중해야 한다. '각 그룹의 충족되지 않은 상위 니즈는 무엇이고 그룹별로 어떻게 다른지', '현재 대응하고 있지 않은 고객들에게 최근 느끼는 니즈가 존재하는지 또 그것이 시장의 새로운 기회가 될 수 있을지', '어쩔 수 없이 우리 제품을 사용하고 있는 것은 아닌지, 그래서 대안이 생기면 그쪽으로 이동할 것인지'와 같은 아직 시장이 고려하지 못한 고객의 환경과 변화에 더욱 집중해 질문해야 한다.

포커스 그룹 조사는 자주 다루어지는 방법이지만 막상 업무 현장에서는 이론만큼 간단하지 않고 모든 것을 대신할 수 있는 방법도 아니므로 다음 내용에 유의해 진행하자.

1 여러 참여자와 함께 하는 것인 만큼 운영상의 어려움이 있다.

2 시간 제약 등으로 깊이 있는 얘기를 듣기에 한계점이 있다.

3 사회적이거나 이상적인 대답을 하기 쉽다.

4 운영 방법과 환경으로 인해 노력과 무관하게 콘텍스트 파악에 제약이 있다.

포커스 그룹은 마치 동물원과 같다. 동물을 관찰하기에 동물원은 효율적인 듯 보이지만, 갇히고 정해진 공간에서 동물 특유의 성격은 희미해지고 사육사를 따르게 된다. 동물원에서는 자연에서 만나게 될 동물의 실제 모습을 기대하기는 어렵다. 포커스 그룹 또한 효율적으로 보이지만 실제 현장의 모습과 목소리를 확인하기에는 한계가 있다. 따라서 포커스 그룹 조사 시행 후 이를 기반으로 심층 현장 인터뷰를 진행해 보완하는 등 다른 정성적 방법과 정량적 방법을 함께 고려할 때 명확한 인사이트를 제공할 수 있다.

● 뚜렷한 주관을 가진 참여자 중심의 그룹 조사, 언포커스 그룹

포커스 그룹은 주로 조건에 따라 선정한 일반 사용자를 대상으로 진행된다. 이와 달리 주제와 관련해 주관이 뚜렷하고 독특한 사람들 중심으로 모집해 진행하는 언포커스 그룹Unfocus group 기법이 있다. 전문가를 포함해 서비스에 대한 극단적 인식을 갖고 있거나 확실한 흥미가 있거나 또는 제품을 전혀 사용해보지 않은 극단적 사람들이 참여자로 고려된다. 이들은 일반 사용자가 하게 될 고민은 물론 대부분 자신의 관점에서 문제와 현상을 이야기하고 의견을 제시한다. IDEO에서 개발한 이 방법은 일반 사용자의 시각을 벗어나 서비스 디자인 대상과 관련 있는 사람들을 대상으로 하므로 다양한 관점으로 문제를 바라보고 고민할 기회를 제공한다. 따라서 이 방법은 단순한 조사 목적으로 진행되기보다는 분석의 실마리를 찾거나 아이디어의 씨앗을 찾는 부분까지 연결해 운영할 때 더욱 효과적이다. 협력 중심의 워크숍 형식으로 진행되기도 한다.

7.3 현장 중심의 관찰 조사

　사람들은 왜곡된 기억에 따라 이야기할 수도 있고 남들에게 올바르게 보이고 싶은 사회적 욕구 등으로 말과 행동이 다른 경우가 흔하다. 바로 호손효과Hawthorne effect 때문이다. 관찰이나 실험의 대상이 되었다는 사실을 인지하면 행동에 영향을 받고 변화가 생긴다. 그리고 사람들은 누군가 발견해 묻기 전까지는 당연하게 생각하거나, 말로 표현하기 어렵거나, 크게 의식하지 않고 행동한다. 그뿐만 아니라 지역, 환경, 문화 등에 따라 특정 행동을 하거나 하지 않는다. 이러한 순간을 주의 깊게 관찰하면 사람들의 행동을 더 깊이 살펴볼 수 있어 기회 영역과 새로운 인사이트를 발견할 수 있다.

　현장 중심의 관찰Observation 조사는 관찰 사실을 조사 참여자가 아는지 모르는지, 현재 일어나는 순간을 관찰하는지, 과거 일어난 내용을 확인하는지 등을 기준으로 나누어 생각해볼 수 있다. 관찰은 비공개로 자연스럽게 진행할수록 더 높은 신뢰성을 가진다. 직접적인 개입을 피하고 드러나지 않게 참여자들을 살펴보는 몰래 관찰하기를 통해 최소한의 영향을 주고 관찰 본연의 모습에 가깝게 진행할 수 있다. 하지만 대부분 프로젝트는 비용과 시간 등의 제약이나 조사 운영상의 효율성 등을 고려하며 참여자가 관찰 여부를 알거나 조사 환경을 설정하는 등 인위적 요소가 일정 부분 조사에 포함된다. 관찰하기 활동은 서비스 디자인 씽킹 활동이 객관성을 유지할 수 있게 하는 과정이므로 프로젝트팀이 막연히 스스로를 고객이라고 가정해 진행하는 건 위험하다. 하지만 조사 대상자의 행동과 환경 등을 충분히 공감하기 위해 조사 대상자의 일상에 스며드는 관찰 활동이 필요할 때도 있으며 이를 통해 고정 관념을 깬 새로운 시각을 가지게 될 수 있다.

　진행 순서와 방법은 프로젝트 내용, 목적, 일정 등에 따라 유연하게 변할 수 있다. 예를 들어 '고객 되어보기'는 심층 현장 인터뷰 전에 진행하는 것이 더 효과적일 수 있다. 그리고 섀도잉은 인터뷰와 병행할 수 있다. 이처럼 프로젝트의 목적과 성격 그리고 현장 상황에 따라 최적의 방법을 그때그때 판단해 선정하는 것이 중요하다. 이 책에서 인터뷰와 관찰을 구분 지어 설명하는 것도 현장에서 활동을 나누기 때문은 아니다. 오히려 방법 각각의 특성을 파악해 각자 필요한 상황에 맞춰 적절히 조합하고 응용해야 한다.

고객의 신발로 걸어보기

고객의 신발로 걸어보기Walking in the customer's shoes 또는 고객 되어보기Be the customer로 불리는 고객의 입장이 되어보는 활동은 고객과의 심층 인터뷰가 진행되기 전 이루어지는 사전 활동으로 자주 활용된다. 말 그대로 직접 고객이 되어 제품을 사보거나 서비스를 사용해보는 간단하고 일반적인 활동과 특정 감각을 차단하는 활동 등이 있다. 예를 들어 병원 서비스를 이용하는 시각장애인의 어려움을 확인하고자 눈을 감고(혹은 안대를 하고) 서비스를 경험해 볼 수 있다. 노년층을 대상으로 할 경우 특수 렌즈를 끼고 읽기 어렵게 하거나 이동하는 데 불편함을 주는 장비를 착용하고 서비스 사용 환경을 시뮬레이션하기도 한다. 이러한 활동은 시각 대신 촉각을 강조한 인터페이스와 같은 아이디어로 이어져 문제 해결의 출발점이 되기도 한다.

직접 만나야 할 사용자를 제대로 알아보지도 않은 채 자신을 단순히 고객에 대입시켜 판단하는 것은 분명 위험하다. 하지만 이것이 직접 고객이 되는 활동을 포기해야 한다는 의미는 아니다. 오히려 서비스 디자이너의 입장으로 계속 프로젝트에 몰입하다 보면 어느 순간 고객의 관점을 간과하기 쉬운데 고객 되어보기 활동은 편견을 버리고 생각을 바꾸는 계기가 된다. 디자인 씽킹이 적용된 주요 사례로 자주 등장하는 IDEO의 암트랙Amtrak 프로젝트 역시 직접 고객이 되는 과정에서 프로젝트 진행의 열쇠를 찾은 경우로 알려져 있다.

IDEO는 열차를 이용하는 것뿐만 아니라 아예 프로젝트 공간을 실제 암트랙 열차 한 량에 가깝게 재현시켜 그 안에서 수시로 아이디어를 발산하고 확인하며 더 구체적인 콘셉트를 도출할 수 있었다. 그리고 대상 서비스가 정해져 있고 그 프로세스나 특징 등을 모를 때도 고객 되어보기 활동은 유용하다.

80대 노인의 모습을 한 20대 패트리샤 무어 그녀는 몸이 불편한 노인에 공감하기 위해 1979년부터 1982년까지 시력과 청력 등을 둔하게 하고 직접 노인의 모습이 되어 생활해 양손잡이 가위, 바퀴 달린 가방, 주방용품 옥소의 손잡이 등을 디자인했다. 출처 위키백과

세상의 흐름을 읽는 거리 관찰

거리 관찰 또는 타운 워칭Town watching은 조사가 필요한 사용자들을 만날 수 있는 장소로 나가 그들을 관찰하는 방법이다. 사용자가 있는 거리나 매장 등

을 관찰해 그들의 행동과 특성을 이해하고 사용자들의 라이프 스타일 및 트렌드를 확인하여 사람들의 니즈는 물론 시대의 흐름을 읽을 수 있다. 특히 사람들의 다양한 삶의 요소들이 반영되어 있는 공간에 집중해 사용자들이 보이는 동선과 그에 따른 패턴을 파악하는 일은 분석 단계에서도 중요한 정보가 된다. 관찰을 통해 맥락에 몰입하는 활동이라는 점에서 고객 되어보기와 유사한 관점이 요구된다. 따라서 기존에 지나쳤을 다양한 부분을 찾는 새로운 시각과 흥미로운 점을 놓치지 않으려는 열린 마음이 필요하다. 간단한 인터뷰를 병행할 때도 있으며 예산에 대한 부담이 비교적 적어 기획 단계에서 사용자를 더 정확히 파악하고 싶을 때 활용할 수 있다. 진행 순서는 다음과 같다.

1 조사 목적에 맞는 사람들이 모이고 트렌드 확인에 적합한 장소를 선정한 후 시간과 진행 관찰 기간을 정한다.

2 일정에 따라 정해진 장소를 집중적으로 관찰하는 한편 거리, 매장, 사람 간의 상호작용을 확인하고 흥미로운 내용을 모은다.

3 정해진 기간의 관찰 활동이 종료되면 확인한 내용을 세밀하게 검토해 특징을 찾고 이를 기반으로 트렌드를 분석한다.

거리 관찰을 진행하며 게릴라 형태의 길거리 조사를 함께 고려하는 경우도 있다. 이 방법은 사람들이 생활하는 공간에서 그들을 만나 즉흥적으로 이야기를 나누고 관찰하는 형태다. 관찰자가 조사 대상과 범위에 익숙해지려는 분명한 목적이 있는 만큼 단순한 접촉이 아니라 즉흥적인 고객과의 상호작용을 중요하게 고려해야 한다.

타운 워칭 진행 사례 타운 워칭을 통해 시대의 트렌드, 사람들의 행동과 반응, 환경의 변화 등을 관찰하고 새로운 시각을 가질 수 있다.

그림자처럼 움직이기

문화인류학에서 사용되는 에스노그라피 조사는 특정 조사 대상의 사회나 문화를 이해하기 위해 그들과 함께 머물고 생활한다. 이를 서비스 디자인 씽킹 프로세스에 충실히 반영하는 방법 역시 그들과 밀착해 사람이나 기기를 통해 정보를 확보하는 것이다. 섀도잉, 피어 섀도잉, 쇼핑 따라 하기, 비디오 에스노그라피 등은 모두 이러한 관점에서 사람들의 행동을 관찰하는 방법이다.

● 그림자처럼 밀착해 관찰하기, 섀도잉

섀도잉Shadowing은 에스노그라피 조사를 응용한 말로 그림자처럼 밀착해 조사 대상자를 따라다니며 그들의 행동, 감정, 환경과의 상호작용 등을 확인하는 관찰 방법이다. 얀 칩체이스는 관찰자의 존재가 영향을 미치지 않도록 노력해야 한다는 점에서 '허락받고 하는 스토킹'으로 정의한다. 섀도잉은 별도의 공간에서 고객이 전해주는 말에 의존해 유추하는 것이 아니라 조사에 응한 고객의 일상생활을 쫓아다니며 그들이 익숙한 현장에서 자연스럽게 반응하고 감정을 표현하는 모습을 관찰한다.

섀도잉 진행 사례 섀도잉은 고객의 경험을 관찰하고 이해하기 위해 마치 스토킹처럼 동행하는 방법이다.

섀도잉 관찰자는 조사 참여자가 집을 나서는 순간부터 동행하게 되며 여정에 따른 행동, 생활 모습, 사용 패턴 등을 확인한다. 이때 관찰자는 일반적으로 녹화를 한다. 그들의 생각이나 감정 등을 그때그때 현장감 있게 들을 수 있고 특정 행동의 전후 활동, 소지품이나 주위 환경 등을 확인할 수 있어 참여자는 크게 의식하지 못하는 독특하거나 재미있는 발견점을 찾을 수 있다. 특히 감정적이고 정서적인 표현과 반응을 통해 논리적으로 유추해 설명하기 힘든 내용도 확인할 수 있다. 이러한 특징으로 인해 인터뷰와 섀도잉을 함께 운영할 때 더욱 구체적인 상황과 콘텍스트를 확인할 수 있어 더 깊이 있는 발견점을 확보할 수 있다.

● 지인에 의한 관찰, 피어 섀도잉

지인이 관찰자가 되어 조사하는 섀도잉 방법을 피어 섀도잉Peer shadowing이라고 부른다. 이 방법은 주로 가족이나 친구와 같은 주변 지인이 관찰자로 활동하며 심리적으로 편안한 상태에 놓인 참여자를 관찰할 수 있다. 그뿐만 아니라 관찰자와 참여자 간의 자연스러운 상호작용과 행동은 물론 개인적인 부분도 자연스럽게 확인된다. 다만 전문적인 관찰자가 아닌 만큼 그 역할을 맡는 사람에게 조사 활동에 대해 충분히 설명을 해야 하며 진행 후에도 내용 확인과 이해를 위해 가급적이면 추가 인터뷰를 진행하는 것이 좋다.

● 구매 과정의 동행 체험, 쇼핑 따라 하기

쇼핑 따라 하기Shop along는 고객과 동행하면서 쇼핑하는 과정을 관찰하며 고객의 니즈를 파악하는 방법이다. 섀도잉의 하나로 구분하기도 하며 함께 쇼핑한다는 점에서 동행 쇼핑Accompanied shopping이라 부르기도 한다. 고객과 함께 특정 제품을 구매하는 과정을 체험하며 쇼핑 동기, 행동, 니즈는 물론 이 과정에서 고객이 어떤 정보를 왜 필요로 하고 어떤 경로로 이를 구하는지 등의 내용을 심층 파악한다. 대부분 비즈니스에서 고객의 구매 과정은 반드시 이해하고 살펴봐야 하는 중요 부분이므로 적극적으로 고려해보자. 최근에는 온라인과 오프라인 쇼핑 활동 모두를 의미하는 경우도 많다.

● 사람이 아닌 카메라의 관찰, 비디오 에스노그라피

비디오 에스노그라피Video ethnography는 참여자의 이야기를 듣는 대신 고정된 카메라를 통해 그들의 행태를 촬영해 관찰하는 방법이다. 녹화 장비라는 도구를 활용하므로 관찰자는 실시간 현장과 어느 정도 거리를 두게 된다. 집이나 매장 등의 다양한 환경을 관찰해야 한다면 여러 대의 카메라를 설치해 촬영할 수 있다. 고정된 카메라가 관찰자와 사용 환경을 지속적으로 기록하게 되므로 서비스를 이용할 때 이루어지는 여러 가지 행동을 확인할 수 있다.

관찰이 익숙하지 않은 프로젝트팀으로서는 설치에 대한 허락만 받을 수 있다면 괜찮은 방법이 될 수 있다. 반복해서 여러 사람이 확인할 수 있고 현장에서 실시간 진행되었다면 놓쳤을 부분을 찾아내거나 의도치 않은 행동을 확인할 수 있다. 다만 별도의 진행 없이 참여자의 모습 그대로가 여과 없이 기록되므로 촬영 내용을 확인하고 특이점을 발견하려면 녹화 시간에 비례한 확인 시간과 집중력이 요구된다.

7.4 상황에 따라 고려해볼 만한 방법

앞서 살펴본 관찰하기 단계의 방법은 어느 한 가지만을 사용해야 한다기보다는 필요에 따라 여러 형태로 조합해 응용할 수 있다. 물론 이 외에도 상황에 따라 고려해볼 만한 다른 방법이 있다. 특히 모든 참여자가 이야기하는 데 부담이 없거나 유창하게 표현할 수 있는 것은 아니다. 오히려 그 반대다. 효과적인 프로세스를 진행하려면 이러한 부분을 보완할 방법이 필요하다. 고객의 이야기를 효과적으로 끌어내고 고객들의 생각이나 감정을 이해하는 데 도움을 줄 수 있는 방법을 더 살펴보자. 물론 관찰하기의 다른 활동과 상호 보완하며 진행할 때 더 유용하다.

카드 활용

조사 참여자들이 인터뷰 진행자가 던지는 질문과 아이템에 대해 고민했던 부분이 있다 하더라도 쉽게 이름을 떠올리지 못하거나 상호 관계를 굳이 표현하지 않을 수 있다. 이런 경우 카드를 이용하여 효과적으로 접근해볼 수 있다. 카드 활용은 진행 전 어떤 기준으로 카드를 작성할지 정해야 하고 또 현장에서 이를 진행할 시간적 여유가 얼마나 되는지 먼저 판단해야 한다.

그림과 언어 등을 활용해 감정을 기록한 카드를 활용하는 형태는 대상자의 감정을 확인하고 공감하려는 다양한 활동에서 응용된다. 물론 심리 검사나 상담을 진행하는 것이 아니므로 서비스 디자인 씽킹 프로세스에서 사용되는 카드는 감정뿐 아니라 장소, 행동, 제품 등 다양한 내용을 다룬다. 카드는 그림과 의미가 함께 표시되어 있거나 간단한 단어만 기록된 경우 등의 형태를 가진다. 참여자가 표현에 도움을 얻고 조사 활동에 흥미를 느낄 수 있으며 라포 형성 과정의 도구나 인터뷰 중 자극제로 적절히 사용할 수 있다.

그림 카드와 단어 카드 사례 다양한 의성어나 의태어가 그림과 함께 표현된 카드(좌)나 가치를 담은 단어 카드(우)를 활용해 참여자가 생각하는 감정이나 가치를 보다 자연스럽게 확인할 수 있다. 출처 쿠퍼실리테이션(www.koofacilitation.kr) 그림톡 카드와 큐 카드

진행 방법은 먼저, 주제를 소개한 후 참여자에게 본인의 생각과 일치하거나 유사한 카드를 선택하게 한 다음 그 내용을 소개하도록 한다. 언뜻 생각하기엔 굳이 카드를 사용하지 않아도 감정이나 행동을 표현하는 데 별로 어렵지 않거나 비슷할 거라 생각할 수 있지만 막상 참여자와 이야기를 시작하는 순간 그렇지 않다는 것을 깨달을 수 있다. 예를 들어 참여자가 언급한 '빠르다'는 표현은 좋은 표현일까? 나쁜 표현일까? 쇼핑몰의 배송이 빠르다면 주로 좋은 경험을 의미하겠지만, 고급 레스토랑에서 여유 있게 먹고 싶은데 기다리는 손님 때문에 다들 빨리 먹는 분위기라면 오히려 나쁜 경험일 것이다. 특히 일반적으로 표현되는 감정은 전체를 종합적으로 평가하는 경우가 많으며 좋다, 싫다, 즐겁다, 짜증 난다 등 아주 단편적이고 제한적인 표현에 그치기 쉽다. 진행 과정에 부담을 느끼거나 시간 제약이 있을 경우 더욱 제한적이게 된다.

하지만 우리는 더 세분화된 여정과 맥락을 기준으로 참여자의 실제 감정에 더 근접하기를 원한다. 이 내용은 전체 관찰 활동과 함께 분석되어 고객 여정 지도의 경험에 기반한 감정선을 고민할 때 고려되므로 분석 활동을 위한 사전 확인의 의미도 갖는다.

카드 소팅Card sorting은 웹 서비스의 콘텐츠를 구성할 때 정보를 체계적으로 정리하거나 분류 체계를 평가하는 용도로 자주 활용된다. 물론 서비스 디자인에서도 유사한 정리와 분류의 목적으로 활용할 때가 있다. 대부분 약식에 가깝지만 이미 존재하는 서비스가 고객의 입장에서 전체 산업 내 어디에 분류될 수 있을지 그리고 관련 서비스들은 어떻게 그룹 지을 수 있는지 확인하는 목적으로 활용한다. 예를 들어 음식에 대해 이야기를 할 때, 다양한 음식을 분류하게 하면 참여자가 분류한 그룹에 대한 구조를 확인할 수 있을 뿐 아니라 비교적 덜 중요하거나 분류 자체가 어려운 부분을 파악할 수 있다. 다만 이때도 조사 참여자의 생각을 정리하고 의견을 끄집어낼 용도로 이용하는 것이 적합하다.

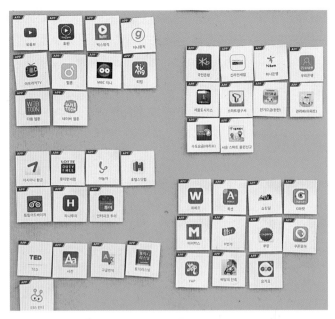

카드 활용 관찰 사례   고객이 다양한 앱 서비스를 어떻게 생각하는지 확인하기 위해 여러 종류의 앱 카드를 주고 이들을 분류하게 해본 사례다.

카드를 활용하면 진행자가 미처 생각하지 못한 아이템을 조사 참여자가 거꾸로 물어보거나 제안하는 경우가 흔하게 발생한다. 그러한 경우를 대비해 아무것도 적지 않은 여분의 카드를 준비하자. 그리고 카드 활동 결과는 관찰 과정의 일부인 경우가 많으며 결국 확인한 내용이 의미를 가지려면 데이터가 모이고 다른 관찰 활동과 연결되어 적절히 해석되어야 한다. 이는 조사 참여자가 아닌 프로젝트팀의 몫이라는 걸 기억하자.

콜라주

콜라주 기법은 다이어리 연구나 사진 연구 등과 함께 사진 이미지를 활용하는 또 다른 조사 방법이다. 콜라주 기법은 어릴 때 한 번쯤 미술 시간을 통해 접한 과정이므로 참여자가 활동을 이해하고 진행하기 쉽다. 서비스 디자인 씽킹 프로세스가 미술 작품을 만드는 것은 아니므로 충분한 수의 사진을 미리 준비하고 주제를 주면 참여자 대부분이 특별한 어려움 없이 빠르게 과제를 수행한다. 참여자들은 콜라주를 만든 뒤 작업한 내용을 공유하며 설명하고 공감하는 과정을 가진다.

콜라주 작성 사례　미술 작업이 아니므로 콜라주 작업 후 참여자의 의도와 생각을 뽑아내는 데 집중해야 한다. '극장에 대한 느낌'이라는 주제에 대해 작성자는 침대 이미지로 '편안함'을, 카페 이미지로 '여러 가지 선택권이 있는 일상적인 방문 장소'를 표현해 막연히 이야기하기 어려운 자신의 생각을 설명했다.

　　콜라주로 도출한 결과물은 시각적으로 구성되어 말만으로는 표현하기 어려운 내용을 설득력 있게 전달한다. 참여자가 설령 이야기를 조리 있게 하지 못 하더라도 자신의 생각과 감정이 반영된 이미지를 통해 직관적으로 구성하고 보여줄 수 있어 설명하는 데 도움이 된다. 관찰자 역시 이야기뿐만 아니라 이미지를 통해 좀 더 명확하게 참여자의 의도를 확인하게 되며, 이후 해석 과정을 거치면서 숨겨졌던 내용을 끄집어낼 수 있다. 콜라주는 특정 서비스를 조사할 때는 물론, 서비스 콘셉트를 새롭게 제안할 때 경쟁 서비스가 시장에 있다면 참여자에게 각각의 이미지를 콜라주로 표현하게 해 언어로 확인하기 힘든 서비스 간의 차이를 살펴볼 수 있어 효과적이다.

7.5 분석하기 단계로 넘어가기 전 확인할 부분

관찰하기 단계를 충실히 수행하고 나면 인사이트를 찾았다는 생각이 들 수도 있다. 물론 주제나 역량에 따라 조사 활동에서 바로 인사이트가 도출될 때도 있다. 하지만 대부분은 관찰하기 단계의 다양한 활동과 발견점을 토대로 해석하고 분석하는 활동이 더해져야만 한다. 관찰하기는 정성스럽게 준비한 요리 재료에 가깝다. 재료가 맛있는 음식이 되려면 요리사의 노하우와 조리법이 필요한 것처럼 프로젝트팀의 치열한 고민이 담긴 분석하기 과정을 거쳐야 인상적인 해결책을 만들 수 있다. 따라서 관찰하기 단계는 분석하기 단계를 원활하게 진행할 수 있도록 관찰 단계에서 이루어진 여러 활동을 충실히 정리해야 한다. 따라서 이때부터 분석 단계에 대한 고민과 노력이 필요하다. 분석하기 단계로 넘어가기 전, 관찰 내용의 정리와 해석을 포함해 추가로 짚어봐야 할 내용을 확인해보자.

정리하고 공유하기

관찰하기 단계는 활동 진행만큼이나 정리와 공유도 중요하다. 관찰 활동에서는 현장 작성 노트, 관찰 사진, 인터뷰 녹음, 영상 녹화, 참여자 과제 등이 수집된다. 관찰 활동 중에는 다양한 접근이 흥미롭게만 느껴질 때가 많다. 하지만 아무리 인터뷰를 여러 번 진행하고 현장 관찰에 많은 시간을 쏟았더라도 활동 자체에 의미를 둔다면 현상을 확인하는 데 그치고 만다. 관찰 내용을 분석의 재료로 바라보는 순간 제대로 해석하기 위한 많은 고민이 필요하다는 것을 느끼게 될 것이다.

기본적으로 작성하는 현장 노트에는 고객의 언어로 대부분의 일이 생생하게 기록되므로 양이 적지 않다. 따라서 인터뷰 즉시 정리하는 것이 좋다. 몇 시간 단위의 인터뷰라면 그나마 기록한 양이 많지 않다고 느껴질 수 있다. 이때를 놓치지 말자. 특히 관찰 내용은 글과 함께 촬영한 사진이나 추가 자료 등을 포함하는데, 사진은 가급적 그때그때 인쇄하지 않으면 활용하기 어려워진다. 원칙은 비교적 간단하다. 가급적 활동 후 현장의 살아 있는 기억이 사라지기 전에 곧바로 관찰 내용을 정리하자.

노트 내용 정리보다 까다로운 부분이 녹음(녹화)한 내용 정리다. 녹음은 현장에서 놓친 부분을 확인하거나 현장에 없었던 팀원의 이해를 돕는다. 보고 자료인 경우 현장감을 전달하는 자료로 활용된다. 하지만 편집 작업이 진행되지 않았다면 실제 관찰 시간과 비슷한 분량의 데이터가 기록되며 별도의 편집 시간은 추가 자원이 필요하다는 의미와 같다. 결국 이러한 자료 정리에 대한 활동과 시간이 충분히 반영되지 않으면 분석하기 단계에서 자료를 활용할 수 없거나 예상치 못한 일정 지연으로 당황하게 된다. 따라서 다양한 방법이 관찰하기 단계에 적용되었다면 반드시 인터뷰 및 관찰 내용을 분석하고 해석하는 데 필요한 그만큼의 인력과 시간을 고려해야 한다.

관찰하기 단계에서의 정리가 자료 폴더를 만들고 라벨을 붙여 구분 짓는 것만을 의미하는 것은 아니다. 다양한 활동을 통해 확보한 내용을 다음 단계에서 활용할 수 있는 정보 형태로 가공해야 한다. 정리하기는 반드시 공유와 함께 이루어져야 한다. 서비스 디자인 프로세스는 혼자 하는 활동이 아니라는 것을 다시 한번 기억하자. 현장에서의 활동이 마무리되면 가급적 활동 직후 각자 기록한 내용을 팀과 함께 공유하고 의견을 나누자.

A 활동(Activities)
사람들은 어떤 행동을 하며
목적과 과정은 어떤가요?

E 환경(Environments)
활동이 일어나는 시간·공간적
환경과 분위기는 어떤가요?

I 상호작용(Interactions)
사람 간 또는 사람과 환경
사이에 어떤 상호작용이 있나요?

O 사물(Objects)
어떤 사물과 도구를 사용하며
활동에 어떤 영향을 주나요?

U 사용자(Users)
관찰 환경 내 누가 있고, 역할,
관계, 행동 등은 어떤가요?

관찰 내용 정리를 위한 AEIOU 시트 활동, 환경, 상호작용, 사물, 사용자 등의 다섯 요소를 통해 현장 관찰에서 수집의 틀로 사용하거나, 관찰 조사 데이터를 분류하고 정리할 때 이용한다. 관찰하기 단계에서 콘텍스트를 파악하고 관찰 데이터를 해석하기 위한 도구로 활용해 다양한 인사이트를 도출하는 데 적용할 수 있다.

　'같은 대상에 대한 이야기이므로 모두 비슷한 내용을 언급하지 않을까?' 라고 생각할 수 있지만 팀 구성원 각자의 전문성에 따라 다른 시각으로 관찰하고 공유하게 될 것이다. 따라서 서비스 디자인 씽킹 프로세스를 진행하는 팀원의 다양성과 전문성이 중요하다. 특히 서로 다른 관점의 내용을 함께 나누고 토론하는 과정에서 생각하지 못한 발견점을 찾을 수 있다. 이 내용은 색깔이 다른 포스트잇이나 펜을 사용해 구분 지어 두면 분석하기 단계에서 반영해 현장감을 지속적으로 끌어올리는 데 도움이 된다. 그리고 노트에 사용하는 포스트잇을 아끼지 말자. 한 장에 하나의 내용만을 담아야 분석하기 단계가 용이해진다. 공유 활동이 마무리되면 프로젝트 활동에서 필요할 때 눈으로 바로 확인할 수 있도록 작성된 노트와 촬영 사진 등을 프로젝트 공간 벽면에 붙여 두자.

관찰하기에서 마주칠 어려움

관찰 내용의 정리와 공유 외에 또 어떤 부분을 확인해야 할까? 먼저 진행자의 관점에 따라 발생할 수 있는 객관성 문제가 있다. 사람들의 말과 행동을 정확하게 파악하고 또 이를 데이터화시키는 일은 쉽지 않다. 에스노그라피 역시 완전한 객관성을 추구하지만 완전한 객관성을 띠는 것은 현실적으로 어렵다. 따라서 진행자가 만드는 더 큰 왜곡을 피하려면 프로젝트 팀원 각자의 관점과 선호를 충분히 확인하고 이해하는 선행 노력이 필요하다.

그리고 진행 역량에 결과가 좌우됨을 잊지 말자. 어떻게 진행했느냐에 따라 관찰 내용이나 인사이트에 진행자의 주관이 포함될 수 있다. 물론 진행자의 자세나 역량과 상관없이 조사 참여자가 모든 행동을 보여주지 않아서 끄집어내지 못한 부분도 생긴다.

자원에 제약이 클수록 인터뷰를 꼭 대면으로 해야 할까 고민하게 될 수 있다. 그래서 고객 개발 프로세스에서는 전화 통화나 비언어적 행동을 확인할 수 있는 화상 회의를 추천하기도 한다. 물론 이러한 방법을 부정하는 것은 아니지만 한 번에 한 사람과 진행되는 대면 대화가 가장 좋은 방법이라는 점은 여전히 변함이 없다. 따라서 전화 통화는 최후의 수단이며 이메일이나 채팅은 절대로 고려하지 않기를 바란다.

특히 고객 개발 관점으로 인터뷰를 고려한다면 참여자를 직접 찾아야 한다. 누가 우리를 만나줄까 걱정될 것이다. 사람과의 만남이 익숙하지 않거나 처음 진행하는 경우 두렵기도 할 것이다. 하지만 사람들이 먼저 나서서 인터뷰를 하겠다고 말하지는 않겠지만 전문가의 자세로 공손하게 접근한다면 생각보다 어렵지 않게 인터뷰 대상자를 구할 수 있다는 것을 믿어라. 사람들은 기본적으로 누군가를 돕고 싶은 선의를 가지고 있고, 또 한편으로는 자신이 중요한 사람이라고 생각되기를 원하므로 조언하고 싶어 한다. 직접 관계가 있는 지인을 대상으로 인터뷰하는 것은 피해야겠지만 그들을 통해 추천을 받을 수는 있다. 그들에게 부탁해보자. 그리고 온라인 커뮤니티 활동은 물론 관심 영역의 오프라인 행사가 있는 곳을 찾아가자. 만약 레고에 관심이 많은 어른을 찾는다고 해보자. 책상에 앉아서 찾기는 쉽지 않지만 레고 스토어를 방문하면 생각보다 쉽게 만날 수 있다. 그곳에서 그렇게 만난 누군가는 적절한 인터뷰 대상자가 되어줄 것이다. 물론 일반적인 서비스 디자인 씽킹 프로세스라면 사람을 찾아주는 것은 리크루팅 회사의 몫이므로 프로젝트팀은 관찰해야 하는 대상자의 기준을 적절하게 선정하는 데 노력을 기울이자.

관찰하기 단계에서 찾은 내용이 분석하기 단계의 좋은 재료가 되려면 다음과 같은 사항을 유념해야 한다. 우선 문제에 대한 대안을 발견해 해결하고 있는지 살펴보자. 그리고 문제를 해결하기 위해 원래 제품이나 서비스의 목적과 다른 형태로 활용하는지 확인하자. 마지막으로 우리 서비스나 제품을 아예 사용하고 있지 않거나 관심이 없는지도 살펴보자. 어떤 이유에서 우리 서비스나 제품을 고려하지 않게 되었는지 확인해야 한다. 이렇게 다양한 측면으로 문제에 접근하면 미처 생각하지 못한 새로운 기회 영역의 실마리가 생길 것이다. 에스노그라피적 접근을 수용해 다양한 활동을 전개하는 관찰하기 단계는 서비스 디자인 씽킹이 원하는 실용적 목적과 접근을 기반으로 하며 결국 발견하고 탐구한 내용을 분석하기 단계로 제대로 연결해야 한다.

◆◆◆

프로세스의 두 번째 단계 '관찰하기'는 현장에 나가 사람을 만나고 관찰하며 그들의 행동과 숨겨진 니즈를 이해하고 공감하는 과정이다. 관찰하기 단계의 현장 조사는 인터뷰 활동과 관찰 활동으로 크게 구성되며 각 활동은 프로젝트 목적과 상황에 맞는 다양한 접근 방법을 고려해 실행한다. 심층현장인터뷰, 포커스그룹조사, 고객되어보기, 거리관찰, 카드활용 등은 단독으로 진행되기도 하지만 상호 보완해 함께 운영하면 더욱 효과적인 관찰 활동이 가능해 깊이 있는 발견을 이끌어낼 수 있다. 그리고 현상 자체를 확인하는 것에 그치지 말고 '왜'라는 관점으로 접근해 인사이트를 확보해야 한다. 그리고 관찰 조사 활동에서 얻은 다양한 정보는 프로젝트팀이 함께 정리하고 공유해야 '분석하기' 단계에서 원활하게 활용하고 연결할 수 있다.

놀 프로젝트팀은 세컨더리 리서치 과정을 마친 후 현장 중심의 조사 계획을 세웠다. 조사 활동 방법과 진행 내용은 주어진 프로젝트의 상황에 따라 다르다. 놀 프로젝트팀은 학생들로 구성되어 일정, 인원, 예산 등의 자원 활용 범위가 제한적이었다. 배움이라는 측면에서 가급적 다양한 경험을 하려는 학습 차원의 목표가 있었고, 단순히 학생 모임이 아닌 일반 단체나 기업의 입장에서 프로세스나 사례 등을 살피고 운영하고자 했다. 팀에 주어진 목표와 환경 등을 고려해 어떤 현장 조사 활동이 필요할지 여러 차례 논의가 이어졌고 이 과정에서 사전 준비를 통해 효율성을 높이고 실행에서는 실제 현장 상황을 고려해 유연하게 대처하기로 했다.

현장 조사 계획은 '인터뷰 조사'와 '현장 중심의 관찰 조사'로 구성했으며 프로젝트에서 알아야 할 내용을 중심으로 조사 가이드라인을 준비했다. 우선 팀원들이 작년 활동을 다시 살펴본 후 서대문구 지역의 놀이터로 나가 현장 관찰 조사를 실시하기로 했다. 그리고 현장 조사 내용을 중심으로 세컨더리 리서치 등에서 확인한 자료를 고려해 프로토 퍼소나를 작성한 뒤 이를 기준으로 심층 인터뷰 대상자를 온라인 커뮤니티와 지인을 통해 모집하여 진행하기로 계획했다.

놀이터를 방문해 어떤 환경을 갖추고 그 안에서 어떤 활동을 하고 또 어떻게 상호 관계를 맺어가는지 놀이터 안의 사람들과 주변 환경을 주의 깊게 살펴보니, 언뜻 아이들의 놀이 공간으로만 활용될 거라고 생각했던 놀이터가 다양한 요소에 의해 제약이 생기거나 본래 의도와 다르게 이용된다는 부분을 확인할 수 있었다. 현장 관찰 조사는 신촌 부근에 위치한 놀이터 두 곳을 중심으로 진행되었다. 우선 첫 번째 놀이터는 초등학교 바로 앞에 있어 초등학교 저학년이 자주 방문하여 노는 공간으로 예상했다. 또 주변에는 학원가와 외국인 학교 등도 있어 다양한 학생들이 이용할 것으로 생각했다. 하지만 현장 관찰을 해보니 예상과 달리 대부분 학생은 잠시 들르거나 짧은 시간 돌아보다 떠나는 경우가 많았다. 놀이터를 중심으로 인근 지역을 관찰한 결과 이 놀이터가 놀이 공간으로 역할을 하지 못한 이유가 있었다. 우선 보호자가 아닌 어른들의 출입이 잦았다. 학교 부근에 형성된 학원가의 버스 기사분들이 놀이터 주위를 주차장으로 사용하거나 벤치를 휴식 공간으로 사용했다. 담배꽁초나 쓰레기 등을 아무렇게나 버리기도 했다. 어른의 모습이 자주 보이고 환경 정리도 제대로 안 되다 보니 생긴 현상으로 보였다. 상황이 이러다 보니 부모 역시 이 공간을 꺼렸다.

관찰 조사 활동을 실시한 두 번째 놀이터는 첫 번째 놀이터로부터 도보 5분 거리에 있다. 두 놀이터의 위치는 가까웠지만 두 번째 놀이터는 어린이집이나 유치원을 다니는 어린아이들의 놀이 공간으로 잘 이용되고 있었다. 두 번째 놀이터는 대형 슈퍼마켓이나 카페 등이 위치하고 있어 아이가 어린이집이나 유치원을 하교하면 부모는 자신의 동선에서 자연스럽게 이 놀이터를 함께 방문해 아이들을 놀게 했다. 그뿐만 아니라 아이와 부모 외 다른 인원들의 출입이 적고 놀이터 주변 환경 정리가 잘되어 있을 뿐 아니라 공간 내 벤치가 많아 부모가 휴식 공간으로 활용하기 적합했다.

관찰 조사 활동에서 팀원 각자가 확인한 내용을 프로젝트 공간 한쪽 벽면에 붙여 누구나 쉽게 보고 함께 이야기할 수 있게 했다. 이 과정에서 조사 전 가졌던 생각과 실제 현장의 상황 간에 차이가 있음을 확인했고 전혀 예상하지 못한 다양한 발견점을 찾을 수 있었다.

놀 프로젝트의 현장 관찰 조사 사례 두 군데 놀이터를 중심으로 관찰 조사 활동을 실시했다. 어른들이 차지한 첫 번째 놀이터(좌), 아이들과 부모 중심의 두 번째 놀이터 모습(우)

지금까지의 활동을 중심으로 프로토 퍼소나를 만든 후 이를 고려해 인터뷰 대상자 조건을 정했다. 그리고 프로젝트팀은 고객 개발에서 언급하는 방법을 반영해 직접 인터뷰 대상자를 확보하기 위한 활동을 진행했다. 프로젝트팀은 인터뷰 대상자를 전문으로 모집하는 기업도 아니고 인터뷰 사례 등을 고려하지 않으므로 참여자를 모집하는 데 어려움이 예상되어 계획보다 시간을 더 할애해 진행하기로 했다. 서대문구 학부모들이 정보를 교류하는 온라인 공간을 찾아서 이곳에서 활동하는 학부모 중 놀 프로젝트의 인터뷰에 적합한 인원을 확인했다. 아울러 작년 프로젝트 참여자를 통해 인터뷰 대상자를 섭외하기도 했다.

섭외에는 2주 정도 소요되었고 최종 인터뷰를 수락한 참여자와 함께 놀이터를 방문해 관찰 조사 활동을 진행한 후 심층 인터뷰를 실시했다. 섭외 연락 전까지 전혀 연락한 적도 없는 낯선 사람과의 조사 과정이라는 점에서 걱정이 많았지만, 막상 시작된 첫 인터뷰부터 참여자는 사회 변화를 위한 자발적 활동이라는 점에 호의적이었고 적극적으로 참여했다. 팀은 과거의 경험을 확인하고 행동에 대한 소개가 아닌 이유를 파악해 성급한 결론에 도달하지 않기 위해 노력했다. 그리고 인터뷰를 통해 확보한 내용 역시 종료 후 바로 정리하고 팀과 공유했다.

프로젝트팀은 인터뷰와 현장 관찰 조사를 통해 사용자의 다양한 측면을 이해하고 분석하기 단계로 넘어갈 수 있는 아래와 같은 정보를 확보할 수 있었다.

- 아이들은 놀이하는 동안 규칙을 바꾸며 새로운 놀이로 만들고 있었다.

- 단순히 재미있기만 한 것이 아니라 극복해야 하는 요소가 있을 때 더 흥미를 느꼈다.

- 부모는 단순한 놀이 기구의 이용이 아니라 상상력을 자극하거나 배움이 있는 놀이가 가진 순기능을 원하는 경우가 많았다.

08

분석하기

발견점 해석하기

애니메이션 '명탐정 코난'은 초등학생의 몸이 된 에도가와 코난의 추리 이야기이다. 코난은 사건의 실마리를 찾고자 연루자의 행적을 따라가며 관련된 사람을 만나고 장소를 관찰한다. 발생한 문제를 둘러싼 맥락을 조사하고 우연히 접한 이야기나 그냥 지나칠 법한 현장 요소에서 문제 해결의 실마리를 찾는다. 결국 이를 재구성한 새로운 접근으로 사건의 해결책을 제시한다.

마치 탐정과 같은 접근이 필요한 분석하기 단계의 활동 '명탐정 코난'에서 주인공은 에피소드마다 사건의 연루자가 겪게 된 과정을 따라가며 여기서의 발견점을 분석해 흔히 예상하기 어려운 부분에서 문제 해결의 실마리를 찾아낸다.

기프 콘서터블Giff Constable 은 《Talking to humans》에서 '가정을 확인하고 근거를 찾아 더 나은 결정을 할 수 있는 패턴을 찾아야 한다'고 강조하며 다음과 같이 설명했다.

"여러분은 수사관이다."

'분석하기' 단계는 제대로 된 서비스를 구축하기 위해 관찰하기 과정까지 확인한 내용을 어떻게 해석하고 어디에 집중해야 하는지를 제시한다. 영화 속 명탐정처럼 분석 활동에서 고객의 여정 전반을 면밀하게 바라보며 현실과 유추의 균형을 잡아야 한다. 표면에 드러나 쉽게 발견되는 내용에만 관심을 기울여서는 안 된다. 잘 드러나지 않거나 숨겨져 있어 주의를 기울이지 않으면 지나치기 쉬운 부분을 세심하게 확인해, 고객의 전체 여정에서 끄집어내고 분석해야 한다. 대부분 이 과정에서 정말 필요한 문제 해결의 실마리를 찾게 된다. 관찰하기 단계를 충실히 진행했다고 해서 여기서 얻는 내용을 비판 없이 그대로 받아들여서는 안 된다. 오히려 다양한 방법, 복수의 대상자, 다수의 조사자 및 관찰자 등 다각화된 접근을 통해 여러 유형의 검증 자료를 이중, 삼중으로 확인해 조사의 타당성을 확인해야 한다. 그래서 분석하기 단계는 정교한 분석과 해석을 위해 전체 프로세스 중 꽤 많은 일정을 소요한다. 더 좋은 해결 방안을 얻으려면 몰입과 고민의 시간이 필요하다.

8.1 핵심 인사이트 찾아내기

사람의 마음을 이해한다는 건 쉽지 않다. 잘 알고 있다고 흔히 생각하는 가족이나 가까운 친구와의 대화에서도 "그게 그런 의미였어?"라고 되묻는 경우가 흔하다. 하물며 상대적으로 짧은 관찰 활동 시간 동안 만난 사람은 더욱 그럴 것이다. 관찰하기 과정에서 찾은 실마리를 제대로 이해하려면 마음을 해석할 수 있어야만 한다.

하지만 그동안 현장에서 사람들을 관찰한 경험이 없다면 고객을 만나서 관찰한 것만으로 많은 부분이 해결될 것이라 느낄 수 있다. 특히 자신의 서비스에 갇혀 사업이 직면한 위험을 애써 무시해온 경우 더욱 그렇다. 물론 관찰 활동에서 기존에 고려하지 않았던 새로운 문제 해결 아이디어나 꼭 필요한 인사이트를 찾았을 수도 있다. 그렇지만 관찰하기 단계까지 진행해서 얻는 대부분은 실마리의 확인 수준일 때가 많다. 문제를 해결하려면 다양한 발견점 중 의미 있는 내용을 끄집어내야 한다. 이 부분은 관찰하기에서 진행된 정리와 공유하기 활동에서 일부 도출되지만, 분석의 각 단계를 충실히 진행하려면 핵심 도출 내용을 한 번 더 검토하고 미처 정리하지 못한 주요 발견점과 시사점을 추가할 필요가 있다.

주요 발견점을 정리하며 흔히 고객이 지금 사용하는 제품이나 서비스에 대한 불만을 말해줄 것이라 생각하는데 이 생각은 오해다. 물론 그런 사람도 있지만 대다수는 아니다. 자신에게 필요한 것이 무엇인지 정확히 꼬집어 말하기 쉽지 않고 서비스가 제공되는 프로세스나 원리를 알고 있지도 않다. 게다가 논리적인 판단뿐 아니라 감성 요소와 같은 다양한 관점을 고려해야 한다.

서비스 디자인 씽킹 프로세스를 진행하는 이유는 단순한 조사 내용의 나열이나 통계 정보의 확보가 아니다. 그들이 표현하지 못했거나 정확히 이야기해주지 않는 숨은 내용을 끄집어낼 때 비로소 문제 해결의 실마리를 얻을 수 있다. 지금부터 사람들을 충실히 이해하고 제대로 분석하기 위해 짚어야할 내용을 확인하자.

단서를 찾아라

관찰하기 단계에서는 관찰 활동을 마칠 때마다 발견한 내용을 정리하고 공유했다. 지금부터는 프로젝트팀이 과연 어떤 문제와 기회를 얻고자 관찰 활동을 진행했는지 관찰 정보 전반을 확인하고 정리하자. 그리고 이 과정에서 조사 활동 간 연결 고리를 찾거나 재해석할 필요가 있는 부분이 보인다면 주요 발견점과 시사점으로 반드시 정리하자.

분석 활동을 위해 관찰 정보를 정리하는 출발은 기록한 노트와 사진 등의 자료를 다시 살펴보는 것이다. 인터뷰, 관찰, 고객 되어보기 등에서 확인한 내용을 펼쳐보자. 기억에 남는 이야기나 활동에 유사하거나 상반된 부분은 없는지 주의 깊게 살펴보며 사람들의 행동을 유발한 동기Motive는 무엇이고 이때의 콘텍스트는 무엇인지 확인하자. 관찰 활동에서 만난 어느 한 사람의 의견에 집착해서는 안 되며 사람들이 반복해 언급한 말이나 행동의 이유를 깊이 고민해봐야 한다. 특히 놀라움이나 화남 등 폭발적 에너지가 담긴 감정의 표현을 놓치지 말자. 인터뷰 속 진짜 의미를 찾는 노력과 동시에, 관찰에서 확인한 내용과 주변 환경 요소가 어떻게 상호작용했는지 파악하자.

그리고 분석 활동에서 이해관계자에 의한 요소를 고려하고 그로부터 만들어진 콘텍스트나 동기를 놓쳐서는 안 된다. 탐정 영화를 보면 사건 행동의 실마리가 예상하지 못한 주변 사람들과의 관계와 경험에서 나오는데, 현실에서도 마찬가지다. 즉, 서비스는 고객 및 사용자와의 관계뿐 아니라 제공자를 포함한 이해관계자가 주는 영향이 없는지 주의 깊게 살펴봐야 한다.

인터뷰와 관찰 내용 외에도 지금까지 다각도로 확인했던 세컨더리 리서치, 전문가 인터뷰, 통계 데이터 등의 내용 중 관찰 내용을 뒷받침하고 숨은 단서를 찾을 수 있는 부분이 있다면 함께 정리하자. 이해하기 단계에서 추후 검토해야겠다고 생각했더라도 관찰하기 단계를 거치며 놓치게 되는 경우가 있으므로 필요한 부분은 다시 한번 확인하자.

발견한 내용이나 생각은 항상 포스트잇에 정리해 프로젝트 공간 벽면이나 큰 칠판에 붙여두자. 활동 당시에는 모든 내용이 이해되는 듯 느껴지지만 분석 활동을 하며 시간이 흐르면 제대로 떠오르지 않는 부분이 생길 수 있다. 따라서 가급적 완성된 문장으로 작성하고 가능하다면 간단한 그림으로 표현하자. 그러면 기억을 도울 뿐 아니라 내용을 한눈에 파악하는 데 도움이 될 것이다. 이 내용들은 관찰하기 단계에서 작성한 내용과 함께 분석 활동의 주요 자료가 되어 반복 그룹핑하게 된다는 점을 미리 고려해두는 것이 좋다.

이렇게 정리된 내용은 반드시 팀이 함께 공유해 모두가 알고 있는 정보와 자원이 되어야 한다. 서비스 디자인 씽킹에서 정리와 공유는 함께 고려되고 진행되어야 하는 활동이다. 사람들의 이야기를 경청하며 인상 깊거나 흥미로운 내용은 놓치지 말고 기록해 다른 발견 내용들과 함께 붙여두자. 특히 프로젝트 공간을 충분히 활용해 정리 내용이 쉽게 공유되도록 해야 한다. 프로젝트 공간은 눈에 드러내는 시각화Visualization의 출발점으로 프로세스 진행 과정은 물론 관찰 및 분석 활동과 이어질 각 단계의 내용을 한눈에 쉽게 보이게 하는 팀 공통의 영역이다.

공간을 활용한 시각화와 공유 기반의 분석 활동　사람들의 동기와 행동을 이해하고 공감대를 형성해 인사이트를 찾는 활동은 개인이 아닌 팀이 함께 논의하고 고민해야 한다.

　　이렇게 정리한 조사 내용에서 주요 발견점을 찾고 분석해 그룹으로 분류하여 패턴을 찾는다. 관찰 내용을 반영하고, 답변을 재구성하고, 콘텍스트와 동기를 확인하고, 인터뷰 참여자에 따라 생길 수 있는 편견을 걸러내는 과정에서 가장 중요한 것은 결국 프로젝트팀의 판단이다. 가능성과 낙관주의에 기대어 프로젝트팀의 판단 능력을 믿고 핵심 발견점을 찾아내는 데 사용하자.

조사 참여자는 모든 것을 말했을까?

　에스노그라피 접근을 반영해 관찰 활동을 진행할 때는 학문 연구의 관점이 아닌 시장에 대응하는 비즈니스 측면을 먼저 고려해야 한다. 따라서 관찰 활동까지는 주로 사실 기반으로 굳이 의도적으로 평가하거나 일반화하지 않았지만, 이제는 니즈 중심의 주요 발견점을 정리해 새로운 관점과 의미를 찾아 인사이트를 정의해야 한다. 이때 기능에서 경험 중심으로 서비스 디자인의 접근 방식이 바뀌었음을 고려해야 한다. 따라서 특정 목표를 위한 태스크가 아니라 더 넓은 범위의 활동Activity을 다루는 행동Behavior과 행동을 형성하고 추진하는 동기Motivation라는 관점이 필요하다.*

　관찰 내용의 원인이 무엇인지 그 이유를 고민하는 것에서 니즈 찾기가 시작된다. 무엇인지 모를 때 이를 확인하는 좋은 방법은 질문이다. 따라서 사람들의 숨겨진 잠재 니즈를 찾기 위해 '왜'라는 질문을 끊임없이 던져 충실하게 접근하고 해석해야 한다. 그리고 이 과정에서 나온 다양한 해석을 팀이 함께 이야기하며 발전시켜야 한다. 이때 관찰하기 단계에서 소개했던 5Why 방법을 다시 기억하고 활용하자. 5Why의 핵심은 기존 현상을 거듭 생각해 핵심을 파고드는 것이다. 예를 들어 "모바일로 영화 보는 게 예전보다 편하다"는 조사 참여자의 이야기는 어떤 의미일까? 여기서 단지 영화라는 콘텐츠를 보고 즐기는 행동에 대한 내용에 그치면 더 이상 새로운 발견점을 보지 못한다. 간단해 보이는 이 문장을 다각도로 접근해야 한다. 원하는 영화를 즉시 즐길 수 있고, 지정된 기간에 여러 번 볼 수 있어 비용이 줄어드는 효과가 있고, 다양한 영화가 제공될 뿐 아니라 원하는 콘텐츠를 쉽게 검색할 수 있는 등 여러 속성이 다양한 형태로 조합되고 영향을 준다. 그러한 부분을 확인하고 고민해야 행동과 반응이 나타나게 된 콘텍스트나 동기를 발견할 수 있다.

---

* 《사용자 경험에 미쳐라》(한빛미디어, 2009, 피터 머홀즈 외, 김소영 역), 74쪽

즉, 하나의 관찰 내용에서 하나의 니즈가 나오는 것은 아니다. 서로 다른 관찰 내용에서 각각의 또는 공통된 하나의 니즈를 찾을 수도 있고 때로는 나오지 않을 수도 있다. 그리고 여러 발견 내용을 종합하거나 상호 고려해야 찾을 수도 있다. 따라서 발견 내용에 대해 다양한 시각으로 접근해야 한다.

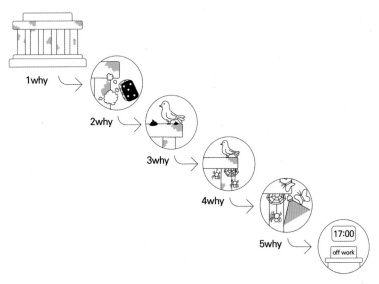

핵심을 파고들어 숨겨진 이유 찾아내기   관찰하기에서 살펴본 5Why 방법을 활용해보자. 관찰하기에서 살펴본 외벽 손상 사례에서도 근본 이유를 살펴봤을 때 예상하지 못한 퇴근 시간이 원인이라는 것을 찾을 수 있었다. 이처럼 '왜'라는 질문을 통해 현상을 거듭 파고들 때 표면 뒤 드러나지 않은 의미 있는 발견점을 찾아낼 수 있다.

분석 활동을 하다 보면 사람들이 불편함을 이야기하면서 직접 해결책을 제시하는 경우가 흔하다. 하지만 제시한 해결책 대부분은 기능 수준에 머물 경우가 많다. 사람들이 겪고 있는 근본적인 어려움과 문제에 대한 접근이 필요하다. 따라서 좀 더 상위 가치를 확인해 정말 사람들이 필요로 하는 근본적인 해결책을 고민하고 제시해야만 한다.

복잡하게 엉킨 발견점에서 사람들의 본질적인 니즈를 찾는 일은 쉽지 않다. 이러한 경우 우선 사람들의 여러 발견점을 묶거나 구분해보며 일반적인 내용, 너무 편협한 경험, 쉽게 공감되지 않는 부분부터 제외하자. 이 활동만으로도 더 의미 있는 핵심 내용 위주로 살펴볼 수 있다. 그리고 시간, 물리적·정신적 노력, 기존 행동과의 관계, 심리 변화, 사회적 인식 등을 기준으로 하나하나 구체화해보며 다시 한번 관찰 내용을 살펴보고 해석하자.

또한 여러 조사의 발견 내용을 종합하고 유추하는 다양한 과정을 거치며 정보의 해석과 분석을 위한 일반화 관점의 접근이 필요하다. 비즈니스를 고려한 일반화 기준으로 다음과 같은 사항을 고려해볼 수 있다.

- 반복되거나 연관 정보를 같은 카테고리로 묶어 유형을 나눠보기
- 조사 대상자 간의 상호 비교를 통해 그들이 어떤 차이를 보였는지 살펴보고 유의미한 비교 내용을 도출하기
- 사용자 여정에서 의미 있는 행동이 무엇인지 살펴보고 구성해보기
- 관찰 과정에서 발견한 공통되거나 상반된 선호나 습관을 중심으로 그들의 기대를 어떻게 충족시킬지 고려하기

관찰하기에서 확보한 내용을 다양한 방향으로 해석하고 분석해 니즈를 찾았다면 내용을 정리해두자. 이렇게 정리된 니즈에서 주요 발견점을 찾고 핵심 가치를 뽑아야 한다. 하지만 이러한 분석 활동은 생각보다 쉽지 않고 짧은 시간에 가능하지도 않다. 오히려 어렵고 생각보다 긴 시간이 필요하다. 결국 원하는 결과를 찾아내지 못해 분석 활동이 반복되고 길어지면 어느새 활동 방향을 잃기 쉽다. 특히 경험이 부족한 팀이라면 분석 활동의 기준을 잡는 일부터 쉽지 않을 것이다. 아이디어와 결과물이라는 프로세스 과정으로 이어지려면 다소 어려움이 있더라도 이 단계에서 인내력을 가지고 진행해야만 한다.

● 고객이 숨기고 있는 30가지 니즈

사람들의 니즈와 서비스의 가치 속성에 대한 고민은 분석 활동의 중요한 출발점이다. 매슬로의 욕구 단계설Maslow's hierarchy of needs은 사람들의 행동이 니즈를 충족시키기 위한 욕망에서 비롯되며 사람들의 기본적인 생리 욕구부터 안전, 소속, 존경, 자아실현의 복잡한 욕구까지 다섯 단계로 형성된다고 설명한다. 베인앤드컴퍼니의 에릭 암퀴스트Eric Almquist는 단계별 피라미드로 흔히 표현되는 매슬로의 이론을 기반으로 제품과 서비스와 관련된 사람의 행동을 설명하는 가치 구성 요소The Elements of value를 소개했다. 단 매슬로의 욕구 단계는 하위 욕구가 충족된 후 상위 단계를 충족시키는 순차적 형성으로 언급되지만 가치 피라미드Value pyramid는 반드시 순차적이지 않으며 직관적 판단으로 추론해 다양한 형태로 구성할 수 있다. 사람에 초점을 맞춘 가치 구성 요소 이론은 30가지 구성 요소 중 필요 요소를 선택해 비즈니스 관점에서 집중할 부분과 고객에게 제공할 가치를 확인하게 되며 이를 통해 기업에 핵심 경쟁력을 제공할 수 있다고 주장한다.

에릭 암퀴스트는 《하버드비즈니스리뷰》(2016년 9월호)의 '가치를 구성하는 핵심 요소들'에서 산업군별로 몇 가지 사례를 소개한다. 수익과 직접 연결된 가격이라는 요소를 사업적으로 쉽게 떠올리고 고객의 가치를 고민하며 가격에 한정해 집중하는 경우가 흔하다. 하지만 고려해야 할 요소는 가격 외에도 다양하며 가치 피라미드는 이때 더 직관적인 판단 기준을 제공해줄 수 있다. 고객이 비즈니스에 따라 어떤 가치를 중요하게 생각하고 영향을 받는지 몇 가지 사례를 살펴보면 다음과 같다.

- 고객이 신발 한 켤레를 사면 한 켤레를 기부하는 탐스슈즈 → 자기 초월
- 생활을 변화시키는 핏빗 등의 스마트밴드 → 동기 부여
- 넷플릭스와 같은 영상 서비스 → 비용 줄이기

이러한 가치 구성 요소에 대한 세부 내용은 베인앤드컴퍼니의 홈페이지에서 인터랙티브 미디어로 확인할 수 있다.

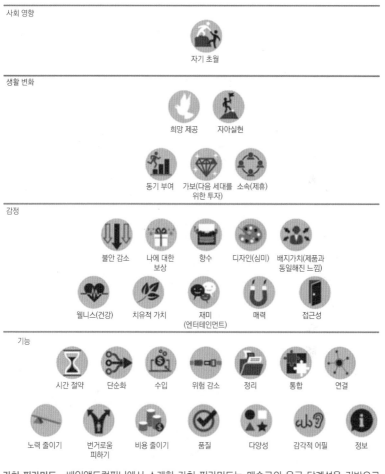

가치 피라미드 베인앤드컴퍼니에서 소개한 가치 피라미드는 매슬로의 욕구 단계설을 기반으로 30가지의 가치 구성 요소를 표현한다. 출처 https://media.bain.com/elements-of-value/

가치 구성 요소 모델은 고객 중심의 혁신을 위해 새로운 가치를 찾고 개발하거나 특히 신제품 개발, 가격 책정, 고객 세분화와 같은 영역을 고민할 때 활용할 수 있다. 베인앤드컴퍼니가 설명한 모델 활용의 단계별 활동은 다음과 같다.

1 **고객의 소리 경청** : 현재 고객과 잠재 고객 인터뷰

2 **아이디에이션 세션** : 소비자 반향을 불러일으킬 분야와 새롭게 제공될 가치의 구성 요소 탐색

3 **프로토타입 콘셉트의 고객 중심 디자인** : 콘셉트 설계 및 소비자 대상 피드백 인터뷰 실시

4 **철저한 선택 모델링** : 프로토타입을 중심으로 다양한 특성을 조합해 정량 분석 기반의 최종안 도출

가치 모델을 적용한 단계별 내용을 살펴보면 서비스 디자인 씽킹 활동과 흐름상 크게 다르지 않다는 것을 알 수 있다. 결국 고객을 직접 확인하고 고객 중심의 프로젝트를 운영하는 것이기 때문이다. 따라서 고객 개발 관점으로 서비스 디자인 씽킹 프로세스를 진행하면서 고객의 니즈와 가치에 대해 부딪힐 때면 가치 피라미드를 살펴보자. 가치 피라미드는 새로운 비즈니스에 대한 적절한 기준을 찾지 못하거나 변화에 대응하는 동안 어쩌면 놓치고 있을 '고객'을 거시적 관점에서 바라보고, 기준을 만들고, 인사이트를 꺼내는 데 도움을 줄 것이다.

● **사람들의 행동은 어떻게 구성될까?**
서비스 디자인 씽킹 프로세스에서는 고객 및 사용자의 니즈를 찾으려면 그들의 이야기는 물론 행동에 대한 깊은 통찰이 필요한데 기본적으로 다음

과 같이 진행된다.

1 서비스를 사용하게 된 이유와 과정 등을 기준 삼아 사람들의 행동을 파악한다.

2 어떤 의미를 담았는지 깊이 고민해보고 발견점을 끄집어낸다.

3 사람들의 행동을 당연하게 보지 말고 그들이 서비스에 부여하는 생각, 감정, 상징 등을 해석해 문화적 또는 상황적 맥락을 파악하고 동기와 행동을 해석하고 패턴화한다.

사람들의 행동을 살펴보고 해석하는 일은 그리 간단하지 않다. 고객이나 사용자의 모든 행동이 밖으로 표현되고 발견되는 것은 아니며 숨어 있거나 지나치기 쉽고 때로는 예외적인 부분도 적지 않다. 이러한 내용을 공감하고 끄집어낼 수 있어야 그들의 목적이나 의도 등을 파악하고 관심을 가질 수 있다. 사람들의 행동을 관찰하고 분석하는 과정을 진행할 때 고려할 만한 기준으로 무엇을 살펴보면 좋을까?

우선 행동을 바꾸는 요인이 무엇인지 살펴볼 때 스탠퍼드 대학의 포그 박사가 제시한 'B=mat'라는 행동 모델으로 생각해볼 수 있다. m은 어떤 행동을 하고 싶은 마음인 충분한 동기Motivation를 의미한다. a는 의도한 특정 행동을 쉽게 수행하고 완수할 수 있는 능력Ability이다. t는 사람들이 자주 부딪히게 되는 니즈로 행동이 일어날 수 있는 계기Trigger이다. 그리고 이 세 구성 요소가 충분할 때 사람들의 행동Behavior이 일어난다. 즉, 사람들의 행동을 동기, 능력, 계기라는 기준을 통해 어떤 관계를 맺고 영향을 주는지 살펴볼 수 있다.

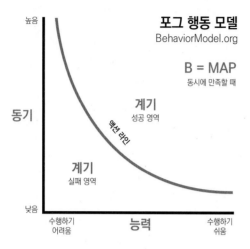

포그 행동 모델
BehaviorModel.org

B = MAP
동시에 만족할 때

높음

동기

계기
성공 영역

액션 라인

계기
실패 영역

낮음

수행하기 어려움 　　능력　　 수행하기 쉬움

포그 행동 모델　포그 박사는 사람들의 행동을 동기(Motivation), 능력(Ability), 계기(Prompts)의 3가지 구성 요소로 설명한다. 출처 www.behaviormodel.org

　　논리만으로는 설명하기 어려운 사람들의 행동에 문제 해결의 새로운 대안을 찾을 수 있는 실마리가 숨어 있다. 예를 들어 사람들의 이야기 속에는 하고 싶은 행동이 마치 하고 있는 행동처럼 표현되는 경우가 많아서 이런 부분을 더 세심히 살펴보고 찾아내야 한다는 의미다. 즉, 겉으로 밝힌 내용과 실제 행동 사이에 존재하는 간극을 발견하고 이를 깊이 고민할 때 사람들의 본심과 진짜 행동의 이유를 찾아내어 더 많은 해결을 위한 접근 방법을 발견할 수 있다.

　　《마케터를 위한 에스노그라피》에 의하면 사용자가 의식하지 못하는 니즈를 정성 조사는 암시와 단서를 통해 찾을 수 있어 신제품 개발에 적합하다. 신제품 개발과 같은 새로운 기회를 찾을 수 있는 사용자의 여섯 가지 행동을 살펴보자.

1 **제품과 가정에서 만든 개선책의 결합**

　사람들은 제품에 만족하지 못하면 가정에 있는 서로 다른 범주의 제품을 결합해 나름대로 개선책을 마련한다.

2 **돌아서 가기**

　사람들은 제품 사용 목표를 달성하지 못하고 좌절할 경우 종종 임시 해결책으로 장애물을 돌아서 간다.

3 **무관심**

　간신히 합격선에 이른 결과를 받아들이는 것이다. 성능이 실망스러워 불만족인 상황에서 사람들은 평범한 제품이라는 결과를 받아들인 뒤 만족할 만한 수준의 결과를 얻을 수 없다고 주장하는 것이다.

4 **실수**

　사람들이 스스로를 탓하는 경향으로 인해 제품이 제 성능을 내지 못해도 자신이 잘 다루지 못한다고 생각한다.

5 **회피하기**

　어떤 일을 해결하는 데 딱 맞는 제품이 없다면 사람들은 그 일을 피하거나 할 일 목록에서 제외한다.

6 **완벽함에 대한 상상**

　지금 완벽한 제품이 나올 수 있더라도 사람들은 미래에 완벽한 제품이 나올 때까지 만족을 연기한다. 즉, 제품이 기대대로 동작하지 않을 때 사람들은 아직 시장에 이를 충족시킬 만한 역량이 없다고 가정하는 것이다.

　이와 같이 사용자들은 자신의 불만과 니즈를 의식적으로 표현하지는 못하지만 각자 상황에 대한 해결이나 회피 방법을 만들고 드러낸다. 이러한 단서를 놓치지 않고 찾아낼 때 사람들의 숨겨진 니즈를 발견하고 해석할 수 있다.

어피니티 다이어그램 : 분류하고 패턴 찾기

친화도 분석 또는 어피니티 다이어그램Affinity diagram은 관찰 활동에서 확보한 정보를 연관성에 따라 분류하고 그룹 지어보며 패턴을 찾아내는 활동이다. 관찰 내용을 개별로 보면 단편적인 부분만 보이지만 그룹 지으려는 과정에서 새로운 가치를 확인할 수 있다. 이 방법은 분석하기뿐 아니라 세부적인 내용에서 출발해 원칙을 찾는 상향식 접근이 필요한 프로세스 전반에 활용할 수 있다. 어피니티 다이어그램을 실행하는 방법을 살펴보자.

1 자유롭게 노트 내용을 붙일 수 있는 벽면, 넓은 칠판, 큰 종이 등을 배치할 공간이 필요하며 가급적 프로젝트팀 모두가 참여해야 한다. 그리고 관찰 정보 정리 내용을 벽에 붙인다. 노트 작성에 포스트잇을 활용하면 다양한 활동을 진행할 때 편리하며, 포스트잇 하나에는 이야기 하나만을 담는다. 관찰 활동 등을 진행하며 일반 종이를 사용했다면 재접착이 가능한 풀을 이용하자.

2 관찰 활동에서 수집된 정보를 확인하여 비슷한 내용이 보이면 일단 그룹 지어 몇 개의 카테고리로 묶어보자. 이때 유사 그룹끼리 가깝게 두면 연관 지어 생각하거나 비교할 때 도움이 된다. 물론 한 번 그룹 짓고 활동이 완료되는 것은 아니다. 그룹으로 묶는 이 과정을 여러 번 반복해야 한다. 따라서 한 번의 활동에 오랜 시간을 사용하기보다는 오히려 적당히 진행한 후 다시 새롭게 만드는 게 더 효과적일 때가 많다.

3 어느 정도 그룹핑 작업이 정리되면 이제 그룹별로 대표 내용을 뽑아 단어 몇 개로 구성된 키워드 형태나 이해하기 쉬운 대표 문장으로 정리해 붙이자. 이때 다른 색상의 포스트잇과 다른 색깔의 굵은 펜으로 작성하면 정리된 내용을 눈으로 쉽게 확인할 수 있다. 이렇게 그룹핑이 어느 정도 완료될 때마다 기억을 믿지 말고 반드시 사진을 찍어두자.

4 도출된 대표 내용들을 중심으로 함께 이야기해보며 이 내용을 다시 묶어 더 상위 대표 내용을 뽑자. 이렇게 찾은 주제나 키워드 형태의 내용은 앞선 활동들과 다른 색의 포스트잇과 펜을 사용해 구분 짓는다.

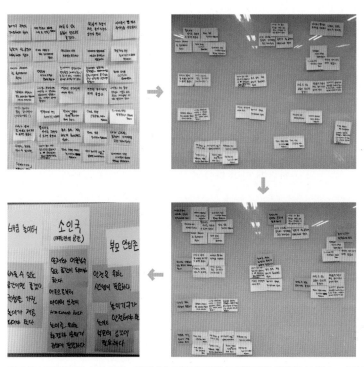

어피니티 다이어그램 실행 방법　어피니티 다이어그램은 벽면에 관찰 내용을 모으고 → 그룹 지어 묶고 → 상위 내용을 뽑아 정리하고 → 다른 색상의 노트에서 다시 대표 내용을 뽑는 흐름으로 진행된다.

　이렇게 관찰 내용을 묶는 과정을 반복해 진행할 때 만들어진 그룹들이 어떤 패턴을 보이는지 살펴봐야 한다. 패턴은 인사이트의 기반이 된다는 점에서 중요하며 여러 가지 형태로 나타날 수 있다. 특정 활동이나 선호가 유사한 흐름으로 나타나는지, 동일하게 반복되는 불만이나 실수의 경향이 있는지, 유사한 소비자 유형으로 묶을 수 있는지, 행동 과정을 단계별로 구성해볼 수 있는지, 기존에 알던 내용과 다른 부분의 의미가 확인되는지, 문화적 맥락이 반영된 행동인지 등을 확인해볼 수 있다. 만약 패턴이 잘 보이지 않는다면 사소하거나 부수적인 내용을 제거한 뒤 다시 보면 핵심이 좀 더 도드라지게 되어 본질에 가까이 다가갈 수 있다. 패턴을 찾는 이러한 과정에서 발견한 내용은 팀원끼리 함께 공유하고 토론해 그 의미를 명확히 해야 한다.

이처럼 어피니티 다이어그램을 통해 계층 구조를 만들면서 흩어져 있던 정보 속에서 더 본질적인 내용을 확인할 수 있으며 이 과정에서 새로운 인사이트가 도출된다. 진행 방법은 내용을 그룹 지어주는 활동 중심이라 다소 쉽다. 하지만 막상 현장에서 실행에 옮기면 많은 양의 관찰 데이터를 그룹 지어야 하고 기준 역시 판단에 따라 다를 수 있어 여러 측면에서 까다롭다. 결국 여러 사람들이 함께 이야기하며 집중해야 하고 끈기 있게 반복해서 진행해야 한다. 프로세스에 따라 진행 과정에 접근하는 것은 누구나 할 수 있다. 하지만 사람들이 무릎을 치게 할 인사이트는 목표가 뚜렷하고 의지가 있는 프로젝트팀이 협업할 때 확보할 수 있다.

인사이트 : 본심을 찾는 통찰력

인사이트는 우리 말로 통찰 또는 예리한 관찰력이며 사물을 꿰뚫어 봄을 뜻한다. 서비스 디자인 씽킹에서는 사람들의 행동이나 말 뒤에 숨어 있는 진짜 마음을 직감적으로 찾아낸다는 의미이며, 인사이트를 찾는다는 건 본심을 알아내려 노력하는 것이다. 물론 쉽고 무난한 해결책을 만든다면 인사이트를 찾는 노력은 굳이 필요 없을 수 있다. 하지만 뻔한 상황을 넘어 혁신을 원하거나 그동안 미처 고민하지 못했던 내용을 해결할 대담한 해결 방안이 필요하다면, 프로젝트팀은 반드시 이를 이끌어낼 수 있는 인사이트를 찾아내야 한다.

관찰 활동에서 얻은 정보를 분석 단계에서 더 적극적으로 활용하고 인사이트를 끌어내기 위해 놓쳐서는 안 되는 부분은 무엇일까? 우선 관찰 활동에서 확인한 부분과 기존에 알고 있던 내용이 다르다면 그에 대한 확인이 필요하다. 예를 들어 데스크 조사에서 확인한 20대의 생활과 관찰한 대상자의 행동이 다르다면 그 이유를 생각해봐야 한다. 특히 조사 대상자의 말과 행동에 차이가 있었다면 그에 대한 해석이 필요하다. 예를 들어 조사 대상자가 식료품을 살 때 선호 브랜드 중심으로 산다고 인터뷰했지만 막상 쉐도잉에서 조사 대상자가 마트 방문 후 식료품 코너의 1+1 상품이나 할인 품목부터 살펴보고 구입하는 모습을 관찰했다면 그 간극이 어디서 온 것인지 찾아야 한다. 그리고 조사 대상자와 밀접한 인물이나 속해 있는 집단이 배경이 되어 영향을 받는 부분에 대해서도 파악해야 한다. 예를 들어 다이어리에 작성한 20대 미혼 남성의 구매 목록에서 기저귀를 찾았다면 인터뷰를 통해 가족의 생활용품 대부분을 본인이 구입하기 때문이라는 이유의 확인뿐 아니라 대상자와 가족 간의 역할은 물론 생활 및 구매 패턴에 대해 더 자세히 분석해야 한다.

이와 함께 관찰 자료에서 일반 정보가 아닌 비즈니스 관점의 인사이트를 찾는 3가지 접근 관점을 소개한다. 이 내용은 하이 매리엄폴스키가 에스노그라피에서 마케팅으로 전환하기 위해 소개한 관찰 유형을 참조했다.

첫째, 사람들의 서비스 사용 과정을 처음부터 끝까지 단계별로 주의 깊게 살펴보며 원하고 필요로 하는 정보를 끄집어내 분석해야 한다. 이를 통해 사람들이 원하는 기대와 의심 등은 물론, 미처 몰랐지만 사람들이 생각하는 서비스의 장점을 발견할 수도 있다. 아울러 그들의 행동을 통해 서비스에 대한 만족도가 어떠한지도 확인할 수 있다.

둘째, 사용자가 빈번히 실수하거나 자신만의 독특한 방법으로 사용하는 부분에 대해 파악해야 한다. 특히 사용자가 창의력을 발휘해 직접 해결책을 찾거나 변형된 사용 방법을 알아냈다면 관찰자에게 자세한 소개를 부탁하자. 이러한 내용을 다시 한번 파악해보면 서비스 개선 사항으로 직접 반영할 수 있는 소중한 아이디어를 발견할 수 있다.

셋째, 마법 지팡이 질문이나 가능성을 열어놓은 대화를 통해 확인한 내용을 다시 살펴보며 새로운 기회 영역을 고민해야 한다. 사용자들은 서비스 구현 방법을 고민해야 하는 사람이 아니다. 따라서 현재 상황에서는 전혀 불가능하거나 때로는 너무 쉽게 해결할 수 있는 부분 모두를 기대한다. 우선 그들이 이야기한 가능성에 대한 내용이 무엇을 의미하는지 분석하자. 그리고 현실과 이상의 차이를 파악하고 새로운 접근이 필요한 부분과 당장 실행해야 하는 측면으로 고민할 부분을 나누어 다시 한번 구분하고 해석하자.

분석 과정을 통해 확보한 발견점에 다양한 시각으로 접근하여 의미를 충실히 해석해야 한다. 이 과정에서는 가져야 할 시각을 놓치지 않으려는 의도적인 노력이 필요하다. 만약 분석 활동이 익숙하지 않다면 어떤 방향으로 바라봐야 하는지 쉽게 정하기 어려울 것이다. 이때 《Fewer, Bigger, Bolder》의 저자 모한비어 소니Mohanbir Sawhney와 산제이 코스라Sanjay Khosla가 제안한 혁신을 찾는 7가지 인사이트 채널을 고려하자. 여러 시각으로 접근하여 인사이트의 단서를 확보하는 데 도움이 될 것이다.

1 변칙 : 기존의 틀, 평균, 표준 등에 얽매이지 말고 살짝 벗어나 검토하자.

2 합류 : 경제적, 행동적, 기술적, 인구 통계학적 경향의 교차점을 확인하자.

3 불만 : 시스템에서 부족한 점, 고충 사항에서 새로운 아이디어를 찾아내자.

4 통설 : 전통적인 신념이나 산업에서 갖고 있는 가정에 의문을 제기하자.

5 극한 : 가장 앞서가거나 뒤처진 사람들의 행동과 니즈에서 배우자.

6 항해 : 사회 문화적 맥락에서 이해관계자들의 니즈가 어떻게 영향을 받는지 이해하자.

7 유추 : 다른 산업이나 조직에 적용된 혁신을 우리에게 맞춰 적용하거나 도입하자.

사람들의 행동이나 환경 등에서 다양한 단서를 확보했다면 그중 의미 있는 내용을 골라내는 해석 작업이 필요하다. 인사이트는 숨겨진 단서에서 차별화된 방법을 도출해 문제를 해결하도록 만들어야 하므로 팀에 새로운 관점을 제공해야 한다. IDEO와 디스쿨은 이를 POV^Point of View로 부르며 강조한다. 특정 사용자 또는 사용자 그룹의 관점을 고려한 인사이트를 정리하는 관점 방정식 'POV = 사용자 + 니즈 + 흥미롭게 배운 점'을 활용하면 간결하게 작성할 수 있다.

예를 들어 새로운 여행 서비스에 대한 활동을 진행하며 '소현은 여행을 할 때 분위기 좋은 맛집을 손쉽게 찾기 원하는데, 왜냐하면 블로그에 여행 맛집에서 찍은 사진을 올려 댓글이 달리면 그때 비로소 즐거운 여행이었다고 느끼기 때문이다'와 같은 형태로 작성할 수 있다. 이처럼 관점 방정식을 이용해 사용자의 관점에서 문제를 좀 더 고민해보고 인사이트를 쉽게 정리하고 표현할 수 있다.

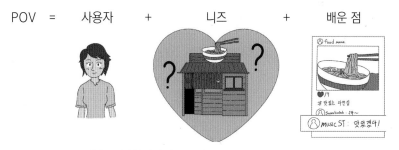

관점 방정식 POV　사례로 제시한 여행 서비스의 POV를 시각화해 표현한 내용이다. 관점 방정식 POV는 '사용자' + '니즈' + '흥미롭게 배운 점'으로 작성하며 사용자의 관점에서 인사이트를 찾아내 문제 해결 작업에 활용할 수 있다.

이렇게 찾은 인사이트를 검증하고 싶다면 유병철 저자가 《디자인 씽킹》에서 정리한 다음과 같은 질문을 던져보자.

- 사용자에게 얼마나 절실한가?

- 인사이트에 공감해 들었을 때 반응을 보이는가?

- 기존에 알려지지 않았거나 경쟁자가 모르는 서비스인가?

- 상식적으로 알 수 있는 뻔한 이야기인가?

- 기존 행동을 무리하게 변화시키려 요구하는가?

물론 인사이트를 연결하고 새롭게 찾아내는 활동 또한 프로젝트 참여자의 분석 경험과 통찰력에 영향을 받을 수밖에 없다. 그리고 그에 따라 다른 해석과 결과물을 만들기도 한다. 특히 비즈니스 관점이 필요하다고 해서 이것이 마치 전부인 것처럼 고려하면 그 자체로 또 다른 선입견을 만드는 형태가 된다. 어느 쪽이든 단편적인 관점을 가지지 않고 다양한 접근이나 대안에 대한 일부도 받아들일 수 있어야 한다. 그리고 친화도 분석이나 인사이트를 찾는 활동이 어느 정도 완료되면 팀 외의 사람들의 의견도 가능하면 받아보자. 분류한 내용이나 발견한 인사이트가 팀 외의 사람들의 시각에서도 공감할 수 있는지 또 반영해야 할 의견이 있는지 확인하는 것이 좋다. 결국 분석하기 과정 중에도 이처럼 필요한 시점에 코크리에이션 관점의 활동을 반영할 필요가 있다.*

---

* 　코크리에이션은 모든 이해관계자가 디자인 프로세스에 능동적으로 참여해 문제를 해결하고 가치를 창출하는 협업 원칙이다. 발상하기 단계에서 자세히 다룬다.

8.2 고객 모습 만들기

온라인에서 여러 기관이 만든 다양한 종류의 정량 기반의 인구 통계 정보를 쉽게 구할 수 있다. 이를 기준으로 고객 유형에 대한 최소한의 기본 자료를 확보할 수 있어 빠르고 쉽고 편리하다.

그런데 이런 정보에만 기대어 고객의 모습을 분석하면 날카로움은 없어지고 효율성만 최우선으로 삼게 된다. 신디 앨버래즈가 이야기한 '통계 정보를 언급하지 않는 것은 이런 정보는 정말 알고 싶어 하는 정보의 저렴한 대체재이기 때문이다'를 기억하자. 결국 이 과정에서 얻어지는 건 고객이 아닌 말 그대로 평범한 일반적인 사람들의 모습뿐이다.

그렇다면 원하는 고객의 모습을 어떻게 확보할 수 있을까? 그 시작은 충실한 관찰 활동의 진행이다. 이 과정에서 사람들과 이야기하고 관찰해 얻은 결과를 중심으로 비록 양은 적지만 깊이 들여다본 구체적이고 살아 있는 내용을 통해 원하는 고객의 모습을 확인할 수 있다. 퍼소나는 현장 조사 내용이 충실하게 반영된 결과물이다. 단순히 고객의 모습을 확인하는 용도가 아니라 인사이트가 어떻게 반영될 수 있고 해결책은 어떤 방향으로 구현될 수 있는지 프로젝트가 고민할 때 기준이 된다는 점에서 더욱 중요하다. 서비스 사용자의 모습을 만드는 퍼소나에 대해 지금부터 살펴보자.

누가 주인공인가?

사용자와 고객을 크게 구분 없이 이야기할 때가 많지만 서비스 디자인에서는 둘을 구분하여 고객에 더 집중해야 한다. 여기서 고객은 만드는 서비스를 단순히 사용하는 사람이 아니라 우리 서비스에 비용을 지불할 수 있는 사람이다. 물론 UX 디자인과 같은 **경험 디자인**에서는 주로 사용자에 초점을 맞추며 서비스 디자인 역시 사용자 관점을 충분히 고려한다. 하지만 비즈니스 측면에서 서비스 디자인 씽킹 활동의 가장 중요한 판단 기준은 결국 서비스 비용을 지불하는 고객이며 해결 방법을 구체적으로 만드는 프로세스 후반 활동에서 더욱 고객에 집중해 이해하고 그들의 관점을 확인해 서비스에 반영해야 한다.

이미 존재하는 조사 기관이나 연구소 등에서 발행한 데이터 자료를 활용하면 고객의 모습을 짧은 시간에 빠르게 모델링할 수 있다. 필요하면 간단한 설문을 직접 수행하자. 이를 통해 기본적으로 알아야 할 나이, 성별, 소득 수준 등 고객의 인구 통계학적 모습을 확인할 수 있다. 그리고 고객을 묘사한 프로파일을 작성해 정리하자. 관찰하기 단계에서 프로토 퍼소나를 만들었다면 이를 업데이트하는 형식이 될 수도 있다. 만약 본격적인 퍼소나 작업을 크게 고려하지 않는다면 이 단계에서 만드는 프로파일을 좀 더 구체적으로 작성해 프로세스에서 활용할 수도 있다.

기본적인 고객의 모습을 정리한 후 관찰 활동에서 얻은 정보를 바탕으로 퍼소나를 통해 고객을 대표하는 모습을 정의한다. 먼저 어피니티 다이어그램을 통해 고객 특성을 도출하는 것으로 시작된다. 고객 특성은 결국 사업 측면의 주요 관심사인 구매 결정에 영향을 주며 고객 개발 관점의 주요 고려 사항이기 때문에 중요하다. 특히 인터뷰에서 만난 고객의 이야기는 개인적인 표현에 그칠 수 있지만, 여러 고객들의 이야기와 발견점을 그룹 지어 확인하는 과정에서 그들이 정말 표현하고 싶었던 바가 무엇인지 더 다양한 관점에서 추론해볼 수 있다. 예를 들어 A가 말한 "비싸기는 하지만 편리하니까요"와 B가 말한 "메뉴가 금방 이해되지 않으면 삭제하게 돼요"는 가격과 메뉴라는 서로 다른 대상을 다룬 이야기로 언뜻 보인다. 하지만 이들을 그룹 짓고 비교하는 과정에서 두 사람 모두 사용 편의성을 중요한 고려 대상으로 여기고 있음을 추측할 수 있다. 이 과정은 단순한 추측 활동이 아니라 조사 활동 내용에서 도출된 결과인 만큼 고객 기반의 설득력을 확보할 수 있다. 따라서 그룹핑을 여러 번 반복하며 해석하는 과정을 통해 고객들의 이야기와 행동 속에 숨어 있는 의미를 확인하고 더 많은 진짜 이야기를 밝혀내야 한다.

고객의 모습을 모델링하는 방법으로 사람들의 유형을 분류하고 설명하는 이미 알려진 이론이나 모델을 활용하는 경우도 있다. 예를 들어 가치 피라미드에서 언급한 매슬로의 욕구 단계설이나 간단한 문항으로 확인 가능한 DISC 행동 유형 모델, 고객 개발 과정 등에서 자주 언급되고 활용되는 **혁신수용모델**Innovation adoption curve이 있다. 로저스의 혁신수용곡선은 혁신의 수용자를 여러 범주로 분류하는 모델로 집중할 고객의 범주나 구성비율을 가늠할 수 있다. 최근에는 서비스에 IT 기술 기반의 온라인 서비스나 모바일 애플리케이션은 물론 사물 인터넷 등 다양한 요소를 도입하고 있으므로 고객의 모습을 모델링하며 혁신에 대한 수용 태도를 함께 고려해야 한다.

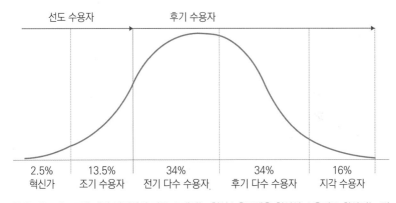

혁신수용모델   고객 개발 과정에서 자주 소개되는 혁신수용모델은 혁신이 수용되고 확산되는 전파 과정을 보여주며, 사람에 따라 새로운 제품이나 기술을 받아들이는 시기가 다르다는 것을 전제로 한다. 출처 에버렛 로저스(1962), 혁신의 확산

혁신수용모델에서는 혁신수용곡선의 범주를 다섯 가지로 나눠며 각 시

기마다 구성은 다음과 같다.

- **초기 시장** : 변화를 이끄는 혁신자 Innovators와 새로운 아이디어를 시도하는 선도자인 조기 수용자 Early adopters, 얼리어답터
- **주류 시장** : 조심스럽지만 일반적인 사람보다 빠르게 변화를 수용하는 실용적인 모습의 전기 다수 수용자 Early majority와 대다수의 사람이 사용할 때 사용하는 보수적인 모습의 후기 다수 수용자 Late majority
- **후기 시장** : 옛방식을 고수하고 전통이 되어야 받아들이는 지각 수용자 Laggards

특히 새롭고 혁신적인 아이디어를 시장에 소개할 때는 혁신자와 조기 수용자가 수용할 수 있다는 확신이 필요하며, 고객 개발 과정이나 린 캔버스의 고객 부분은 이를 반영해 작성하게 된다. 이때 얼리어답터(다수보다 앞서 나가고 싶다)와 전기 다수 수용자(무리와 함께 가겠다)는 모델에서는 인접해 있지만, 초기 시장과 주류 시장으로 나뉜 데서 알 수 있듯이 받아들이는 태도가 서로 다르며 캐즘이라 부르는 대단절이 발생할 수도 있다(캐즘은 새로운 서비스나 제품이 주류 시장으로 진입해 대중화되기 전 일시적으로 수요가 정체되거나 줄어드는 단절 현상을 의미하며, 이 단계를 극복할 때 시장 전체를 대상으로 파급력을 보일 수 있다). 따라서 혁신과 새로움에 대한 수용 정도, 지불 의사 및 구매 특성, 위험 회피 등을 주의 깊게 살펴봐야 고객이 어느 집단에 속하고 어떤 특성을 보일지 모델링할 수 있다.

그리고 고객의 모습을 만들기 위해 조사 활동에 미리 반영해두면 유용한 부분이 있다. 사람들이 어떤 부분에 더 가치를 두는지 좀 더 쉽게 고려할 수 있게 정량화를 돕는 질문을 관찰 과정에 포함해두는 것이다. 즉, 참여자 스스로 가치를 어떻게 생각하는지 시간이나 돈으로 바꿔 생각하도록 물어보자. 예를 들어 "서비스 제공이 10분 더 빨라졌을 때 비용을 얼마나 더 지불해보

셨나요?", "어느 정도의 변화를 예상하며 만 원을 더 지불하셨나요?"와 같은 경험 기준의 질문으로 가급적 접근하자. 물론 답변 그대로 받아들이거나 절대 기준으로 고려하자는 의미는 아니다. 그보다는 가치에 대해 깊이 고민한 경험이 부족했던 사람들에게 생각의 기회를 제공하고 정보를 확인하는 쪽에 가깝다. 이렇게 확인한 의견은 다른 관찰 활동 내용과 결합해 고객 개발 관점의 분석 활동에 고려할 수 있으며, 특히 퍼소나를 제작하며 특성 축 작업을 할 때 판단 정보의 하나로 고려할 수 있다.

퍼소나, 고객을 대표하는 가상의 인물

서비스 디자인 씽킹 프로세스에서 요구하는 사람에 대한 이해는 어디에서 얻을 수 있을까? 서비스 디자인 씽킹에서는 마케팅에서 일반적으로 다루는 단순한 인구 통계 정보와 정량 데이터 중심의 시장 세분화가 아니라 고객 경험을 중심으로 공감할 수 있는 모습이 반영되어야 한다. 이때 필요한 것이 바로 **퍼소나**Persona인데 관찰하기 단계에서 확인한 실제 고객의 행동, 동기, 특성 등의 정보를 반영해 만든 가상의 대표 인물을 의미한다. 'Persona'는 연극배우가 쓰는 가면을 가리키며 문화, 예술, 심리학, 마케팅 등에서는 주로 '페르소나'로 소개되는데 앨런 쿠퍼가 소개한 실무 중심의 방법론을 의미할 때는 주로 '퍼소나'로 표현한다. 앨런 쿠퍼는 《퍼소나로 완성하는 인터랙션 디자인 About Face 3》에 퍼소나를 소개하며 다음과 같이 정의했다.

> "리서치 자료를 바탕으로 주요 사용자를 설명하는 상세한 모델을 설계하는 것을 퍼소나라고 한다. 실제 인물은 아니지만 직접 관찰한 사용자의 행동 패턴과 동기를 바탕으로 만들어진다. 퍼소나란 사용자 전형을 대표하는 가상의 인물이며 에스노그라피 인터뷰에 참여한 수많은 실제 사용자를 대표한다."

어댑티브 패스는 에스노그라피 리서치와 연계해 퍼소나를 정규적으로 사용하며 많은 프로젝트에서 유효성을 확인해왔다고 언급했다. 이처럼 고객 및 사용자 그룹을 대표하는 가상의 인물이 문제 해결을 위한 프로세스에서 중요한 이유는 무엇일까? 모든 사람을 만족하는 디자인은 불가능하므로 명확한 니즈를 가진 공감할 수 있는 특정 고객 및 사용자 그룹이 중심이 되어야 하기 때문이다. 바로 이 그룹이 누구인지 파악해 집중해야 할 대상을 찾고 인사이트를 반영하는 데 퍼소나가 필요하다. 잘 만들어진 퍼소나는 실질적이고 구체적인 사항들이 반영되어 현재 서비스에 대한 개선뿐 아니라 새로운 서비스 기회 영역을 발견할 때도 유용하며, 서비스를 차별화할 수 있는 가치나 경험이 무엇인지 확인하고 반영할 때도 유용하다.

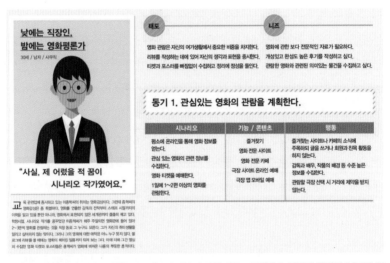

영화 관람 경험을 개선하기 위한 프로젝트의 퍼소나 작성 내용　고객이 누구인지 파악해 니즈와 행동 등을 공감할 수 있게 표현했다. 출처 이재웅, 김아영, 임지연, 하영경, 문기아

그리고 퍼소나는 공감이 바탕이 되는 의사소통 수단으로 중요하다. 프로

젝트팀은 물론 이해관계자와의 활동에서도 집중해야 할 고객을 쉽게 확인하고 이해할 수 있다. 그리고 퍼소나의 특징에 맞춰 적절한 아이디어나 해결책을 제시하고 평가하기도 쉬워진다.

따라서 퍼소나는 널리 사용 가능한 보편적인 사람보다는 프로젝트에 맞는 뚜렷한 캐릭터여야 한다. 너무 보편적인 인물은 분석과 해석 활동의 기준이 되기 어렵다. 물론 너무 극단적으로 특수한 사용자일 경우에도 어려움은 비슷하다. 이와 같은 퍼소나의 특성에 대해 사용자 연구자인 제러드 스풀Jared Spool은 다음과 같이 견해를 밝혔다.

"퍼소나의 가치는 프로젝트 팀원이 고객을 만나고 관찰할 때, 관찰한 내용을 정리하며 토론할 때 그리고 혼란스러운 내용을 패턴으로 정리해갈 때 발휘된다. 퍼소나는 팀원들이 차별화에 대한 고민을 하는 동안 고객을 잊지 않도록 상기시켜주는 존재로 작용할 것이다."

퍼소나를 만드는 과정은 다음과 같다.

1 어피니티 다이어그램을 통해 고객들의 특성을 뽑아내자. 이 내용을 행동, 태도, 적성, 동기, 기술 등의 변수를 기준으로 정리한다. 이때 사람을 구분하는 기준을 행동 변수라고 부른다. 이렇게 정리한 행동 변수를 기준으로 상대적인 축으로 구성된 특성 스펙트럼Traits continuum을 만들자. 행동 변수를 중심으로 특성별 축을 만들고 각 축의 양 끝에 상대적인 특성을 적으면 된다.

2 만들어진 축 위에 인터뷰한 고객들이 어디쯤 위치할지 올려본다. 이때 정확한 위치를 계산할 수 없으므로 고객들을 상호 비교한 상대적 위치를 기준으로 잡는다. 축 위에 사람들의 위치 잡기를 마친 후 살펴보면 비슷한 패턴으로 움직여 마치 하나의 그룹처럼 함께 움직이는 사람들이 보일 것이다.

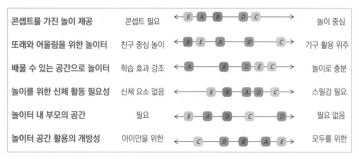

콘셉트를 가진 놀이 제공	콘셉트 필요	E A B D C	놀이 중심
또래와 어울림을 위한 놀이터	친구 중심 놀이	B E A D C	기구 활용 위주
배울 수 있는 공간으로 놀이터	학습 효과 강조	A B D E C	놀이로 충분
놀이를 위한 신체 활동 필요성	신체 요소 없음	E B A D C	스릴감 필요
놀이터 내 부모의 공간	필요	E A B C D	필요 없음
놀이터 공간 활용의 개방성	아이만을 위한	C D B A E	모두를 위한

퍼소나 제작 중 특성 스펙트럼 위에 고객 위치 잡기 사례　특성 스펙트럼은 상대적인 축으로 구성되며, 각 축 위에 인터뷰 고객들을 상대적 위치 기준으로 올려보며 어떤 사람들이 함께 움직이는지 패턴을 확인한다.

3 유사한 패턴으로 움직이는 사람들을 그룹으로 묶자. 이 그룹을 하나의 사람처럼 고려하고 그룹의 모습에서 보인 행동 변수를 주요 행동 패턴으로 반영한다. 주요 행동 패턴에서 그들의 경험은 어땠는지 어떤 성격을 가지고 있었고 행동 관련 콘텍스트는 어땠는지 등을 정리하자. 이때 관찰 활동에서 얻은 내용을 중심으로 행동 뒤에 숨어 있는 동기를 반영해 퍼소나의 목표를 정한다.

4 지금까지 정리한 내용을 퍼소나 양식에 맞춰 작성하자. 이때 양식의 각 구성 요소는 목표, 환경, 동기, 니즈 등으로 이루어지며 관찰 활동 내용을 반영해 세부 내용을 만들게 된다. 이때 퍼소나는 디자인을 위한 방법론이라는 부분을 기억하자. 즉, 소설이나 디자인 작품을 만드는 것이 아니라 사람을 이해하는 활동이다.

5 마지막으로 프로젝트 형태와 목표 등을 고려해 퍼소나를 적합한 모습으로 최종 작성한다. 이름, 직업, 가족, 거주지, 별명 등의 인물에 대한 세부 내용과 함께 좌우명이나 그들을 대표할 수 있는 인용구 등의 요소를 포함하게 된다.

퍼소나의 구성 요소에 대한 의견 중 pxd 이재용 대표가 HCI 학회 발표와 강연 등을 통해 소개한 ABCDEFG 구성은 기억하기 쉽고 유용하다. 각 요소는 다음과 같다. 필요한 경우 이러한 전반적인 내용을 고려해 스토리 형태로 구성하기도 한다.

- **Attitude** : 성격, 기호
- **Behavior** : 행동
- **Context** : 주변 환경, 하는 일 등
- **Details** : 특징을 묘사하는 내용
- **Excerpt** : 가장 잘 표현하는 인용 형식의 말
- **Foto** : 퍼소나의 사진
- **Goals** : 목표, 주제 관련 이유

퍼소나의 수는 프로젝트마다 차이가 있지만 3~5명 정도가 일반적이며 그중 가장 중요한 대상을 대표 퍼소나로 정해 우선 집중해야 한다. 그리고 이렇게 제작된 퍼소나는 고객 여정 지도를 비롯해 이후 진행되는 서비스 시나리오 등에서 주인공이 된다.

이렇게 퍼소나를 작성하며 많은 부분을 관찰 활동에서 유추해 작성할 수 있지만 창의적으로 고민해야 하는 내용도 있다. 바로 이름과 사진이다. 이름은 퍼소나의 성격을 표현할 수 있는 너무 전형적이지 않은 이름이어야 한다. 사진은 퍼소나가 가진 태도와 인구 통계학 정보를 보여주어야 하며 전달하고 싶은 내용이 바로 연상되어야 한다. 이 요소들은 결과물에 흥미를 주고 쉽게 접근할 수 있게 도와주는 부분으로 고민하는 것이 좋다.

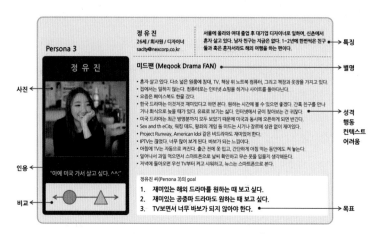

퍼소나의 구성 요소(ABCDEFG)에 의한 작성 사례 성격, 행동, 환경, 인용, 사진, 목표 등 대표 고객을 충실히 표현하고 정의하는 데 필요한 요소가 적용된 사례다. 출처 'Persona – 최근 쟁점과 사례 (HCI2010 학회)'의 pxd 사례(일부 변경)

　　퍼소나가 고객에 집중할 수 있게 돕는 긍정적인 도구라고 생각하는 사람도 있지만 반대로 고객을 대변할 수 없다고 믿는 사람도 있다. 러스 웅거는 이러한 현실을 빗대어 '퍼소나는 믿을 때만 강한 효력을 발휘하는 산타클로스와 같은 존재'라고 언급하기도 했다. 분명한 건 충실한 관찰 활동을 기반으로 사람들의 행동 패턴을 반영한 현실적인 퍼소나는 프로젝트 진행과 문제 해결에 도움을 준다는 점이다. 잘 만들어진 퍼소나는 단순히 조사 활동 결과의 정리가 아니라 프로젝트팀과 이해관계자 모두에 인사이트를 전하고 나아가 비즈니스 관점의 상상력을 촉진하는 매개체임을 기억하자.

8.3 고객의 경험을 시각화하자

　　문제에만 집중한다고 인사이트를 뽑아낼 수 있는 건 아니다. 관찰 활동에서 확보한 내용이 체계적인 과정으로 분석되고 판단의 틀을 거칠 때 새로운 기회 영역으로 연결될 수 있다. 이때 질문이나 문제를 제시하고 사고나 행동을 움직이는 판단의 틀을 프레임워크Framework라고 부른다. 프레임워크는 대부분 구성 요소와 이들의 관계를 중심으로 시각화해 소통한다. 프레임워크를 이용할 경우 설명이 충분하지 못하더라도 내용을 쉽게 이해할 수 있다. 프레임워크라는 틀 안에서는 메시지가 약한 부분도 체계를 갖춰 설명될 수 있지만, 그렇지 않다면 약한 체계로 인해 메시지 하나하나를 더 잘 소개해야만 설득력이 생긴다. 따라서 서비스 디자인 씽킹의 분석 활동에서도 문제를 확인하고 해석하는 접근의 틀을 활용해 다양한 니즈를 총체적으로 정리해야 하며 이 결과들을 발상하기 단계의 출발점으로 연결해야 한다.

조사 활동에서 얻은 여러 자료를 분석해 사용자 중심으로 정보의 구조와 관계를 파악하고 표현하는 이러한 활동을 UX 디자인과 같은 경험 디자인에서는 디자인 모델링으로 표현하기도 한다.

앞에서 소개한 어피니티 다이어그램이나 퍼소나와 같은 활동 역시 분석하기 단계에서 필요한 접근의 틀로 활용된다. 그리고 대부분의 서비스 디자인 씽킹 프로젝트에서 기본으로 고려하는 프레임워크가 바로 고객의 경험을 시각화하는 고객 여정 지도다. 고객 여정 지도는 큰 그림에서 내용을 살펴보고 전후 콘텍스트를 고려해 숨겨진 문제를 찾아내는 접근을 이끈다.

이러한 활동에서 주의해야 할 사항이 있다. 시각화의 초점을 그리기에 맞추고 분석에 대한 고민 활동을 간과하는 경우다. 그린다는 활동은 중요하지만 시각화된 내용을 다룬다는 의미가 단순히 일러스트레이션 작업을 지칭하는 것이 아니다. 즉, 그림을 그리는 활동이나 이미지 작업 자체를 뜻하기보다는 별도의 설명 없이도 쉽게 이해되도록 표현하는 것이다. 이렇게 시각화해 표현하는 활동도 결국 고객들이 파악하지 못한 것을 찾아내고 이를 반영한 해결책을 통해 어떻게 새로운 고객 가치와 인상적인 경험을 제공할 수 있을지 고민하는 과정이다.

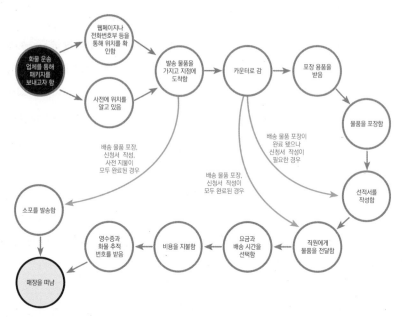

고객 여정 지도 작성 사례   국제 화물 운송 업체를 통해 고객이 소포를 보내는 여정을 파악해 표현한 사례. 이처럼 고객 여정 지도는 새로운 서비스를 디자인하기 위해 고객이 시간의 흐름에 따라 어떤 경험을 하는지 파악해 프로젝트에 맞춰 여러 형태로 표현된다. 출처 《스토리텔링으로 풀어보는 UX 디자인》 중 서비스 디자인 사례

시간의 흐름에 따른 콘텍스트 확인

고객 여정 지도는 마치 여행 일정과 과정을 순차적으로 소개하듯 서비스를 경험하는 고객의 과정과 활동을 시각화하는 활동이다. 고객의 서비스 여정에서 어떤 문제점이 있고 또 새로운 기회가 있는지 확인하고자 작성한다. 서비스 디자인은 보이지 않는 것들이 어떤 관계를 갖고 어떻게 동작하는지 확인할 수 있어야 하는 만큼 고객 여정 지도는 중요하다. 고객 여정 지도라고 표현하지만 경험 디자이너 크리스 리스돈Chris Risdon의 언급처럼 정적인 지도라

기보다는 오히려 지도 제작^{Mapping}에 가까운 활동으로 시간의 흐름에 따라 변화하는 상호작용의 맥락을 포착하는 방법이다.* 따라서 고객 여정 전반의 터치포인트를 다뤄 이를 기준으로 어떤 부분을 고려하고 또 변화를 위한 어떤 활동이 필요할지 판단할 수 있게 제공되어야 한다.

특히 분석 활동에서 터치포인트를 신중히 고민해야 한다. 터치포인트는 고객과 서비스의 단순한 만남의 지점이 아니다. 《서비스디자인 이노베이션》에서는 고객 여정에서 고객이 서비스와 만나는 모든 접점으로 서비스와의 접촉은 물론 고객을 감동하게 한다는 의미도 포함한다고 강조한다. 터치포인트를 서비스와 사용자가 만나는 시간과 지점으로 설명한 얀 칩체이스는 터치포인트에서 특정 행동이 이루어진 원인을 분석해 니즈를 충족시키거나 콘텍스트에 맞는 새로운 기회를 찾을 수 있다고 소개한다. 터치포인트는 웹사이트, 앱, 종업원, 안내문, 공연장 등 다양한 형태로 나타나는데, 특히 온·오프라인이 밀접하게 연결되고 결합하는 옴니채널 시대의 서비스는 시간, 장소 등의 경계가 희미해지면서 유·무형의 다양한 모습을 가진다.

기존의 서비스 마케팅 등에서 자주 강조해온 터치포인트는 고객 접점을 의미하는 MOT^{Moment of Truth}라는 용어로 자주 설명되었다. 투우사가 소의 급소를 찌르는 짧고 중요한 순간을 의미하는 투우 용어에서 가져온 진실의 순간^{MOT}은 '실패가 허용되지 않고 피할 수 없는 승패를 결정하는 순간'을 의미한다. 즉, 사용자가 받아들이거나 거절하는 의사 결정의 순간으로, 스칸디나비아 항공의 얀 칼슨은 MOT를 설명하며 15초의 고객 응대 시간이 서비스 전체 이미지를 좌우한다고 언급했다. 특히 IT 기술의 발달로 MOT를 고려할 때 자주 간과하는 부분이 바로 '사람'이 만드는 접점이다. 사물 인터넷 기술 등을 통해 자연스럽게 제공되는 경험의 가치는 중요하지만 여전히 대면 서비

---

*   《서비스 디자인》(카오스북, 2016, 앤디 폴라인 등 공저, 임윤경 외 역), 156쪽

스와 같은 사람이 만드는 접점은 비즈니스에 최상의 가치를 부여할 수 있는 주요 요소다. 특히 가성비로 표현되는 가격이라는 가치의 관점에서는 다루기 쉽지 않은 감성적 만족의 중요성을 고려해 차별적 가치를 제공하고 싶다면 사람이라는 터치포인트 요소를 반드시 깊이 고민해야 한다.

그리고 터치포인트와 관련해 시간이라는 요소를 기억하자. 2장에서 살펴본 것처럼 사람들은 미래를 이야기하면서도 선택의 순간에는 '지금'의 가치를 만족하게 하는 부분에 집중한다. 미래를 고려할 때도 아주 먼 미래보다는 가까운 미래에 관한 내용에 더 관심을 가진다. 그리고 고객은 특정 접점에서의 경험은 물론 서비스의 처음부터 끝까지 어떻게 전체 경험이 제공되는지를 고려한다. 예를 들어 레스토랑 방문을 생각하자. 어쩌면 레스토랑은 음식을 제공하는 곳이므로 고객 여정 중 가장 집중해야 할 접점을 메인 음식이라고 생각할 수 있다. 하지만 고객 여정을 고민한 감정선을 고려한다면 메인 음식의 훌륭함은 당연한 것이지 차별화 지점이 아니다. 그리고 어쩌면 많은 사람이 크게 주목하지 않았던 식사 마무리 시점에 제공되는 디저트가 생각보다 훌륭할 때 고객 여정의 전체 감정을 긍정으로 이끌 수도 있다.

이와 함께 무형의 성격을 가지는 서비스의 한계를 유형의 증거를 통해 극복해야 한다. 물리적 증거 Physical evidence는 터치포인트를 유형으로 제공해 고객이 서비스를 효과적으로 경험하게 만든다. 물리적 증거란 무형의 서비스를 전달하는 표지판, 건물 외관, 내부 인테리어, 가구, 티켓, 영수증, 온라인 서비스, 직원 유니폼 등을 비롯한 모든 유형 요소 및 주변 환경 요소를 의미한다. 이는 공연 감상이라는 무형의 경험이 훌륭했음을 증명하려면 티켓을 소재로 인스타그램에 올릴 인증샷이 필요한 것과 마찬가지다. 이러한 부분들을 어떻게 서비스 제공 과정에서 고객 경험으로 자연스럽게 녹일 수 있는지를 분석 단계에서부터 고민해야 한다. 따라서 공간 배치와 동선을 고려한 서비스에서 이루어지는 상호작용은 물론이고 이러한 여러 요소가 결합하여 만들게 되는 상징적 의미 등을 고려해야 한다. 이러한 물리적 증거를 통해 사람들은 제공될 서비스를 예측하고 경험에 대한 평가 기준으로 삼기도 한다.

결국 단순한 서비스 제공이 아닌 체험 경제로 진화하면서 차별화된 경험을 제공하려면 고객의 여정을 따라가며 세부 단계로 나누어 상세히 살펴봐야 한다. 특정 지점에서 이루어지는 자극적이고 충동적인 활동을 의미하는 것은 아니다. 마치 하나의 예술 무대처럼 적극적으로 서비스 경험에 참여하는 사람이 얻을 수 있는 인상적인 고객 경험을 제공해야 한다. 따라서 서비스 제공자는 전체 과정을 구성하는 세부 요소들의 상호작용을 통해 고객이 만족하고 가치를 느끼는 이유를 제공해야 하며, 고객은 이를 통해 여정 관점에서 경험을 소비하고 자신의 기준에서 만족하게 된다.

서비스에 반영되는 물리적 증거 서비스는 표지판, 내부 인테리어, 직원 유니폼 등의 물리적 증거를 통해 경험으로 전달된다. 즉, 유형의 요소를 통해 무형의 성격을 가진 서비스 한계를 극복하고 고객에게 경험을 충실히 전달할 수 있다.

고객 여정 지도 만들기

고객 여정 지도는 관찰한 내용을 기반으로 고객(퍼소나)의 입장에서 어떤 과정을 단계별로 거치는지 흐름과 그때의 경험을 표현하는 활동이다. 특히 고객의 서비스 이용 전후를 고려해 콘텍스트를 파악하고 시간 변화에 따라 고객들은 무엇을 불편해하고 두려워하고 의심하는지 또 무엇을 기대하고 필요하고 희망하는지 시각화한다. 이 과정에서 우리와 고객의 관계, 우리 생각과 고객 기대의 차이를 확인하고 고객 경험의 혁신이 필요하거나 새로운 서비스 기회가 있는 지점이 어디인지 검토할 수 있다.

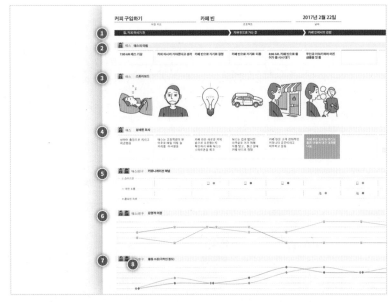

고객 여정 지도의 구조 이 이미지는 스매플리(www.smaply.com)에서 공개한 여정 지도에 대한 기본 구조와 각 항목을 소개한 내용이다. 고객 여정 지도의 구조와 세부 내용은 프로젝트에 따라 변경될 수 있다. 출처 https://www.smaply.com/blog/workshop-templates

프로젝트 목표와 팀의 관점에 따라 고객 여정 지도의 구성과 내용은 다를 수 있지만 대체로 퍼소나별로 서비스 전·중·후의 활동, 터치포인트와 상호작용, 감정선 및 세부 내용 등으로 구성된다.

고객 여정 지도는 고객이 겪는 활동을 단계별로 작성한 후 각 활동의 세부 내용을 정리해 작성한다. 이때 시각화 요소를 충분히 반영해 누구나 쉽게 이해할 수 있어야 한다. 고객 여정 지도를 작성하는 방법은 다음과 같다.

1 고객 여정 지도를 그리려면 관찰 활동에서 확보한 정보가 필요하다. 퍼소나가 준비되지 않았다면 서비스의 퍼소나를 정의하자. 물론 퍼소나 없이 여정 지도를 그릴 수는 있겠지만 익숙하고 일반적인 내용을 확인하는 데 그치기 쉽다.

2 퍼소나를 중심으로 여정이 기본적으로 가지고 있는 터치포인트가 어떠한지 파악하고 분류하자. 서비스 이용의 전체 흐름을 전·중·후 세 단계로 나눈다. 그리고 관찰 활동에서 확인한 내용을 단계별로 여정을 쪼개어 고객이 느끼는 경험 단위로 시간에 따라 순차적으로 표시한다. 이때 아주 세부적인 내용까지 표현하거나 반대로 너무 많은 단계로 나누는 것을 피한다. 여기까지 진행했다면 고객과 이해관계자 사이에 존재하는 터치포인트와 서비스 생태계를 고민하는 기초 작업이 마련된 것이다.

3 작성한 고객의 이용 흐름을 바탕으로 터치포인트와 관련 상호작용을 표시한다. 유·무형의 다양한 모습을 갖는 터치포인트는 고객에게 서비스 경험을 전달할 뿐 아니라 시스템, 프로세스, 브랜드 등과 어떻게 연결되는지 관계가 있다.

4 흐름에 따라 경험에서 나타나는 그때그때의 감정을 긍정과 부정으로 나누고 감정의 정도를 높낮이로 표시한 후 선으로 이어 감정의 흐름을 표시한다. 이렇게 하면 인상적인 순간이나 부정적인 상황을 직관적으로 확인할 수 있다. 관찰 활동에서 만난 기쁘고 즐겁고 행복하거나 화나는 등의 다양한 감정을 감정선에 함께 표현해 반영할 수도 있다.

5 감정선 위에 퍼소나의 시각에서 중요한 부분을 적절히 표현하자. 필요하면 그림이나 사진 등을 통해 시각적으로 나타내자. 그들의 입장에서 반드시 고려해야 할 불편함이나 니즈가 있다면 확인해 작성한다. 인터뷰 중 인상적이었던 이야기나 관찰 내용을 남겨두거나 태스크 수행 내용과 그 감정을 적을 수도 있다. 결국 주의 깊게 고려해야 하는 부분은 감정 자체가 아니라 그러한 감정이 나타나게 된 원인을 찾고 해석하는 부분이므로 해당 부분이 고객 여정 지도에 표시되게 하자.

6 아이디어에 관한 내용이 있다면 반드시 기록해 프로세스 진행 중에 놓치지 않아야 한다.

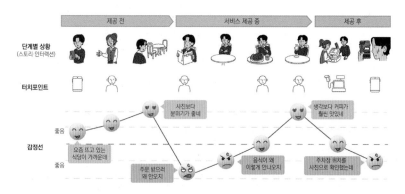

레스토랑 경험에 대한 고객 여정 지도 작성 사례   고객 여정 지도는 프로젝트에 적합한 형태로 작성되며, 이때 감정선의 낮은 지점에 있는 내용을 어떻게 변화시킬 것인지 고민해 서비스 경험을 바꾸어야 한다.

고객 여정 지도를 작성하려면 고객의 경험 순간에 대한 이해와 그 순간 감정이 어땠는지 확인이 필요하지만, 고객들은 자신의 행동을 프로세스가 원하는 활동이나 터치포인트별로 쪼개어 표현하지는 않는다. 다행히 자신의 경험을 표현하려고 고객이 노력하더라도 대부분은 "그 레스토랑이 참 좋았어요", "서비스 때문에 화가 났어요"와 같이 전반의 감정을 묶어 표현할 때가 흔하다. 따라서 이러한 어려움을 줄이려면 관찰 활동에서 미리 다음 2가지 내용을 고려하자.

첫째, 관찰 활동 단계에서 구체적인 이유를 뽑으려면 단편적이지 않은 질문을 해야 한다. 세컨더리 리서치 내용과 함께 첫 번째 인터뷰 활동에서 확인한 고객 여정을 토대로 두 번째 인터뷰부터 인터뷰 가이드라인을 업데이트하자. 질문 내용에 더 세부적으로 여정을 반영해 단계별로 나누어 묻고 고객의 감정을 충분히 확인하자. 이때 그들의 감정에 어울리는 표현을 충분히 소개할 수 있게 감정을 정리한 카드를 보조재로 활용해도 좋다.

둘째, 현장 관찰 내용이 고객 여정을 유추하는 근거가 되므로 섀도잉과 같은 관찰 활동을 진행한 후 심층 인터뷰를 진행해 질문자가 원하는 단계나 상황에 대한 고객의 생생한 감정과 생각을 파악하자. 물론 이 경우에도 매 순간 감정을 확인하는 것은 아니다. 정확한 기억이 아닐 수 있고 응답자에 따라 왜곡이 있을 수도 있다. 하지만 특별한 대안을 따로 마련하지 않으면 여정에서 느낀 고객의 감정을 구체적으로 확인하기 어렵다는 점을 알아두자.

필요하다면 작성된 고객 여정 지도를 내외부 이해관계자와 함께 코크리에이션 관점에서 공유 활동을 진행하자. 이 활동을 통해 메시지가 통합되며 지나쳤을 수 있는 고객 및 내외부 관계자의 관점이나 상호작용의 의미를 확인하고 개선 요소나 새로운 기회 영역을 찾을 수도 있다.

디자인 원칙 도출하기

분석 활동에서 도출된 인사이트를 실행 가능한 **디자인 원칙**Design principle 으로 전환하자. 비제이 쿠마Vijay Kumar 교수는 《혁신 모델의 탄생》에서 디자인 원칙을 '니즈에 대한 이해와 해결책 사이에 존재하는 직관적 공백을 채워주는 것'으로 설명했다. 디자인 원칙은 아이디어를 발전시키기 위한 출발점이자

유망한 기회 영역을 발견하는 기준점이며 도출된 아이디어를 평가하는 데도 사용된다. 관찰 활동에서 찾은 인사이트를 의식적으로 전환하는 활동으로 실행을 고려한 미래 지향적 기준을 이해하기 쉬운 글로 제공한다. 예를 들어 1장에서 언급한 영국 히스로 공항의 탑승 수속 과정에서 찾은 인사이트가 어떻게 기회로 전환되는지 생각하자.*

- **인사이트** : 항공 수속을 하는 데 소요 시간이 너무 길고 단계가 복잡하다.

- **디자인 원칙** : 어떻게 항공 탑승에 관련된 수속 절차를 단순화할 수 있을까?

- **아이디어** : 모바일 체크인 서비스, 공항 내 키오스크 셀프 체크인 시스템 등

이처럼 발견점과 시사점에서 찾은 인사이트는 디자인 원칙으로 재구성되어 발상하기 단계의 아이디어 전개로 이어진다. 디자인 원칙은 한 번의 활동으로 고정될 수도 있지만 그보다는 분석하기 및 아이디어 발상 단계 사이에서 교차되며 반복적으로 되풀이된다.

인사이트, 디자인 원칙, 아이디어 전환의 사례 인사이트는 디자인 원칙으로 재구성되어 아이디에이션 활동의 출발점이 된다. 영국 히스로 공항의 탑승 수속 과정을 개선하고자 진행된 프로젝트 활동을 살펴보면 인사이트, 디자인 원칙, 아이디어로 이어지는 과정을 확인할 수 있다.

* 《스토리텔링으로 풀어보는 UX 디자인》(김동환·배성환·이지현 저) 참조

디자인 원칙을 정의하기 위해 이해하기 단계에서 살펴본 HMW(우리가 어떻게 ~해볼까?) 질문을 활용하자. 이 방식은 프로젝트팀이 기회 영역을 찾고 표현하고 아이디에이션하는 데 도움이 된다. 분석 활동 내용을 다시 한번 함께 확인하며 논의를 통해 HMW를 활용한 디자인 원칙을 작성하자. 이때 니즈가 명확히 파악되어 인사이트가 정확히 반영될수록 디자인 원칙 또한 구체적이고 올바른 질문 형태로 작성될 수 있다. 질문이 작성되면 누구나 해결책을 간단히 떠올리게 되는 내용은 아닌지, 또 팀이 왜 이 질문을 제안하고 답을 찾으려 하는지 다시 한번 함께 고민해봐야 한다.

'우리가', '어떻게' ,'해볼까'로 구성된 HMW 질문　이해하기 단계부터 서비스 디자인 씽킹 프로세스 전반에서 폭넓게 응용되는 HMW 질문은 분석 활동의 디자인 원칙 작성 활동에서 활용된다.

그리고 팀이 함께 논의하는 과정에서 여러 가지 HMW 질문이 작성된 후에는 우선 순위를 매겨 다섯 개 내외의 질문을 선택해 어떤 기회 영역에 집중할 것인지 고민하자. 그리고 발상하기 과정에서 이를 활용해 새롭고 혁신적인 해결책을 찾게 된다.

특히 분석하기 단계에서 디자인 원칙을 만들 때 현재 조직의 실행 가능 범위를 너무 많이 고려해서는 안 된다. 디자인 원칙이 관리 가능한 범위에 있어야 하지만 그로 인해 프로젝트팀의 입장에 의해 고객 관점이 흐려져서는 안 되며, 실행 가능성은 발상과 제작 단계에서 충분히 좁혀질 수 있다. 사용자 경험 디자인의 경우 '사용자'라는 비교적 명확한 대상에 한정 지어 고려할 수 있지만 서비스 디자인은 '고객' 중심으로 '이해관계자'를 고려해야 한다.

그리고 특정 솔루션에 대한 고민 또한 버리고 인사이트 중심의 기획 영역으로 넓히는 데 집중하자. 오히려 혁신의 기회는 주제와 쉽게 연결되지 않아 떨어져 있는 외곽 영역처럼 보이는 곳에서 찾아낼 수 있다는 점을 상기하자. 디자인 원칙은 이러한 부분에 대한 반복적인 고민과 검토가 필요하며 주의 깊게 살펴야 한다.

결국 사람들의 자연스러운 행동 변화를 만들어 서비스와 제품이 지속적으로 사용되는 것이 프로젝트의 목표다. 하지만 모든 프로젝트가 앞으로의 가능성을 다루는 기회 영역을 고려하며 똑같은 접근을 하는 것은 아니다. 비즈니스의 경우 사업 경쟁력을 확보해 수익을 창출하고 다시 재투자하기를 원한다. 이 과정에서 시장 내 경쟁력을 갖추고 궁극적으로는 비즈니스에 최적화된 생태계를 구축하기를 원한다. 하지만 서비스 디자인 씽킹은 비즈니스 관점에서만 접근하는 것은 아니다. 공공 기관이나 비영리 단체 등은 정부의 예산이나 지원금 등을 기반으로 사람들의 인식과 행동에 변화를 가져오기를 원하며 결과적으로 사람들의 자발적 참여를 통해 지속성을 갖추길 원한다. 따라서 비즈니스와는 다른 관점의 서비스 생태계를 구축하고자 노력한다.

'분석하기' 단계는 관찰 활동 내용을 문제 해결을 위한 인사이트로 바꾸는 과정이다. 조사 활동의 다양한 내용을 모으고 정리해 의미를 찾고, 문제 해결을 위한 기회 영역을 만드는 과정은 쉽지 않다. 이때 분석하기 단계의 주요 활동인 어피니티 다이어그램, 퍼소나, 고객 여정 지도 등의 다양한 접근은 디자인 원칙으로 이어져 아이디어를 발전시키는 좋은 출발점이 된다. 그리고 고객과 그들의 여정 전반을 세심하게 분석하고 해석하기 위한 프로젝트 팀의 충분한 노력을 통해 더 좋은 문제 해결 방법을 찾을 수 있다.

관찰하기 단계에서 진행된 인터뷰와 현장 관찰 조사 등의 내용을 바탕으로 분석하기 단계가 진행되었다. 분석 활동은 크게 어피니티 다이어그램 및 퍼소나 작성, 고객 여정 지도 확인, 디자인 원칙 도출 순서로 운영되었다.

프로젝트팀은 어피니티 다이어그램을 통해 정보를 분류하고 그룹 지으며 패턴을 찾았다. 특히 흥미로운 발견이나 인상적인 내용을 놓치지 않고 반영해 의미 있는 인사이트를 찾기 위해 노력했으며, 이 활동을 수차례 반복했다.

어피니티 다이어그램 진행   여러 차례 반복 운영된 이 활동을 통해 관찰 내용을 다시 한번 확인하고 의미있는 발견점을 찾고자 노력했다.

퍼소나는 어피니티 다이어그램을 진행해 도출한 내용과 앞서 제작된 프로토 퍼소나를 고려해 작성했고, 퍼소나를 중심으로 고객 여정을 표시했다. 특히 내용을 정리해 제작을 완료하는 부분보다는 다양한 결과를 빠르게 만들어보고 팀이 이를 함께 논의해 다시 업데이트하는 부분에 집중했다.

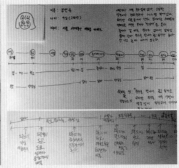

퍼소나 제작을 위한 과정 인상적인 경험을 찾기 위해 퍼소나 제작을 위한 어피니티 다이어그램 (좌), 퍼소나를 고려한 여정 맵핑(우상단), 터치포인트를 고려한 여정 작성(우하단) 등 다양한 형태의 활동과 실습을 거듭했다.

놀 프로젝트는 어피니티 다이어그램을 기반으로 인사이트를 도출하는 여러 활동을 진행한 후 다음과 같은 방향성을 정했다.

- **즐거운 관심** : 소외되지 않는 관계 속에 자유로운 놀이
- **창조적 재미** : 아이들만의 새로운 놀이가 창조되는 가능성의 장
- **배우는 경험** : 전통 놀이, 소속감 등을 포함하는 배움의 공간으로 놀이터

디자인 원칙은 두 번의 워크숍 활동을 거쳐 HMW의 형태로 도출해 정리했다.

- 어떻게 하면 자발적으로 어울릴 수 있는 놀이 프로그램이 될 수 있을까?
- 어떻게 하면 아이들이 쉽게 이해하고 자유롭게 몰입할 수 있을까?
- 어떻게 하면 안전 속에서 재미도 있는 배움의 놀이를 제공할 수 있을까?
- 어떻게 하면 아이와 부모에게 명확한 놀이 기준을 제시해 지속성을 유지할 수 있을까?

09

발상하기

해결책을 위한 아이디어 확보

'발상하기' 단계는 관찰과 분석 단계에서 찾아낸 발견점을 중심으로 아이디어를 내고 다듬어 새로운 문제 해결 방법을 이끌어내는 체계적 과정이다. 이 단계의 주요 활동은 아이디어를 만들어내는 것이다. 서비스 디자인 씽킹 프로세스를 경험하지 않았더라도 브레인스토밍과 같은 아이디어 발굴 활동은 경험했을 것이다. 아이디어를 발굴하는 활동은 기업이나 단체의 업무 현장뿐 아니라 영화나 TV 프로그램 등 다양한 미디어 콘텐츠 안에서도 쉽게 접할 수 있다.

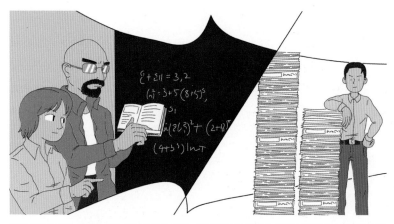

문제 해결을 위한 치열한 접근 과정인 발상 활동 발상하기의 시작은 다양한 접근으로 문제 해결의 실마리를 찾고 아이디어를 만들어내는 것이다. 특히 자유로워 보이는 겉모습 뒤에는 치열함과 절실함이 바탕에 있음을 잊어서는 안 된다.

하지만 익숙한 만큼 핵심을 가볍게 여기고 오해도 생긴다. 아이디어를 내보자는 이야기가 나오면 일정 시간 동안 지정된 공간에 들어가 의견을 제시하지만, 막연히 양을 늘리면 된다거나 뻔한 과정이라고 생각하는 경우도 많다. 이와 같은 접근이 반복되면 아이디어를 위한 세션이 무의미한 시간 소비처럼 느껴지기 쉽다. 하지만 여기서 놓쳐서는 안 되는 부분이 있다. 문제 해결 방법을 찾기 위한 아이디에이션 활동은 단순히 자유로운 형식의 회의가 아니다. 양에 집중해서라도 모두 함께 참여해 다양한 의견을 도출하겠다는 치열함과 문제를 반드시 해결하겠다는 절실함이 바탕에 깔려 있다. 미디어 콘텐츠에 등장하는 아이디어 활동 역시 아이디어의 내용보다 접근 태도를 다루는 경우가 많다. 스튜디오 지브리나 드림웍스 등에서는 콘텐츠 제작의 치열함을 보여주기 위해 키 높이만큼 쌓였거나 바닥 면을 꽉 채운 아이디어 시트를 보여주기도 하고, 해답을 찾고자 날 선 의견을 주고받는 활동을 여과 없이 보여주는 건 그 자체가 절실함을 표현한다. 업무 현장에서도 절실하게, 치열하게, 모두 함께 등 기본적인 접근 태도를 놓쳐서는 안 된다.

발상하기 단계에서는 인사이트 중심으로 차별화된 가치를 반영한 아이디어를 만들어야 한다. 이 활동에서 구체적인 문제 해결책을 찾으려면 많은 양의 아이디어가 기본적으로 필요하다. 아이디어가 풍부해야 원하는 방안을 골라 콘셉트로 연결할 수 있다.

9.1 차별화된 아이디어를 위한 접근

아이디어 활동을 언급할 때면 자유롭고 창의적인 분위기를 강조하거나 아이디어를 풍족하게 하는 여러 방법을 다루게 된다. 방법론도 중요하고 필요하다. 하지만 서비스 디자인 씽킹 과정에서 필요한 아이디에이션 활동을 충실히 운영하려면 먼저 실행 관점을 고려해야 한다. 새로울 뿐 아니라 더 복잡해지는 서비스 경험을 혁신하는 아이디어를 얻는 접근 방향부터 살펴보자.

시각화의 강조

우리는 《비즈니스 모델의 탄생》에서 말하는 비주얼 씽킹Visual thinking, 《월스트리트 저널 인포그래픽 가이드》에서 다루는 인포그래픽Infographic 같이 잘 알려진 내용을 통해 시각화를 통한 접근의 중요성을 접해왔다. 시각화는 서비스 디자인 씽킹 과정 전체에서 강조되는 요소로 멋진 그림을 그리는 활동이 아니라 공감을 위한 표현과 공유의 과정이다. 진행 과정을 가시화해주는 프로젝트 공간의 구성부터 관찰 활동에서 확보한 다양한 사진, 분석 활동에서 만든 퍼소나와 여정 지도 등 다양한 산출물은 시각화의 재료나 활동으로 프로세스 단계마다 중요하게 다루어진다. 특히 발상하기와 제작하기 단계는 아직 명확하지 않거나 현재는 존재하지 않는 부분을 마치 실제 존재하는 모습으로 표현하므로 시각화는 더욱 중요하다.

복잡한 정보를 이미지로 표현해 눈으로 확인하면 글이나 말보다 쉽게 해결되는 경우가 많으므로 서비스 디자인 씽킹 과정 중 만나게 되는 문제 상황이 간단하더라도 우선 그림으로 그려보자. 점과 선을 활용해 간단히 표현하는 것부터 해보자. 이때 가장 효과적인 도구는 종이와 펜이다. 포토샵이나 일러스트레이터 등의 디지털 도구를 활용해도 좋지만 우선 손으로 그려보자. 다시 강조하지만 멋진 그림을 위한 활동이 아니므로 전달하고 공유하고 싶은 부분에 집중하자. 오히려 복잡하게 잘 그리려는 노력이 내용 전달의 장애물이 되기도 한다.

'편안하게 마주 보고 앉는 공간'에 대해 시각화한 아이디어　펜과 종이를 통해 음악이 있는 빈 백, 실내 캠핑, 족욕 공간 등 서로 다른 각자의 생각과 내용을 간단하지만 구체적으로 표현할 수 있다. 잘 그리는 것이 중요한 예술 작업이 아니라는 점을 잊지 말자.

　　예를 들어 회계 회사와 일을 할 때 아이디어를 표현한 이미지 속 숫자들의 계산이 틀린다면 아이디어 전반을 보는 대신 그 부분에 신경 쓰거나 불편해하는 사람들을 보게 될 것이다. 이처럼 핵심 외에 꾸미기 위한 표현은 사람들의 시선을 부차적인 곳으로 향하게 만들어 내용을 공유하는 데 오히려 방해가 될 수 있다. 이때 그림에 규칙을 부여해 그리면 재현성에 도움이 된다. 예를 들어 고객은 동그라미, 서비스 제공자는 삼각형, 서비스 가치의 이동은 화살표 같은 기준을 정해 아이디어 시트 위에 그려보자. 함께 이해하고 공감하는 데 도움이 될 뿐 아니라 의견 비교가 쉽고, 같은 내용이라면 그리는 시기나 대상 등의 변동에 의한 영향 또한 줄어든다. 또한 시각화가 익숙하지 않은 사람이 그림에 대한 두려움을 떨치는 데도 도움이 된다.

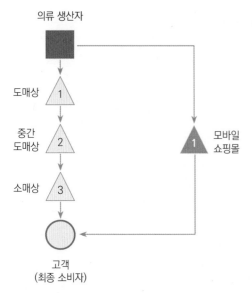

도형을 활용한 시각화 사례　오프라인과 모바일의 쇼핑 제공 과정에 차이가 있다는 점을 도형과 선 위주로 간단하지만 쉽게 표현해 비교할 수 있도록 했다.

　　손으로 그리는 것만으로도 시각화의 좋은 시작이 될 수 있지만 비교적 익숙한 또 다른 방법을 원한다면 콜라주 활동의 진행이나 사진을 충분히 활용하는 접근을 권한다. 관찰 단계에서도 소개했던 콜라주 활동은 구체적으로 형상화하기 어렵더라도 비유적으로 생각을 표현할 수 있게 도와줘 효과적이며 대부분 경험해본 활동이므로 진행이 어렵지 않다. 만약 그림 실력이 여전히 계속 신경 쓰인다면 사진을 적절히 응용하면 도움이 된다. 사진은 표현에 현실감을 부여하고 내용 공유를 명확히 하도록 도우며, 특히 스케치와 실제 사진을 적절히 조합해 만드는 하이브리드 프로토타이핑과 같은 형태를 고려하는 것은 공유를 위한 좋은 선택이다.

　　텍스트 위주보다 시각적 요소가 들어간 쪽이 내용 전달과 공유를 위한 커뮤니케이션에 더 나은 선택이 된다는 것은 분명하다. 글로 작성된 내용만으로는 각자 다른 모습을 떠올리기 쉽기 때문에 코크리에이션 관점에서 시각화된 내용을 활용하면 함께 논의하고, 의견을 빼거나 더하기가 훨씬 쉽다. 따라서 아이디에이션 활동에서 시각화가 원활히 운영되도록 퍼실리테이터가 지속적으로 그리는 활동을 유도할 필요가 있다. 우선 신호등 모양, 도트 스티커 투표, 벤다이어그램 등 익숙하게 느껴지는 방법부터 적극적으로 시각화에 이용해보자.

제작하기 단계에서 시각화는 중요한 실행 요소로 사람들이 단순한 내용 전달을 넘어 콘셉트를 반영하고 가치와 혜택을 느끼게 해야 한다. 더 구체적인 시각화가 요구된다면 전문 도구를 사용하거나 디자인 역량을 가진 팀원의 도움을 고려할 수도 있다.

코크리에이션 관점의 접근

코크리에이션(공동창조, 함께 만들기)은 프로젝트 관련 이해관계자의 협력과 참여를 기반으로 다양한 의견과 생각을 수용해 가치를 형성하고 추구하는 접근이자 서비스 디자인 씽킹 활동의 중요한 협업 원칙이다. 따라서 아이디어를 생성하고 다듬는 발상하기 활동 역시 코크리에이션 관점을 반영하며 아이디에이션 활동의 참여자를 계획할 때 전문가는 물론 비전문가를 포함한 다양한 참여를 적극적으로 고려한다. 서로 다른 지식과 경험을 가진 이해관계자의 관점이 반영되면 새로운 발상을 자극할 뿐 아니라 더 정교한 아이디어가 만들어져 결국 더 높은 가치를 담은 해결책으로 이어진다.

다양한 사람으로 구성된 아이디어 활동을 코크리에이션 관점에서 성공적으로 진행하려면 무엇보다 퍼실리테이터의 역할이 중요하다. 퍼실리테이터는 집단이 원하는 바를 달성할 수 있게 돕는 촉진 활동인 퍼실리테이션Facilitation을 수행하는 사람이다. 흔한 오해가 퍼실리테이터를 단순히 진행을 맡는 사회자로 생각하는 것이다. 물론 퍼실리테이터는 참석자 소개, 분위기 유도와 원활한 진행, 정보 안내 등 사회자가 일반적으로 수행하는 역할을 맡는다. 하지만 사회자가 행사 진행에 집중하는 것과 달리 퍼실리테이터는 참여자들이 문제를 해결하도록 돕는 데 집중한다. 퍼실리테이터는 참여자가 주어진 시간 동안 집중하고 적극적으로 참여하도록 유도하며 아이디어 도출이 막힐 때면 분위기를 바꾸고 자극하는 역할도 한다. 또 참여자가 상호작용을 통해 문제 해결책을 찾을 수 있도록 프로젝트 성격과 활동에 따라 적절한 기법을 활용해야 하며 그에 대한 이해가 필요하다.

인터랙티브 가구를 위한 코크리에이션 워크숍 사례　코크리에이션 활동에서는 선의 연결, 펜의 색, 종류별 포스트잇 활용 등 쉬운 방법으로 시각화해 참여자 모두의 커뮤니케이션을 활성화한다.

서비스 디자인 씽킹에서 퍼실리테이션 활동은 비즈니스와 혁신 문제를 주로 다루므로 커뮤니티 간 분쟁 해결이나 공동체의 팀워크 등의 내용까지 포함하는 일반 퍼실리테이션에 비해 고려 범위가 좁다. 이러한 활동 과정에서 퍼실리테이터는 기본적으로 중립 입장을 가져야 한다. 퍼실리테이터가 중립을 지킬 때 사람들은 자유롭게 의견을 내고 충분한 논의를 거쳐 해결책을 이끌어낼 수 있기 때문이다. 따라서 개인이 가지는 프로젝트에 대한 생각이나 목표를 기준으로 가르치거나 설득하거나 교육하려는 접근은 퍼실리테이션 활동과 거리가 있다.

또한 활동 내용을 빠르게 파악해 실시간으로 그려 참여자들이 전체 관점에서 아이디어를 효과적으로 확인할 수 있게 이미지화하는 그래픽 레코딩이 있으며, 이를 통해 참여자가 활동에 몰입할 수 있게 촉진하고 돕는 방법을 그래픽 퍼실리테이션Graphic facilitation이라고 한다.

그래픽 레코딩 사례 UXCampSeoul 5th의 세션 내용을 표현한 결과물이다. 진행 과정과 결과 공유를 위한 시각화가 중요하다는 점을 기억하자. 출처 정진호, lovesera.tistory.com/870

코크리에이션이 말하는 고객과 사용자의 참여는 단순히 제시된 아이디어에 대한 피드백을 의미하는 것이 아니다. 그들 역시 프로젝트팀처럼 아이디어 발상에 직접 참여해 자신들의 경험을 녹여내고 문제 해결 방법을 함께 찾아 공동의 가치를 만들어나간다는 의미이다. 따라서 퍼실리테이터는 이들이 전문가 속에서도 원활히 아이디어를 꺼낼 수 있는 환경을 만들고, 시각화 방법도 디자이너나 전문가에 편한 도구 대신 누구에게나 익숙하고 쉬운 방법을 고려해야 한다.

그리고 외부 전문 인력과 연계해 프로세스를 진행할 경우 그들도 아이디에이션 세션에 참여하게 하자. 특히 관찰 조사 활동을 전문 리서치 업체에 맡긴 경우 진행 목적과 예산에 따라 조사 결과 리포트를 받아 내용 정리와 의견 수렴에 참조하는 경우가 있다. 이러한 리포트는 이해관계에 따른 다소 방어적인 관점에서 작성되기 쉬운데, 의뢰를 받은 입장에서 불확실한 내용을 던지기보다는 비교적 명확하게 확인된 부분 중심으로 한정해 정리하는 외부 관점의 접근이 보편적일 수도 있다. 하지만 이러한 접근에서는 내용이 일반화되고 무뎌지면서 다소 뻔한 느낌이 되기 쉽다. 따라서 흔히 외부 조사 기관의 관찰 활동 참여까지만 고려하는 경우가 일반적이지만 발상하기 단계에서도 다시 참여시키면 보완이 가능하다. 즉, 그들을 아이디에이션 활동의 참여자로 참여시키자. 물론 워크숍 참석 비용은 별도로 청구되겠지만 제한된 보고서에서 확인이 어려웠던 다양한 관점과 내용을 발상하기 단계에서 확인하고 포함시킬 수 있을 것이다.

당연한 듯 지나치지 않기

아이디어는 프로토타이핑을 거쳐 고객에게 전달되는 해결책의 기초가 된다. 서비스를 단순히 전달하는 것이 아니라 경험의 무대를 만든다는 관점에서 결과를 만족스럽게 얻으려면 아이디어 발상 과정부터 보석 같은 아이디어를 놓치지 않도록 주의를 기울여야 한다. 하지만 익숙한 기존 사용처나 특징에 사로잡혀 쉽게 놓치는 부분이 생긴다. 특히 경험을 제공한다는 관점에서 시간과 공간은 반드시 생각해야 한다. 하지만 막상 아이디에이션 과정에서는 이 부분에 대해 크게 관심을 두지 않는 경우가 흔하다.

아이디어에 시간이 적절히 반영될 때 고객의 경험을 재가공할 수 있다. 그리고 고객 관점에서 현재 시점을 서비스에 부여하고 녹여내야 한다. 또 공간은 서비스를 전달받는 물리적 요소에 그치지 않고 직접 체험 가능한 경험 공간으로 고객 자신의 관점에서 판단할 수 있어야 한다.

예를 들어 아이디어 내용이 '미국에서 유행하는 맛을 제공한다'일 때, 문자 그대로 단순히 전달된다면 고객은 자신의 경험과 특별한 연결고리를 만들지는 않을 것이다. 하지만 '뉴욕에서 당신이 즐기던 그 맛을 지금 서울에서 만나세요' 같은 접근은 현재 시점과 공간을 고객 자신의 경험으로 이동시킬 수 있는 계기를 만들어준다. 누군가는 자신의 경험을 다시 한번 떠올리고 또 누군가는 앞으로 만날 새로운 장소에서의 경험을 기약할 수 있을 것이다. 특히 최근 소비자는 서비스 가치를 함께 창조하는 협력자의 모습을 지니고 있어 독특한 경험을 제공받으면 다양한 구전 효과를 일으킨다. 즉, 고객의 페이스북 채널에 '내가 뉴욕에서 먹던 건데 정말 서울에서도 똑같네'와 같은 표현으로 특별한 경험이 남고 공유되는 것이다. 이는 뮤지컬을 본 인상 깊은 경험을 티켓 인증샷을 공유해 표현하는 것과도 유사하다. 따라서 생산자 중심에서는 지나치기 쉬운 소비자가 느끼는 특별한 경험의 관점을 반영하기 위해 아이디에이션 과정에 소비자를 참여시키는 것은 중요하다.

고객은 어떤 유통 과정이나 기술로 뉴욕의 맛을 제공하는지 전혀 관심 없을 수 있다. 어쩌면 고객은 '내가 멋져 보이고 싶다'는 자랑이나 허세 섞인 감성적 만족을 원하는지도 모른다. 이처럼 생산과 판매의 효율 중심의 기업이 놓치기 쉬운 꿈, 희망, 기대 등과 같은 다양한 감성의 요소를 고객 및 사용자의 관점에서 반영하기 위해서는 그들의 참여가 필요하다.

서비스 시간이 길다면 그 과정에서 맥락적 환경Contextual environment이 바뀔 수 있다는 점도 고려해야 한다. 구글의 선임 UX 디자이너 미할 레빈Michal Levin은 사용자 활동 지속 시간이 길어지면 사용자가 자신의 최종 목표를 달성하기 위해 하나의 활동이 아니라 여러 단계를 거치게 되고, 작업을 멈추고 다시 또 진행해야 하는 과정에서 콘텍스트가 바뀔 수 있으며, 결국 긴 활동 시간 동안 작업은 제각각으로 나뉘어 서로 다른 상황에 대응해야 할 수도 있다고 설명한다. 예를 들어 에어비앤비 사용 중 현지 여행 과정에 대한 아이디어를 논의한다고 가정하자. 이 내용을 다루려면 숙소 위치 확인, 숙소 찾아가기, 공간 확인, 주인과 연락, 주변 탐색 등과 같이 세분화된 활동이 서로 다른 시간과 공간에서 이루어지고 그때마다 터치포인트나 상호작용 등은 물론이고, 고객 경험 측면도 다르다는 점을 여러 각도에서 살펴봐야 한다.

이처럼 시간과 장소의 요소를 다각도로 반영해 아이디어에 적절히 녹이는 것은 경험을 하나의 스타일 또는 콘텐츠로 연결해 차별화된 해결책을 만드는 접근이 된다.

9.2 아이디어의 발상과 구체화

분석 활동에서 찾아낸 인사이트, 디자인 원칙 등에 근거하여 아이디어를 생성하고 확장하고 구체화한 후 정리하게 된다. 여기서는 아이디에이션 활동을 준비하고, 아이디어를 찾고, 아이디어의 우선순위를 정하고, 콘셉트 스케치와 시나리오 작업을 하는 과정이 이루어진다. 하지만 선형적이고 순차적으로 이루어지는 것만은 아니며 순환적인 구조를 가지게 되는 때도 많다. 즉, 생성된 아이디어나 콘셉트를 다시 살펴보고 발전시키거나 필요에 따라 인사이트나 디자인 원칙을 다시 수정하고 검토할 때도 있다.

창의적 아이디어를 산발적으로 만드는 것도 중요하지만 결국 사람들에게 가치 있는 아이디어를 이끌어낼 수 있어야 한다. 따라서 아이디어를 생성하고 구체화하는 활동은 아이디어를 단순히 끄집어내는 과정이 아니라 전달할 가치를 만들고 구성하는 창조적 프로세스로 접근해야 사람들의 행동을 이끌어내는 경험을 만들고 전달할 수 있다.

아이디에이션 준비

"아이디에이션은 아이디어 자체가 아닌 아이디어가 만들어지는 과정The formation of idea에 중점을 둔 개념이다."

- 위키백과

아이디에이션은 분석 단계에서 얻은 디자인 원칙을 검토하는 활동에서 시작된다. 디자인 원칙은 인사이트에서 도출한 기회를 고려하는 기준으로 문제 해결 방법을 찾는 출발점이다. HMW 형식으로 작성된 여러 디자인 원칙 중 어떤 내용에 우선순위를 부여할 것인지는 중요하다. 선정된 디자인 원칙을 기준으로 앞으로의 활동이 진행되는 만큼 결정 내용에 따라 이후의 활동과 집중해야 할 기회 영역 역시 바뀔 수 있기 때문이다. 특히 이미 해결책이 존재하는 영역은 아닌지 다시 한번 주의 깊게 살펴보자. 그리고 디자인 원칙은 고객에게 전달할 가치에 대한 내용도 포함돼야 한다. 사람들의 니즈와 가치를 연결할 때 어떠한 부분을 고려하고 조합할지 판단이 필요하다면 분석 활동에서 살펴본 가치 피라미드를 다시 꺼내보는 것도 도움이 될 것이다. 모든 니즈를 반영할 수는 없으므로 어디에 집중할지에 초점을 두고 분석 활동 내용을 다시 한번 살펴보자. 그리고 가치의 우선순위는 항상 고객을 먼저 기준에 두고 생각하자.

디자인 원칙과 기회 영역을 정리한 후 아이디에이션 세션을 어떻게 운영할지 계획해야 한다.

- 어떤 참여자를 대상으로 할지, 퍼실리테이터를 누가 맡을지 정한다. 인원 수가 너무 적으면 아이디어가 한정적이기 쉽고, 너무 많으면 참여가 소홀해지기 쉬운 만큼 적절한 인원을 정해야 한다. 공간이나 진행자 수 등에 따라 차이가 있지만 일반적으로 6명 내외로 운영한다. 다양한 사람을 초대해야 하지만 구성에 따른 역학 관계가 발생하거나 각자 활동에 대한 이해 역시 다를 수 있으니 주의해야 한다.

- 장소로는 사람들이 자유롭게 다닐 수 있고 아이디어를 공유할 빈 벽이 많은 공간이 좋다. 벽면에 생각을 자유롭게 작성할 종이와 포스트잇, 확인이 쉬운 굵은 펜 등이 마련되어야 한다. 참여자들이 높은 에너지 상태를 유지하도록 달콤한 초콜렛이나 사탕 등의 간식과 생각의 발산을 돕는 자극물을 함께 준비한다.

- 전체 진행 시간을 얼마나 운영하고 세션 내 각 활동 시간을 어떻게 제한할지 정한다. 진행 방법과 환경에 따라 차이가 있지만 아이디어 생성 과정은 1시간 내외가 적합하다. 전체 세션을 구성할 때 시작과 동시에 아이디어가 나오는 것은 쉽지 않다. 따라서 워밍업 방법을 미리 준비해 세션의 시작을 부드럽게 할 필요가 있다.

- 진행 사항에 대한 문서화와 산출물에 대한 확보 및 정리는 아이디에이션 과정을 진행하는 목적 중의 하나이므로 반드시 챙기고 신경 써야 한다. 진행 과정에 생성되는 포스트잇은 같은 레벨의 내용을 같은 색으로 작성해 한눈에 아이디어, 선정 키워드, 테마 등을 구별할 수 있게 하자. 진행은 물론 산출물의 관점에서 아이디어 시트를 작성해 남기자. 이때 프로젝트 목적과 활동에 알맞은 템플릿을 준비할 수도 있다.

아이디에이션 세션

이제 본격적으로 아이디어를 꺼내보자. **아이디에이션 세션**Ideation session은 아이디어 발산 과정을 통해 아이디어를 도출해내는 구조화된 과정을 의미한다. 아이디어를 자유롭게 생성하거나 강제로 만드는 큰 방향 안에서 세션의 주제나 목표, 참여자의 성향 등을 고려해 다양한 방법을 활용한다. 세션 진행자는 참여자들의 경험이 적극적으로 반영될 수 있게 다양한 시도를 장려하고 진행 과정을 관찰해야 한다.

여기서는 아이디에이션 세션에서 활용 가능한 여러 가지 중 기본적인 몇 가지 활동을 확인한다. 세션을 주도적으로 자주 진행해야 한다면 퍼실리테이션에 대한 자료, 세미나, 교육 등을 통해 목적과 환경에 따른 다양한 진행 방법을 배우고 연습하는 것이 좋다.

● 브레인스토밍

'양 속에 질이 있다'고 강조하는 브레인스토밍Brainstorming은 대표적인 아이디어 발굴 방법이다. 1940년대 알렉스 오스본이 광고계에 도입한 이 방법은 서비스 디자인 씽킹 활동뿐 아니라 새로운 사업 기회나 콘셉트를 개발하거나 창의적인 아이디어가 필요한 다양한 영역에 적용되고 있다. 한 번쯤 경험해보았을 브레인스토밍의 규칙을 정리하면 다음과 같다.

- **판단은 뒤로 미룬다** : 지금 시점에 나쁜 아이디어는 없으며 나중에 충분히 걸러낼 수 있다.

- **양을 추구한다** : 가능한 많은 양의 발상을 이끈다는 원칙에 따라 목표를 높게 잡고 이를 넘기 위해 빠르게 전개한다.

- **과감한 아이디어를 장려한다** : 비현실적인 아이디어는 또 다른 아이디어의

바탕이 된다.

- **다른 사람들의 아이디어를 발전시킨다** : '하지만' 대신 '그리고'를 생각해 의견을 덧붙이고 발전시키며 사고의 연상 작용이 이어질 수 있게 한다.

- **주제에 집중한다** : 주제는 항상 눈에 띄게 둔다.

- **한 사람씩 이야기한다** : 경청은 아이디어를 발전시키기 위해 중요하다.

- **시각적으로 표현한다** : 글보다 이미지가 더 많은 것을 전달한다.

브레인스토밍을 딱딱한 회의에서 조금 벗어나자는 취지로만 활용하기도 한다. 하지만 스토밍이라는 이름처럼 아이디어의 회오리바람을 일으키려면 충실한 운영이 필요하다. 브레인스토밍은 분명한 진행 규칙과 장점을 가지는 만큼 아이디에이션 활동을 준비하며 다음과 같은 내용을 진행 기준으로 삼으면 더 만족할 만한 결과를 이끌 수 있다.

- 질보다 양을 추구할 때도 분명한 목표를 가지고 진행해야 한다. 목표가 분명할수록 아이디어도 명확해진다. 이를 위해 고객 및 사용자에 집중한 HMW 질문의 형태를 활용하자.

- 자유롭게 아이디어를 낸다는 것이 아무 생각 없이 회의에 참석한다는 의미는 아니다. 브레인스토밍이 과감하고 때로는 엉뚱한 아이디어를 언급하는 건 다른 아이디어를 풍부하게 할 수 있고 자극도 되기 때문이다. 따라서 각자 철저한 사전 준비를 통해 회의 초기부터 다양한 관점에서 적극적으로 몰입할 수 있어야 더 다양한 아이디어가 나온다.

- 다른 사람 의견을 제대로 활용하려면 아이디어에 번호를 매기고 빠짐없이 기록하고 게시하자. 아이디어에 번호를 붙이는 것만으로 참여자를 자극할 수 있으며 아이디어를 기록하고 게시하면 좀 더 쉽게 서로 다른 아이디어를 연결할 수 있다.

브레인스토밍 과정을 통해 아이디어를 시각화해 제시하기 퍼실리테이터는 참여자들이 적극적으로 의견을 내고 이해하기 쉽게 표현해 상호작용이 이어지도록 해야 한다.

발상하기 단계의 브레인스토밍은 다음과 같이 진행할 수 있다.

1 세션을 진행할 퍼실리테이터가 브레인스토밍에서 지켜야 할 규칙과 고려해야 할 진행 기준을 설명한다. 그리고 프로젝트 주제를 간단히 소개하고 HMW로 정리된 질문을 제시하며, 참여자 모두 문제 영역에 대해 잘 이해할 수 있도록 충분히 설명한다.

2 포스트잇, 펜, 종이 등을 나눠준다. 이때 하나의 포스트잇에는 하나의 아이디어를 작성하며 어떤 위치에서도 누구나 쉽게 볼 수 있게 굵은 펜을 사용한다. 진행 준비가 되면 간단한 워밍업 활동을 한다. 워밍업은 참여자들이 아이디어를 원활하게 만들고 활동에 몰입할 수 있는 상태가 되도록 주제와 상관없거나 쉬운 주제로 운영한다.

3 HMW로 작성된 주제를 벽에 잘 보이게 붙여둔다. 이때 HMW 작성 배경과 관찰 활동에서 인상적이었던 내용을 함께 소개할 수 있다. 이제 브레인

스토밍 규칙에 따라 아이디어를 만들고 모아보자. 특히 퍼실리테이터는 참여자들이 아이디에이션 활동에 집중할 수 있도록 지원해야 한다. 참여자 간 대화를 이끌고, 소극적인 사람의 참여를 격려하고, 아이디어를 내는 속도가 느려질 때 자극물을 통해 생성을 돕는 역할 등을 맡는다. 그리고 진행 템포에 따라 아이디어 목표 숫자를 환기시키자.

4 퍼실리테이터는 진행 중인 HMW 질문에 아이디어가 추가되기 어려워 보이면 다른 HMW 질문으로 넘어갈지 판단한다. 보통 하나의 HMW 질문을 15~20분 동안 다룬다. 이때 휴식이 필요하다고 판단되면 가급적 세션이 진행되는 공간 안에서 쉴 수 있게 유도하자.

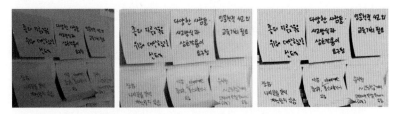

아이디어를 포스트잇으로 생성 관리하는 사례 특히 브레인스토밍처럼 많은 정보가 반복 생성될 때는 그때그때 사진으로 기록해야 하는데 마이크로소프트 렌즈 앱과 같은 전용 도구를 활용할 수도 있다 (원본(좌)을 문서모드(중)나 화이트보드모드(우)로 한 번에 각도와 색상 등을 보정 변경할 수 있다).

브레인스토밍의 문제점도 있다. 타인에게 나쁜 평가를 받을까 두려워 의견을 내지 않거나 다른 사람들이 열심히 하는 것을 지켜만 보고 그들에 의지하는 사람이 생기기 쉽다. 특히 다른 사람들 앞에서 말하기를 즐거워하지 않는 사람은 자유롭게 말하는 방식을 선호하지 않는다. 목표가 제시되지 않거나 참가 의지가 약한 사람들로 구성될 경우 주어진 시간에 비해 발상 효과가 줄어든다.

그렇지만 브레인스토밍은 생성되는 많은 양의 아이디어를 중시하고 그 과정에서 다양한 의견이 자연스럽게 결합되고 발전되는 긍정적 효과를 가지고 있어 여전히 현장에서 가장 기본적으로 고려된다.

● 브레인라이팅

브레인스토밍은 자유롭게 많은 아이디어를 쏟아낸다는 전제하에 진행되지만 현실에서는 여러 이유로 쉽지 않다. 많은 말로 진행을 독점하고 타인의 의견을 끊거나, 평가에 집착하는 소수가 발생하거나, 참여자 간 지위가 존재해 자유로운 발언이 부담스러울 때도 있다. 말로 풀어내는 것에 익숙하지 않거나 남들 앞에서 이야기하는 것이 어색하고 조심스러운 사람도 있다. 게다가 생각하고 듣고 다시 발상하는 과정이 동시에 반복적으로 수행되는 브레인스토밍 방식에 어려움을 느끼기도 한다. 차라리 혼자 조용히 고민하는 것이 더 나은 아이디어를 만든다는 주장도 있지만 여러 사람이 만드는 다양한 의견에서 나올 수 있는 우수한 아이디어를 간과할 수는 없다. 이러한 어려움을 보완하고 싶을 때 **브레인라이팅**Brainwrting 방법이 자주 언급된다. 침묵의 집단 발상법이나 635 기법으로 부른다.

브레인라이팅은 635 기법이라는 이름처럼 6명의 참여자, 각자 3개의 아이디어, 5분 내 작성하기를 기준으로 진행된다.

1 6명의 참여자가 한 장씩 종이를 가진 후 상단에 아이디어가 필요한 문제를 적는다.

2 각자 가진 종이에 처음 3가지 아이디어를 5분 동안 작성한다. 이때 아이디어를 종이 대신 포스트잇에 작성하면 브레인라이팅 활동 후 그룹핑이나 추가 작업이 편리해진다.

3 작성된 종이를 시계 방향으로 옆 사람에게 넘기고 이어 받은 종이에 다시 5분 동안 3가지 아이디어를 작성한다. 모든 종이를 작성할 때까지 이 과정을 반복한다. 보통 4번째 줄 작성 전후로 평소 생각을 뛰어넘는 아이디어가 나오는 경우가 많다.

4 30분이 지나면 모든 종이를 작성하게 되므로 문제당 18개씩 총 108개의 아이디어를 얻게 된다.

브레인라이팅 활동 브레인라이팅은 침묵의 집단 발상법이나 635 기법으로 부르며 글에 집중해 많은 양의 아이디어를 생성할 수 있다.

브레인라이팅은 불필요한 논쟁을 줄여준다. 또한 말하기에 익숙하지 않거나 자유로운 토론 경험이 부족한 사람도 브레인스토밍보다 더 많은 아이디어를 생성할 수 있다. 폴 팔러스Paul Paulus 교수가 진행한 기업 대상의 실험에 따르면 브레인라이팅은 브레인스토밍보다 73% 정도 더 많은 아이디어를 도출했다. 물론 브레인라이팅 방법도 어려움은 있다. 우선 참여자가 글쓰기를 어려워한다면 효과적이지 못하다. 그리고 꽉 짜인 진행 방법으로 자발성이 떨어지거나 비슷한 의견을 내기 쉽다.

브레인라이팅의 진행 방법을 완전히 받아들이지 않더라도 우리가 주목해야 할 부분은 분명하다. 조용히, 더 정확히는 침묵하듯 진행하라는 지침이다. 침묵은 생각을 움직이게 하고 타인의 평가에 대한 두려움을 줄여주는 측면이 있다. 아이디어를 도출하고 다듬는 과정에 각자 고민하는 시간도 중요하고 필요하다는 점을 알려준다. 브레인스토밍에서 자주 지적되는 어려움을 해결하고 참여자 모두의 균형 있는 의견 개진을 유도할 수 있다는 점은 브레인라이팅의 분명한 장점이다.

● 스캠퍼

우리는 일반적인 사용처나 기존 기능에 집중해 혁신적인 아이디어를 놓치거나, 제시된 문제 자체에 아이디어 발상의 범위를 한정 지어버리기도 한다. 아이디어 발상 과정에서 자주 만나는 이러한 상황을 해결하기 위해 기존 내용을 세분화해보거나 특징에 대한 체크리스트를 만들어 비교 확인해볼 수 있으며, 혁신적인 아이디어를 놓치지 않기 위한 방법으로 SCAMPER스캠퍼를 적극적으로 고려해볼 만하다. 스캠퍼는 서비스 개선을 위한 아이디어가 필요할 때 활용하는 7가지 키워드의 약자다.

- 대체 Substitute : 기존의 것을 다른 것으로 대체해볼 수 있을까?

- 결합 Combine : 두 가지 이상의 것을 조합할 수 있을까?

- 응용 Adapt : 기존의 방법을 변형해 다른 분야의 조건이나 목적으로 응용하면 어떻게 될까?

- 수정/확대/축소 Modify/Magnify/Minify : 특성이나 모양을 수정, 확대, 축소한다면 어떨까?

- 용도 변경 Put to other uses : 다른 용도로 어떻게 적용하거나 사용할 수 있을까?

- 제거 Eliminate : 일부를 제거하거나 없어도 가능한 부분은 어떤 것일까?

- 뒤집기/재배열 Reverse/Rearrange : 순서나 모양을 바꾸거나 다시 배열하면 어떻게 될까?

우선 체크리스트를 활용하듯 7가지의 키워드를 기준으로 생각해본 후, 그 결과를 기준으로 더 구체적인 아이디어를 도출해보는 순서로 진행할 수 있다. 우리가 혁신의 사례로 자주 언급하는 스마트폰(전화, 카메라, mp3 플레이어 등의 결합), 벨크로(식물이 옷에 붙는 것을 응용), 포스트잇(약한 접착제를 기존 용도와 다르게 활용) 등도 스캠퍼의 7가지 관점에서 해석할 수 있다. 현장에서 창의적인 아이디어로 문제 해결이 필요하다면 7가지 속성을 통해 새로운 관점으로 다양한 아이디어를 생각해보자.

브레인스토밍, 브레인라이팅, 스캠퍼 외에도 주제가 적힌 플립 차트를 자유롭게 돌아다니며 편안한 분위기에서 아이디어를 내는 원더링 플립 차트 Wandering flip chart, 무작위로 단어를 추출해 그 단어에서 연상되는 의미를 주제와 강제로 연결하는 랜덤 워드Random word 등 다양한 방법이 자주 사용된다. 프로젝트 활동과 성격에 따라 필요한 방법을 살펴보고 프로젝트에 활용해보자.

랜덤 워드 진행 사례　여기서는 스마트 시스템이라는 주제를 위해 오리에서 연상되는 다양한 의미와 표현을 정리했다. 랜덤 워드는 이처럼 주제와 상관없는 단어를 무작위로 고른 후 연상되는 의미를 도출하고 이를 강제로 주제와 연결하는 방법으로 창의적 아이디어를 만들기 위해 자주 활용된다.

아이디어 선정하고 다듬기

아이디어를 충분히 도출했다면 이제 아이디어의 우선순위를 정하고 선택해야 한다. 아이디어를 발상한 직후가 아이디어를 선정하기 가장 좋은 때다. 도출한 아이디어에 대해 아직 관심과 흥미가 높은 상태이기 때문에 집중력이 좋아 효율적으로 운영할 수 있다.

1 먼저 모든 참여자가 함께 모여 유사한 아이디어를 모아보자. 비슷한 속성이나 기능을 묶어 그룹핑하는 경우가 일반적이다. 이 과정을 통해 양에 집중하는 과정에서 생긴 중복 아이디어를 줄이고, 내용을 더 명확하게 바라볼 수 있다. 그리고 하나의 그룹에 10개 이상의 아이디어가 모인다면 좀 더 세분화해 분리하는 것이 좋다.

2 아이디어가 몇 개의 그룹으로 나뉜 후에는 공통적인 의미를 고려해 그룹에 어울리는 제목이나 키워드를 적고 대표 아이디어를 찾는다. 이때 확인한 의미는 콘셉트 작업에서 고려할 테마가 되니, 기존과 다른 색상의 포스트잇을 사용해 시각화하자. 이렇게 찾은 아이디어를 중심으로 팀원들이 함께 보완해야 할 내용은 없는지, 도출된 아이디어 중 결합할 내용이 있는지 등을 논의해 아이디어를 개선한다.

3 아이디어 그룹핑과 개선 활동이 마무리되면 아이디어 투표를 진행한다. 도트 스티커로 가장 마음에 들거나 진행하고 싶은 아이디어에 투표한다. 판단의 순간에 상호 영향을 줄이기 위해 투표를 하며 서로 의견을 말하지 않도록 한다. 투표가 마무리되면 가장 많은 표를 받은 아이디어를 3가지 정도 선정한다.

존중 ①	경청과 기록 ②	공유가치창출 ③
요양원 어르신들은 80년 이상의 세월과 경험, 그리고 이야기를 가지고 있습니다. '80년의 경험치'는 우리가 아무리 노력해도 따라 잡을 수 없는 그 들만의 능력입니다. 산전수전 겪으며 지금까지 열심히 살아온 모든 어르신들의 경험을 가치있게 여깁니다.	철부지같은 어르신도 가끔은 촌철살인. 말 한마디로 정신이 번쩍들게 하거나 마음에 휘둘아치는 감동을 줄때가 있습니다. 빼어나거나 화려하지 않아 세상이 몰라줘도 우리가 그 인생에 귀 기울이고. 오래 기억할 수 있도록 기록으로 남깁니다.	말씀을 안하셔서 그렇지, 80세가 되어도 꿈이 있고, 일하고 싶어합니다. 우리는 젊은 세대와 협업하여 공유가치를 창출할 수 있는 방안을 모색합니다. 이야기가 필요한 예비 PD, 작가, 학생과 함께 3가지 콘텐츠를 파일럿 제작중입니다.

아이디어 선정 과정 요양원 서비스에 대한 아이디어를 그룹핑한 후 의미를 고려해 키워드를 도출한 사례

이러한 과정을 거쳐 아이디어가 선정되면 아이디어를 다듬는 활동이 필요하다. 이 과정에서 가장 중요한 것은 아이디어가 정말 의미하는 바가 무엇인지 찾는 것이다. 마치 관찰 활동에서 인사이트를 도출할 때와 마찬가지로 현재 발견한 아이디어는 표면적 내용에 머무르는 경우가 많아 더 근본적인 내용을 확인해야 하며, 이때 분석 단계의 니즈나 가치를 기준으로 아이디어를 살펴보면 도움이 된다. 그리고 아이디어를 구현하며 부딪힐 수밖에 없는 제약 사항이나 문제가 있다면 무엇인지 우선 정리해둔다.

특히 다양한 아이디어를 다듬고 정리하는 과정에서 놀라움에 대한 고려와 반영이 필요하다. 사람들의 예상을 뛰어넘는 놀라움은 서비스 경험을 차별화하는 매력적인 요소가 되므로 아이디어를 생성하고 다듬는 과정에서 이러한 부분이 잘 반영되었는지 확인해야 한다. 다만 전달하고자 하는 가치와 문제의 본질에서 너무 벗어나 놀라움 그 자체에 몰두하는 것은 곤란하다.

아이디어가 의미하는 진짜 가치를 확인했다면 이 내용을 기준으로 접근 가능한 실행 방법에 대해 다시 한번 브레인스토밍해보고 이때 제약 사항도 확인한다. 즉, 아이디어를 실현 가능성의 관점에서 현실적으로 다듬을 차례다. 이때 다음의 내용을 반드시 고려하자.

1 실행 여부와 주체를 명확히 해야 한다.

아이디어를 선정하고 다듬는 과정을 거치면 그 아이디어는 실행해야 할 아이템이 된다. 따라서 누가 실행할 것인지를 명확히 정해야 한다. 이때 비즈니스 의사 결정자의 판단과 의견 반영이 필요하다. 만약 여러 관점으로 살펴보았지만 현실성이 너무 없다고 판단된다면 보류 아이템으로 남겨 둔다.

2 단기 아이템인지 장기 아이템인지 구분해야 한다.

자원이 부족한 것인지, 기술적으로 어려운 것인지, 비즈니스 단계상 중간 과정이 필요한지 등을 검토하자. 아이디어 단계에서 판단하기 애매해 콘셉트나 프로토타이핑 단계로 결정을 미루는 경우가 생길 수도 있다. 이 경우 주어진 일정과 집중해야 할 자원이 분산된다는 점을 반드시 염두에 두고 판단하자.

이렇게 다듬어진 아이디어는 아이디어 시트에 정리하는 과정이 필요하며, 이 결과물은 콘셉트 작업의 기준이 된다. 아이디어 시트에 포함되어야 할 기본 항목은 아이디어 제목, 요약, 스케치, 기능, 구현 방법, 관련 이해관계자, 해결 가능한 니즈 및 기회, 구현을 위한 추가 확인 내용 등이다. 이 과정에서 고객의 니즈를 해결해줄 수 있는 차별화된 아이디어인지 다시 한번 점검하고, 아이디어 구현을 위해 고려해야 할 기본 내용을 검토할 수 있다.

<table>
<tr><td></td><td>아이디어번호 :</td><td>날짜 :</td></tr>
</table>

아이디어 이름 　　　　　　　　　　　　　　　작성자 :

스케치

문제 / 기회 영역

아이디어 설명

주요 기능 및 구현 방법

예상 기대 효과

고려할 부분

아이디어 시트 템플릿 　자유로운 작성을 크게 해치지 않는 범위에서 아이디어를 기록하기 위해 제공되는 템플릿은 산출물의 확보와 정리라는 측면에서도 유용하다.

콘셉트 스케치와 시나리오 만들기

선정된 아이디어는 구체적인 형태와 전달 방법을 반영하여 콘셉트로 제안하게 된다. **콘셉트**는 서비스나 제품의 전략을 드러내는 주된 개념과 의도를 정리한 것으로, 분석을 통해 찾은 디자인 방향을 공유하는 가이드라인이다. 즉, 서비스나 제품에 부여한 차별화 관점이 콘셉트를 통해 명확히 보이고 정리될 수 있어야 한다. 콘셉트는 아이디어가 어떤 수준으로 만들어지는가에 따라 미시적인 수준으로 특정 문제를 해결하는 포인트 콘셉트Point concept와 포인트 콘셉트가 통합된 시스템 콘셉트System concept로 구분해 설명하기도 한다.

콘셉트 활동은 아이디에이션 과정에서 선정된 아이디어를 더 정교하게 다듬는 과정으로, 그룹핑된 아이디어에서 확인한 속성과 의미를 콘셉트에 놓치지 말고 반영해야 한다. 여기서는 콘셉트를 더 구체적으로 표현하는 콘셉트 스케치와 콘셉트 시나리오에 대한 내용을 다룬다.

● 콘셉트 스케치

콘셉트 스케치는 아이디어를 시각적으로 구체화하는 과정에서 아이디어 발전 방향을 잡는 과정이다. 발상하기 단계에서 아이디어 도출 과정의 시각화를 꾸준히 강조하며 스케치 활동을 자연스럽게 진행하게 된다. 이때 아이디에이션 세션의 스케치는 아이디어 생성에 집중하고, 콘셉트를 고민하는 콘셉트 스케치 활동은 별도로 가지는 것이 효율적이다.

1 콘셉트 스케치를 진행할 아이디어를 고르자.
   분석 활동 내용의 반영이나 개선 여부를 확인해 추려낸다. 이때 아이디어를 선정한 배경이 있다면 간단히 공유하거나 토론할 수 있다.

2 선정된 아이디어를 스케치한다.
   더 구체적인 모습으로 표현하고 아이디어가 반영해야 할 세부 사항들을 충분히 나타내야 한다.

3 스케치 된 아이디어를 소개하고 짧은 브레인스토밍을 반복하며 발전시킨다.
   참여자 간의 커뮤니케이션을 통해 새로운 콘셉트나 보조 콘셉트가 도출되기도 한다. 단, '세부 사항'에 매몰되어 아이디어가 지향한 핵심을 놓쳐서는 안 된다.

4 문서화한다.
   주요 내용이나 특이 사항은 설명을 함께 남겨 제작하기 단계에서 참고할 수 있게 한다. 경우에 따라 간략한 스케치만 제작하거나, 더 구체화한 형태로 정교화하거나 간단한 프로토타이핑으로 제작할 때도 있다.

•콘셉트 정의
어르신의 이야기를 경청하고 기록하기 위한 작성 노트

•콘셉트 스케치

좌1. 휴대에 적합한 노트 사이즈
로 펜과 함께 구성
좌2. 내용 정리에 적합한 내지
우. 용도를 명확히 표현한 로고를
만들어 표지 등에 활용

•사용 장면

•제공 가치(기회 영역, 니즈의 해결)
어르신들의 삶의 지혜가 담긴 이야기가 소멸되지 않고
기억될 수 있는 기록 도구 제공

•구조 및 기능 요소
- 어르신의 이야기를 들으면서 활용할 수 있는 핸드 사
  이즈 노트 형태로 제작
- 현장 진행 시 이야기 전개에 도움이 되도록 삶의 지
  혜, 회상 등 테마를 구성에 포함
- 기록하기 쉬운 라인 노트, 빈 공간으로 구성된 스케
  치 노트, 쉽게 체크할 수 있는 스티커 등 각 내용별
  작성에 용이한 다양한 내지 및 부속물 제공

•추가 정보
수집 내용이 어느 정도 모이면 책이나 영상 등의 콘텐
츠 형태로 제작해 사회에 유용한 노하우로 제공 계획

콘셉트 스케치 시트 선정된 콘셉트를 스케치, 사용 장면, 정의, 가치, 기능 등으로 구성된 콘셉트 시트(보드) 형태로 문서화해 제작하기 단계에서 활용할 수 있다.

콘셉트 스케치는 발상 활동의 결과물인 동시에 제작하기 단계로 넘어가는 기회 영역이다. 즉, 제작하기 단계에서 볼 때 콘셉트 스케치는 해결책을 구현하기 위한 시각화 활동 중 문서화된 초기 결과물에 가깝다. 따라서 핵심을 놓치지 않으면서 좋은 점과 개선할 부분을 콘셉트 스케치에 충실히 반영하는 것이 중요하다. 콘셉트 스케치가 구체적으로 발전할수록 팀원들은 이어질 활동과 해결책 도출에 대해 긍정적인 가능성을 느낄 수 있다. 그래서 이활동을 통해 참여자 간의 적극적인 의견 교환을 유도하고 상호 피드백을 받고 반영하는 과정은 매우 중요하다.

● 콘셉트 시나리오

콘셉트 스케치가 어떻게 아이디어를 구체적으로 구현할지 다루는 과정이었다면 **콘셉트 시나리오**는 고객이 현실 상황에서 콘셉트를 어떻게 사용할지 보여주는 과정이다. 서비스 콘셉트가 전달되는 과정을 글과 그림으로 보여주므로 콘셉트의 내용과 함께 고객의 콘텍스트를 확인할 수 있다. 콘셉트 시나리오를 통해 제작 과정과 결과에 대해 논의를 진행하고 미처 콘셉트에 반영하지 못한 개선 사항을 다시 한번 살펴보자.

1 콘셉트 스케치를 살펴보며 콘셉트 시나리오로 만들 콘셉트를 선정하자. 그리고 고객과 콘셉트의 상호작용과 콘텍스트를 반영해 콘셉트가 어떤 상황을 만들지 생각해보자.

2 생각한 상황들을 흐름이 있는 이야기가 되도록 연결하고 텍스트로 그 내용을 간단히 작성해보자. 콘셉트 스케치에서 미처 발견하지 못한 내용을 찾아낸다면 팀 논의를 거쳐 수정한다.

3 작성한 이야기에 맞춰 그림을 그린다. 콘셉트의 핵심을 부각해 전달하는 것이 가장 중요하다. 이미지로 구성된 시나리오가 완성되면 이 내용을 중심으로 다시 한번 콘셉트와 세부 내용을 살펴보며 개선할 부분은 없는지 논의를 진행하고 반영한다.

'발상하기' 단계는 아이디어를 발굴하고 콘셉트를 구성해보는 과정이다. 브레인스토밍, 브레인라이팅, 스캠퍼 등의 방법으로 아이디어를 생성하고 다듬는 과정에서 공감과 공유를 위한 시각화를 강조하고, 다양한 의견을 수용하는 코크리에이션 관점으로 접근하며, 시간과 공간 등 당연한 부분도 지나치지 않는 실행 관점이 필요하다. 이를 통해 우리는 인사이트 중심의 풍부한 아이디어를 확보하고, 다양한 아이디어 중 차별화된 고객 가치를 제공할 수 있는 새로운 문제 해결 방법을 이끌어낼 수 있다.

분석 내용을 중심으로 아이디어를 발상하는 과정은 브레인스토밍 활동을 중심으로 이루어졌다. 브레인스토밍은 인원을 고려해 두 그룹으로 나누어 여러 차례 진행했다.

놀 프로젝트에서 브레인스토밍을 하는 모습   시작부터 시각화를 강조해 각자 의견을 더 명확하게 소개하고 서로 공유할 수 있게 했다.

자유로운 분위기 속에서 다양한 의견이 도출되었는데 다음 2가지 부분에 대해서는 주의가 필요했다.

1 모두가 동등하게 마음껏 의견을 낼 수 있는 분위기 조성하기

기본적으로 놀 프로젝트팀은 학교 선후배, 동기로 구성되었다. 그렇다 보니 브레인스토밍의 규칙을 소개하고 진행하지만 활동 중에 규칙에서 벗어나는 부분들이 나타났고 진행자는 활발한 논의가 이루어질수록 신경 써 원활히 운영되게 했다.

2 적극적으로 아이디어를 표현하고 시각화하기

던지듯 이야기할 뿐 종이에 글이나 그림으로 표현하지 않는 경우도 많았고, 방법을 설명하면서 다시 한번 시각화를 강조하지만 소극적이었다. 이러한 모습을 보이는 이유는 자신의 의견이나 그림이 이상하게 보일 것 같은 염려 때문이었다.

따라서 진행 방법을 한 번 설명하는 데 그치지 말고, 실제로 이러한 활동이 적극적으로 이루어지도록 지속적으로 주의를 기울여야 했다.

다양한 아이디어 중 비슷한 의견들을 묶어보며 아이디어를 선정하는 활동을 진행했고, 도출된 테마 키워드 중 배움 놀이터(자신만의 놀이를 만드는 가능성의 장)와 소인국(아이들만의 자유로운 관계와 분위기 조성) 두 가지 내용을 콘셉트 활동에 우선 고려하기로 결정했다. 이들에 대해서는 글과 스케치로 내용을 다듬으며 해결 방법의 구현 가능성을 점검했고, 아이디어를 실물 형태로 구성해보며 좀 더 구체화했다. 특히 실물 형태로 살펴본 내용을 다음 단계에서 진행된 프로토타이핑 과정에 활용하거나 참고할 수 있어 도움이 되었다.

아이디어의 시각화를 통한 논의 과정   선정된 아이디어는 스케치하는 과정을 반복해 다듬어나갔다.

　　어느 정도 아이디어가 정리된 후에는 프로젝트팀이 운영할 수 있는 현실적인 아이디어인지 진행 중 부딪히게 될 상황을 중심으로 실현 가능성을 살펴보았고, 일정과 비용, 장소 등을 고려해 실행 여부를 결정했다.

10

제작하기

해결 방안 전달하기

'제작하기' 단계에서는 아이디어를 어떻게 전달할지 가시적으로 표현하고 공유한다. 이 과정의 핵심은 현실화된 콘셉트로 사람들의 적극적인 참여를 유도해 해결 방법을 개선하는 것이다. 따라서 목적에 부합되는 다양한 활동이 차용되고 반영된다.

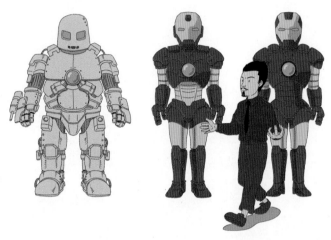

가시화하고 개선하기　아이언맨 슈트가 발전해가는 영화 속 과정처럼 우리의 아이디어 역시 빠르게 현실화하고 개선해나가야 한다.

　영화 〈아이언맨〉에서 주인공은 제한된 재료와 환경 속에서 2개월 만에 수작업으로 최초의 아이언맨 슈트를 만든 후 이를 계속 보완하고 발전시켜 상황에 맞는 여러 버전으로 완성시킨다. 아이디어를 현실화하는 서비스 디자인 씽킹의 과정도 마찬가지다. IDEO의 데이비드 켈리는 '완벽한 지성의 계획도 현명한 시도와 오류를 이길 수 없다'고 강조했다. 한 번에 완벽한 아이디어를 도출하는 것은 어려운 일이다. 오히려 빠르게 실행하고 실패하고 개선하는 과정을 반복해야 한다. 실행과 개선이라는 측면에서 프로토타입을 꾸준히 개선하고 반복해 만드는 활동은 제작하기 단계의 핵심이다.

프로토타이핑Prototyping은 실행과 개선을 이끌어 혁신에 도달한다. 생각을 구체화해 앞으로 이루어질 상황을 예측하는 과정이며, 자연스러운 피드백을 유도해 커뮤니케이션을 활성화하는 도구다. 이때 서비스 전반의 상호 관계와 생태계를 충분히 해결 방안에 반영해 고객에게 제공해야 한다는 점을 기억하자.

10.1 경험과 해결 방안의 현실화

프로토타이핑은 콘셉트로 정리된 해결 방안을 직관적으로 판단할 수 있는 물리적 형태로 전환하는 과정이다. 즉, 아이디어나 콘셉트를 실제처럼 만들어보고 실제와 유사한 환경에서 테스트한다. 프로토타입은 그림, 만화, 이야기, 스토리보드, 실물 형태의 목업, 역할극 등 다양한 방법으로 표현된다. 적용 영역 또한 문제 해결 방법의 제공뿐 아니라 비즈니스의 가시화까지 확장되기도 한다.

프로토타이핑은 결과물의 확보는 물론, 프로토타입을 제작하는 과정에서 이해관계자의 자연스러운 참여를 유도하고 문제 해결의 실마리를 얻어야 한다. 프로젝트에 몰입되어 있는 팀에는 당연할 수 있는 기능이나 관점 등이 막상 이해관계자에게는 낯설 수 있다. 따라서 프로젝트팀은 현실화 과정 전반에 걸쳐 내용을 꾸준히 공유하고 여기서 얻은 피드백과 고려 사항을 검토해야 한다. 프로젝트팀은 서비스 디자인 씽킹 프로세스의 프로토타입 구현 활동이 단순히 아이디어의 물리적 치환에 그치지 않도록 어떤 제작 활동이 프로젝트에 필요할지 지속적으로 논의하고 찾아 적용해야 한다.

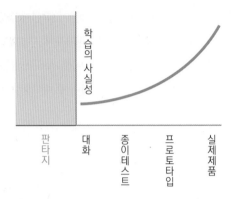

사실 곡선(The Truth Curve) 기프 콘서터블은 사실 곡선을 통해 대화하고, 종이로 테스트하고, 프로토타입을 만드는 과정을 거치며 배운 것을 얼마나 신뢰할 수 있는지 설명한다. 결국 우리는 제작하기 단계의 다양한 활동을 기반으로 고객이 정말 원하는 제품을 만들 가능성을 높일 수 있다. 출처 giffconstable.com/2013/06/the-truth-curve

현실화를 위한 3가지 관점

발상하기 단계에서 생성된 아이디어와 콘셉트는 제작하기 단계를 통해 구체적인 해결 방법으로 제공된다. 이러한 현실화 과정을 통해 인사이트를 공유하고 앞으로 무엇을 진행할지 판단하여 더 구체적인 해결책을 만들고 실행할 수 있다. 따라서 프로토타입을 만드는 과정은 콘셉트를 더 명확히 하고 커뮤니케이션을 활성화하는 방향으로 진행된다. 이때 현실감 있게 구현할 방법을 찾고, 부족하더라도 속도감 있게 진행하고, 시각뿐 아니라 다른 감각도 고려해야 한다. 제작하기 단계에 필요한 현실화를 위한 기본적인 접근 태도에 대해 살펴보자.

● 시각화 아니면 죽음을

고객 여정 지도가 분석 단계까지의 인사이트를 보여준다면, 프로토타입은 제작하기 단계에서의 해결 방안을 보여준다. MIT 미디어랩이 강조하는 '시연 아니면 죽음Demo or Die'은 아이디어를 실제로 만들어 보여주는 것이 중요하다는 의미다. 인사이트가 반영된 다양한 콘셉트와 아이디어가 구현되지 않으면 고객의 문제를 해결하고 가치를 증명할 수 없다. 그리고 프로토타입은 의사 결정자나 경영자가 혁신적인 아이디어를 수용하도록 설득하는 데도 요긴하게 사용된다.

프로토타입은 직관적인 판단 기준을 제공한다. 이를 통해 고객, 프로젝트팀, 의사 결정자는 다음과 같은 이점을 갖는다.

- **고객** : 어떻게 문제가 해결될지 그 실체를 접하게 된다.

- **프로젝트팀** : 진행 사항을 명확히 공유해 가능성을 본격적으로 가늠할 기회를 얻게 된다. 즉, 아이디어가 멋진 말이나 있어 보이는 표현에 가려져 있었던 것은 아닌지 검증할 기회를 갖는다. 또한 의사 결정자와 어느 정도 교감하고 있는지 확인할 수 있다.

- **의사 결정자** : 프로세스 운영은 물론 자원의 배치와 변경 등을 판단할 기준을 얻게 된다.

스마트 기기의 대중화와 함께 가상 현실이나 사물 인터넷 생태계 등이 강조되면서 어떤 상호작용(인터랙션)을 중심으로 사용자에게 새로운 서비스 경험을 줄 것인지가 중요해졌다. 핵심이 되는 새로운 상호작용은 프로토타입에서 충분히 표현되어야 한다. 이때 프로토타이핑을 하면서 '온라인과 오프라인', '가상과 현실'이 하나의 경험 무대를 제공한다는 관점을 반영해보자. 예를 들어 스마트폰의 스마트 홈 앱으로 내 방의 불을 켜면 실제로 집에 불이 켜지는 온라인과 오프라인의 동기화 말이다. 〈포켓몬 Go〉처럼 가상 세계의 존재를 현실에서 확인할 수 있게 하는 방법도 좋다. 제작 단계에서 이러한 부분을 구현하는 데 아두이노, 라즈베리 파이, 3D 프린트 등이 활용되고 있다.

온·오프라인이 하나로 제공되는 경험의 표현 사례 모바일로 실제 집을 제어하는 스마트 홈 사례다. 이처럼 제작하기 단계에서 새로운 서비스 경험을 제공하기 위해 어떤 상호작용이 중요하게 제공되는지 충분히 반영하고 표현되어야 한다.

● **기민한 실행의 반복**

서비스 디자인 씽킹의 프로토타입은 처음부터 완벽할 수 없으며 지속적인 개선이 필요하다는 것을 전제로 한다. 따라서 오랜 시간 공들이기보다는 빠르게 실행으로 옮겨 시간을 절약해야 한다. 팀 브라운은 '실행을 위한 디자인'에서 사용자 반응을 현실적으로 예측하려면 완성도가 낮아도Low-resolution prototype 더 빨리 피드백을 받고 반복 작업을 통해 사용자가 만족할 때까지 제품을 개선하는 신속한 프로토타이핑Rapid prototyping이 중요하며, 이 과정이 제품 출시 시점까지 성공 가능성을 높여 성공에 대한 확신을 갖게 한다고 주장한다. 이때 시간을 무작정 단축시켜야 한다는 의미가 아니라는 점에 주의하자. 검증을 서둘러야 하는 부분과 그렇지 않은 부분을 구분해 핵심에 집중해야 한다는 의미다. 특히 어설프게 핵심이 아닌 부분이 현실화되면 오히려 사람들의 판단을 흐리게 하는 역효과가 생길 수 있으므로, 꾸미고 세부를 다듬는 노력을 과감히 제외하거나 더 구체적으로 제작하는 다음번으로 미루도록 하자.

린 접근Lean approach에 따라 MVPMinimum Viable Product 개념을 구현하는 방법으로 서비스 경험의 프로토타이핑이 활용된다. 여기서 MVP는 최소 존속 제품 또는 최소 실행 제품, 최소 요건 제품을 의미한다. MVP의 최소Minimum는 시간과 자원을 최소한으로 투자해 핵심 기능 위주로 구현한다는 의미이며, 실행 가능Viable은 고객에게 가치를 보여주고 사업 가설을 검증할 수 있다는 것을 의미한다. 린 프로세스는 MVP를 중심으로 만들고Build, 측정하고Measure, 학습하는Learn 과정을 반복적으로 수행하므로, 처음부터 완벽하게 만들기보다는 기민하게 프로토타입을 만들어 고객의 반응을 확인해 인사이트를 확보하고 이를 다시 프로세스에 반영하는 과정을 반복하는 것Iteration이 중요하다.

MVP 피라미드 모델 디자이너 유시 파사넨(Jussi Pasanen)은 MVP란 하위에 위치하는 하나의 층(레이어)이 아닌 모든 요소를 가로지르는 개념으로 접근해야 한다고 제안한다. 즉, 최소 실행 제품을 의미하는 MVP에는 비록 그 구현 정도는 완벽하지 않더라도 서비스의 핵심 요소가 모두 반영되어야 한다. 출처 twitter.com/jopas

● **모든 감각을 활용한 접근**
문제 해결 과정에서 의외로 시각화에만 몰두한다. 우리는 일상에서 문제를 만나면 모든 감각을 활용해 해결한다. 마찬가지로 서비스 디자인 씽킹 프로세스에서 답을 찾고 제안하는 프로토타이핑 역시 모든 감각을 고려해야 한다.

스마트 기기 덕분에 시각과 청각 경험을 제공하는 미디어를 누구나 즐길 수 있는 시대가 되었다. 따라서 이를 해결 방안에 반영해야 한다. 예를 들어 10대에게 청각은 어떤 의미일까? 김경훈 소장은 《모모세대가 몰려온다》에 서 10대에게 청각적 자극은 특정한 소리를 가진 예술적 대상이 아니라 삶의 공간적 배경에 가까운 감각이 되었다고 소개한다. 즉, 10대라면 누구라도 소 리와 음악에 민감하다는 말이다. 따라서 10대를 대상으로 하는 서비스라면 당연히 청각을 고려해야 할 것이다.

스타벅스에서의 경험을 생각해보자. 제일 먼저 스타벅스 로고와 익숙한 메뉴판의 모습 그리고 커피 향과 맛이 떠오르겠지만 스타벅스만의 경험은 그게 다가 아니다. 소리에 대한 부분부터 살펴보자. 스타벅스에서 들려주는 음악은 칼럼리스트 마이클 Y. 파크가 '미국 음악의 미래는 바로 스타벅스 커 피다'라고 언급할 정도로 음반 시장에 큰 영향을 준다. 음악뿐만 아니라 커피 기계 소리, 커피 가루를 빼는 소리, 우유가 끓는 소리 등 매장 내 모든 소리 는 스타벅스만의 경험을 제공하고자 관리된다. 그리고 마찬가지로 촉각 역 시 컵의 따뜻함을 통해 느껴지도록 세심하게 디자인된다. 즉, 특정 감각 하나 에 집중하는 것이 아니라 시각, 미각, 후각, 청각, 촉각 등 다양한 감각 요소 를 고민하고 철저히 디자인할 때 총체적인 경험을 전달할 수 있다.

다양한 감각 요소에 의한 카페에서의 경험 사례 맛과 향과 같이 쉽게 떠오르는 특정 감각뿐 아니라 다양한 감각이 고객 경험을 형성하고 영향을 준다.

그리고 해결 방안을 구현하며 물리적 증거를 어떻게 녹여내고 적절히 드러낼지 검증해야 한다. 고객 여정을 소개하며 강조한 물리적 증거는 단순히 현물로 제공한다는 의미가 아니다. 상징성이나 환경적 특성 등을 함께 반영하고 제공해야 하며, 특히 물리적 요소 중 주변 요소Ambient condition는 배경 음악, 소음, 조명, 냄새, 온도 등 환경 특성을 다룬다. 예를 들어 이마트는 이마트만의 음악을 만들고자 자체 뮤직 스튜디오*를 보유하고 있다. 이마트는 이곳에서 시간대별 쇼핑 패턴을 고려한 음악 등을 제작해 소리를 통한 쇼핑 경험의 변화를 실험하고 쇼핑 환경에 적용하고 있다.

이처럼 사람들의 니즈를 해결하기 위한 혁신적 문제 해결 방법은 문제 해결 방안을 고민하는 단계부터 다양한 감각 요소를 충분히 반영해야 한다.

---

* store.emart.com/music/studio.do

이야기 중심의 구성 방법

이야기 중심의 프로토타입 만들기는 글쓰기를 기반으로 한다. 지루한 정보 전달을 하는 것이 아니라, 발생한 문제를 고객이 해결하는 일련의 여정을 담은 이야기로 전달한다. 프로젝트팀이 구성하는 이야기에는 고객의 생생한 목소리와 숨겨진 니즈가 녹아 있어야 한다. 이러한 이야기 중심의 구성은 이해관계자들이 새로운 문제 해결 방안에 자신을 이입할 수 있어 프로세스 과정으로 중요한 의미가 있다. 비제이 쿠마는 《혁신 모델의 탄생》에서 이야기에는 추상적 개념을 일상용어로 전환하는 능력이 있어 이야기를 통해 감성적이고 경험적으로 내용을 전달할 수 있다고 설명한다. 이때 시각화 활동을 결합해 쉽게 이해하고 공감할 수 있도록 하자. 예를 들어 스케치로 간결하게 표현해 텍스트와 함께 구성하는 방법도 자주 활용된다.

● 이야기를 통해 경험을 전달하는 서비스 시나리오

서비스 시나리오는 문제 해결 콘셉트를 이야기 중심의 결과물로 구성해 앞으로의 서비스 경험을 전달한다. 서비스 시나리오는 이야기로 구성되어 내용을 쉽게 전달할 수 있고, 글과 스케치만으로도 충분히 구성할 수 있어 예산 부담도 적다. 이러한 특징으로 인해 서비스 시나리오는 제작 단계의 기본 활동으로 초기부터 고려될 때가 많다.

서비스 시나리오는 새로운 서비스의 프로세스와 결과물을 이야기로 묶어 이해관계자가 서비스에 몰입하고 공감하도록 제공되어야 한다. 이 과정에서 이해관계자들이 가치를 제대로 파악할 수 있게 도움을 줘야 한다. 그래야 이해관계자가 단순히 내용을 전달받는 게 아니라 함께 해결 방법을 다듬고 구체화할 수 있다.

서비스 시나리오에는 등장인물이 등장해 서비스 및 제품을 이용하면서 겪는 경험을 여정 순서대로 전개한다. 등장인물은 프로세스 과정 중 제작된 퍼소나와 이해관계자 지도를 참조해 작성하며 일반적으로 퍼소나마다 각각의 시나리오를 작성한다. 이야기에는 콘셉트 정보, 생생한 고객 목소리, 니즈를 이해하는 데 필요한 콘텍스트 등을 포함해 해결 방법을 분명히 보여주고 어떤 경험의 변화가 생길지 알 수 있게 해야 한다. 서비스 시나리오를 만들면서 유의할 점을 제작 순서대로 소개하면 다음과 같다.

1 서비스 시나리오는 우리가 다루는 문제와 사람들이 주목할 만한 내용을 소개하는 것으로 시작된다. 이때 문제의 발생과 심각성을 쉽게 이해할 수 있도록 관찰 활동에서 확보한 인터뷰 및 환경에 대한 영상, 사진 같은 자료를 활용하자.

2 앞에서 확인한 사람들의 어려움과 니즈를 해결한다면 변화를 만드는 좋은 기회 영역이 될 수 있음을 강조한다. 이때 이해관계자의 입장에서 소개해야 관심을 얻을 수 있으며, 발상하기 단계에서 다양한 접근을 통해 가능성 있는 문제 해결 방법을 찾았음을 시각적으로 보여주는 것도 좋다.

3 기회 영역에서 찾은 해결 방법의 단계별 진행 과정을 소개한다. 실행 방안을 어떻게 구현할지 그림이나 스케치 등으로 표현해도 좋다. 특히 이 작업을 진행하며 해결 방법을 구현하는 데 필요한 변경 사항이 확인되면 수정 보완 과정을 거친다.

4 시나리오에서 강조해야 할 제안된 해결 방법을 주인공(퍼소나)이 어떻게 이용하는지, 문제가 해결되면 어떤 경험의 변화가 생기는지 등이 충분히 표현되었는지 살펴본다. 필요한 내용을 보완하고 마무리한다.

5 전체 내용이 작성되면 콘텍스트를 고려해 순서를 바꾸거나 변경할 항목은 없는지 논의한다. 이 작업은 한 번에 완료되지 않고 팀원 간 공유 과정을 반복하며 바꿀 수 있다. 또 시나리오 작성에 지금까지 참여하지 않은 프로젝트 이해관계자도 공유 과정에 참여해 해결 방법과 그 가치가 제대로 표현되고 있는지 함께 확인하자.

● 고객의 문제 해결 과정을 이미지로 묘사하는 스토리보드

스토리보드는 서비스 콘셉트와 문제 해결 과정을 단계별로 묘사해 이미지로 시각화하는 과정이다. 서비스 시나리오는 글이 중심인 반면 스토리보드는 이미지를 중심으로 작성한다. 상황과 내용을 구체적으로 표현하기 위해 만화의 표현과 유사하게 특정 부분을 따로 확대하거나 상세히 묘사하기도 한다. 정보를 충실히 전달하기 위한 전문 시각화 작업을 진행할 때도 있지만 간단한 스케치도 충분히 효과적이며 그 자체로 유용한 프로토타입이 된다.

스토리보드의 기본적인 이야기 구성은 3막 구조를 따라가는 것이 좋다. 3막 구조란 아리스토텔레스가 《시학》에서 '모든 이야기에는 시작이 있고 중간이 있고 끝이 있다'라고 소개한 이야기의 흐름으로, 처음, 중간, 끝이라는 기본 구조를 중심으로 변경되고 확장된다.

스케치 중심의 스토리보드 구성 사례 고객의 어려움이 교통 앱에 의해 해결되고 경험이 바뀔 수 있음을 실제 사진 위에 스케치와 대사 중심으로 표현했다.

이러한 구성은 스토리보드뿐 아니라 서비스 시나리오를 포함해 스토리가 반영되는 모든 제작 활동에 기본적으로 반영된다.

1 먼저 스케치를 그릴 3개의 칸을 그리자. 그리고 각각의 칸에 순서대로 '사용자와 문제(니즈/어려움) 소개', '문제 발생 상황과 해결 아이디어 적용 모습', '긍정적인 경험의 변화 내용'을 적어두자. 즉, 3막 구조의 기본 얼개인 설정 - 대립 - 해결에 맞춰 구성한다.

2 작성한 각각의 칸에 해당하는 내용을 스케치하고, 간단한 설명을 붙이면 가장 기본 형태의 스토리보드가 구성된다. 특히 사용자를 소개하는 첫 번째 이미지는 사람에, 해결 방법을 다루는 두 번째 이미지는 아이디어 전달에 집중하자.

3 콘셉트가 명확히 전달되는지, 전개가 적절한지 등을 확인하며 내용을 작성하거나 변경하고 순서를 바꿔보며 다듬자. 이때 스토리보드가 핵심 내용에 집중하려면 불필요한 내용을 간결하게 수정하거나 제외하자. 기본 장면 수는 필요에 따라 조정할 수 있다. 일반적으로 아이디어 하나에 3~6컷이 적당하다.

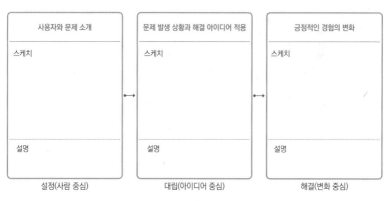

3컷으로 구성된 스토리보드 템플릿 먼저 3막 구조를 기반으로 기본 내용을 작성한 후 아이디어에 따라 장면을 추가하면 된다.

특히 프로젝트팀은 이해관계자가 시장의 변화를 충분히 이해하고 해결 방법을 받아들일 수 있도록 현장 연구를 이야기에 충분히 녹여 전달해야 한다. 따라서 딱딱한 글자 대신 더 효과적으로 전달할 수 있는 매개체(예 : 만화, 동영상)가 있다면 적극적으로 검토하자.

● 미래의 기사를 미리 작성하는 비즈니스 가상 기사

비즈니스 가상 기사 또는 비즈니스 픽션Business fiction은 시간이 흐른 뒤 얻게 될 결과를 보도 자료 형태로 만들어보는 것이다. 현재가 아니라 앞으로 이루어질 서비스 경험을 가상으로 구상해본다는 점에서 서비스 스토리보드와 유사하다. 비즈니스 가상 기사를 작성하면 지금 무엇을 해야 의도한 대로 서비스 경험이 도출되는지 더 명확하게 확인할 수 있다. 따라서 서비스 비전을 확인하고 내부 소통을 활성화하는 데 유용하다. 이러한 비즈니스 가상 기사 작성의 대표적인 예로 IDEO의 '이듬해 헤드라인Next year's headline'을 들 수 있다. '이듬해 헤드라인'은 1년 후 신문 1면에 프로젝트가 기사화된다면 어떤 내용일지 작성해보는 활동이다. 또 다른 예로 아마존의 '거꾸로 작업하기Working backwards'도 있다. 제품에 고객을 맞추는 것이 아니라 거꾸로 고객으로부터 시작하는 이 고객 중심의 제품 개발 방식 역시 보도 자료를 작성하는 것으로 시작되며, 이를 통해 프로젝트팀이 스스로 설득력을 얻은 후에 프로세스를 실행한다. 비즈니스 가상 기사는 미래의 기사를 미리 써보는 활동이므로 보도 자료의 형식을 띠며 주로 다음 내용이 포함된다.

- **제목** : 제목만으로도 보도 자료 내용을 유추할 수 있도록 표현하고 서비스 이름을 포함한다.
- **부제목** : 서비스가 누구를 위한 것이고 어떤 혜택을 얻는지 강조한다.
- **요약** : (기사의 처음인) 리드Lead에 핵심 키워드를 중심으로 전체 내용을 압

축해 정리한다. 기사는 주제가 앞으로 나오는 두괄식이므로 여기까지 읽고 대부분 내용을 파악할 수 있어야 한다. 기사 내용은 육하원칙을 기준으로 검토해 주요 내용을 놓치지 않고 명확히 작성하자.

- **문제** : 무엇을 해결하는지 어떤 문제를 다루는지 적는다. 기사를 읽는 독자가 관심을 가져야 하는 이유를 소개한다.

- **해결** : 서비스가 문제를 어떻게 해결하는지 설명하고, 서비스 이용이 쉽고 접근성이 좋다는 점을 강조한다.

- **인용** : 고객이 서비스를 경험하고 남긴 표현이나 전문가의 언급 내용을 적는다.

- **맺음** : 회사나 조직을 소개하고, 연락처나 홈페이지 등 접점을 안내한다.

보도 자료이므로 문장이 간결하고 명료해야 하며 키워드가 적절히 반영되어야 한다. 전체 길이가 가급적 A4 용지 1매를 넘지 않도록 작성하며, 서너 문장 정도로 한 문단을 구성한다. 이러한 형식의 글쓰기가 낯설다면 실제 기사로 작성된 기업의 서비스 출시 보도 자료를 참조해 유사하게 작성해보자.

기본 형태를 현실화하는 프로토타입

프로토타입을 만드는 과정을 통해 아이디어와 콘셉트를 검증하고 미처 파악하지 못한 문제점을 조기 발견할 수 있다. 문제 해결 방법을 한 번에 구현해 완료하기보다는 피드백을 받고 개선하는 활동이 신속하게 반복되는 것이 더 중요하다.

프로토타입은 완성도에 따라 크게 로우 피델리티 프로토타입Low-fidelity prototype 과 하이 피델리티 프로토타입High-fidelity prototype으로 구분된다. 정밀도(피델리티)가 높을수록 최종 결과물에 가깝지만 그만큼 시간과 노력이 많이 든다. 구현도가 높은 하이 피델리티 프로토타입은 실제에 가까워 완성된 형태를 확인하는 데 유리하지만, 그로 인해 사람들은 더 이상 변경할 여지가 없다고 느끼고 의견을 주는 데 부담을 느끼기도 한다. 반면 로우 피델리티 프로토타입으로 실험하면 구현도는 떨어지지만 오히려 사람들의 반응을 이끌어내는 데 더 효과적일 수 있다.

기본적인 프로토타입 방법을 실제 서비스에 응용한 사례 안경 브랜드 콰트로첸토는 원하는 안경을 편하게 선택하고 싶은 고객의 니즈를 실제 제품 대신 테스트용 종이 안경을 보내는 서비스로 해결했다. 고객은 온라인에서 원하는 디자인의 안경을 선택해 신청하면 테스트를 위한 종이 안경을 배송한다. 고객은 어떤 안경을 구입하면 좋을지 디자인과 크기 등을 별도의 방문 없이 편하게 확인하고 주문할 수 있다. 고객의 니즈뿐만 아니라 기업 입장에서는 회수나 파손 등에 따른 불편과 비용 문제까지 해결한 이 사례는 목적에 따라 기본 형태의 현실화 방법 역시 폭넓게 응용될 수 있음을 보여준다. 출처 https://www.quattrocento-eyewear.com

더 좋은 프로토타이핑 활동에 대한 절대 기준은 없다. 내부 진행의 점검인지, 초기 시연인지, 최종 피드백인지에 따라 판단하고 비용과 기간을 고려해 적절히 결정하면 된다.

● 페이퍼 프로토타입

페이퍼 프로토타입Paper prototype은 이름 그대로 종이와 펜으로 제작과 피드백을 하는 활동이다. 실행이 쉽고 빠르며 직관적으로 이해하기도 쉬워 자주 사용된다. 디지털 기반의 툴과 비교해 단순해 보이지만 종이와 펜만으로 간단히 시작할 수 있고 어떤 재료든 자유롭게 응용 가능한 유연성 때문에 중요하게 다뤄진다.

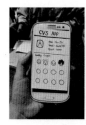  

페이퍼 프로토타입 제작 활동 사례 손으로 그린 화면을 폰에 붙여 표현하기(좌), 화면 모양을 인쇄해 펜으로 작성하기(중), 커뮤니케이션 램프를 종이컵, 펜, 종이, 풀 등으로 구현하기(우)

페이퍼 프로토타입은 종이, 가위, 풀, 테이프, 폼보드 등 손으로 만들 수 있는 다양한 소재를 활용한다. 물론 제작 경험이나 손재주 등에 따라 제작 결과에 차이는 있겠지만 다음 내용을 고려하면 어느 정도 효율적으로 작업할 수 있다.

- 의견을 직접 표시하거나 주석으로 남기자. 특히 긍정적이거나 어려움을 느끼는 부분이 있다면 바로 기록하자.

- 메뉴, 메시지 창 등의 인터페이스 요소가 있다면 미리 출력해두자. 시간을 줄일 수 있을 뿐 아니라 인쇄 부분만큼 현실감 또한 높일 수 있다.

- 변화가 있는 부분에는 포스트잇을 사용해보자. 붙였다 떼었다 하며 움직임을 나타낼 수도 있고 필요하면 쉽게 교체할 수도 있다.

- 사용자가 처한 환경이나 배경은 실제 사진을 준비해 그 위에 구현할 서비스를 표시하자. 간단하지만 현실감이 쉽게 높아지고 상황에 대한 이해도 빨라진다.

- 제품이나 서비스는 물론 공간을 구성하거나 환경을 확인할 때도 응용할 수 있다. 공간의 형태를 큰 박스나 두꺼운 종이를 이용해 실제처럼 구현해보자.

실제와 가깝지 않은 페이퍼 프로토타입의 모습이 심미적 관점에서 만족스럽지 못할 수 있다. 하지만 디테일 대신 프로세스의 흐름이나 핵심 가치에 더 집중하게 만드는 데 도움이 된다. 특히 사람들의 참여 여지를 확보하고 상상력을 바로 더할 수 있는 만큼 이해관계자의 적극적인 참여를 원한다면 오히려 거친 느낌의 프로토타입을 적극적으로 활용하기 바란다.

● 디지털 프로토타이핑

디지털 프로토타이핑은 디지털 기반의 전문 소프트웨어를 활용해 프로토타입을 제작하는 활동이다. 파워포인트에서 추가 메뉴 형태로 사용하는 파워목 업Power mockup, 온라인에서 작업해 공유 가능한 오븐Oven, 쉽게 UI를 구현해 디자인 가이드까지 제공하는 스케치Sketch, 화면 설계에 필요한 전반을 제공하는 액슈어Axure, 개발 언어 기반으로 실제 작업물과 유사한 결과를 제공하는 프레이머Framer 등 다양한 툴이 있으므로 프로젝트의 목적, 활용 방안, 학습 난이도 등에 따라 적절히 선택하자. 서비스 디자인의 결과로 웹이나 앱 형태를 제공하는 일이 늘어나면서 다양한 디지털 툴을 활용해 더 현실감 있는 프로토타입을 선보이는 경우가 늘어났다. 그리고 린 프로세스의 MVP를 만드는 도구로 자주 활용된다.

상황에 따라 정의에 다소 차이는 있지만 디지털 프로토타이핑 툴 역시 크게 두 가지로 나뉜다. 간단히 작업해 프로젝트의 방향성을 확인할 수 있는 툴(로우/미드 피델리티 프로토타이핑)과 명령어와 조건문을 통해 완성도를 높여 더 실제에 가까운 모습을 선보이고 반응을 살필 수 있는 툴(하이 피델리티 프로토타이핑)이 있다. 주로 프로세스 초기에는 전자의 방법을, 중반 이후는 후자의 방법을 쓴다.

교통 서비스 개선을 위한 디지털 프로토타이핑 툴의 활용　프레이머를 활용한 우버의 리디자인 사례

다만 디지털 프로토타이핑 툴을 활용해 완제품 수준의 프로토타입을 제작할 경우 주의할 부분이 있다. 우선 전문 프로토타이핑 툴을 사용하려면 시간과 노력이 요구될 뿐 아니라 추가 비용이라는 제약이 생길 수 있다. 프로토

타이핑 툴은 다양하며 각각의 특징과 장단점이 있지만 모든 툴을 학습할 시간과 비용은 허락되지 않는다. 그리고 의사소통을 위한 목적이 중요할 경우 자칫 생각의 범위를 더 한정 짓고 오히려 커뮤니케이션에 장애 요인이 될 수 있다. 게다가 프로토타이핑 툴 안에서는 가능한 인터랙션이 실제 개발에서는 구현하기 어려울 수도 있다.

문제 해결의 방법을 글이나 그림만으로 구성하는 것보다는 디지털 프로토타이핑 툴로 실제와 같은 화면과 인터랙션을 표현해 보여주는 것은 분명 장점이다. 그런데 경우에 따라 어떤 툴을 사용한다는 규칙이 없고, 개인과 툴마다 학습에 드는 시간이 다르다. 따라서 각자 주로 참여하는 프로젝트 형태와 목적은 물론이고 업무 환경에 맞는 적합한 프로토타이핑 툴을 찾고 미리 익혀두자.

● 하드웨어 프로토타이핑

사물 인터넷 프로젝트와 같이 하드웨어가 중요한 경우 피지컬 컴퓨팅(임베디드 디바이스 프로토타이핑)과 디지털 제작(물리 디자인 프로토타이핑)을 도입한 하드웨어 프로토타입이 유용하다. 하드웨어 프로토타입을 제작하고 검증하는 다양한 도구가 있다. 프로토타입에 적합한 기판인 브레드보드(일명 빵판)에 피지컬 컴퓨팅의 대표 플랫폼인 아두이노와 다양한 센서를 연결하거나 라즈베리 파이를 조합할 수 있다. 콘셉트 스케치의 모델링 작업을 거쳐 개인용 3D 프린터로 출력해 외형을 만들거나 레이저 커터나 개인용 CNC 등을 사용할 수도 있다. 그리고 하드웨어 스케치 툴킷은 공학적 배경지식이 완벽하지 않아도 디자인 콘셉트를 빠르게 구현할 수 있게 고안된 시스템으로서 호스트 컴퓨터, I/O보드, 센서, 액추에이터, 기본 컴포넌트, 특수 컴포넌트로 구성되어 있다. 물론 이러한 방법으로 제작된 결과물이 완벽하게 동작하거나 완제품 수준의 품질을 보장하는 것은 아니다.

하지만 아이디어가 스케치에 그치지 않고 동작하는 사물로 구현될 경우 프로젝트팀과 이해관계자는 좀 더 현실적인 관점에서 해결 방안을 검토하고 피드백을 확보할 수 있다. 또한 최종 결과물의 생산을 위한 투자나 일정 등의 요소를 더 세부적으로 가늠하게 된다.

하드웨어 프로토타입으로 아이디어를 구현한 사례　팀 DTMR은 공연 활동에 적합한 새로운 형태의 웨어러블 악기 'Armjam'을 하드웨어 프로토타이핑을 통해 현실화했다.

하드웨어 프로토타이핑 툴을 프로세스에서 활용할 때 툴을 익히는 시간이 필요할 수 있다. 하드웨어에 대한 기본 이해와 제어하기 위한 프로그래밍 지식과 좀 더 실제와 가까운 모습을 구현하기 위한 3D 모델링 역량 등 다방면의 능력이 요구되기도 한다. 하지만 과거에 비하면 상대적으로 적은 노력으로도 기본적인 동작을 구현할 수 있을 정도로 하드웨어 프로토타이핑을 위한 하드웨어 플랫폼과 프로그래밍 언어의 활용이 쉬워졌다. 오픈 소스 개발 커뮤니티와 책, 공개 자료 등을 활용하면 초보자도 어렵지 않게 필요한 정보를 습득할 수 있을 것이다.

서비스 경험을 현실화하는 다양한 시도

고객이 실제 어떤 경험을 하게 될지 확인하고 반응을 해석하는 활동을 서비스 디자인 씽킹 프로세스의 제작하기 단계에서 반드시 제공해야 한다. 팀 브라운은 《디자인에 집중하라》에서 실험하고 발전시킬 수 있는 아이디어가 대상이라면 서비스는 물론이고 물리적 실체가 전혀 없는 경험조차도 프로토타입으로 만들 수 있다고 설명한다. 이러한 관점에서 서비스 개발과 테스트 목적으로 고객 여정이 반영된 경험을 제공해 고객의 반응을 관찰하고 서비스를 검증하는 활동을 '(서비스) 경험 프로토타이핑(Service) Experience prototyping' 이라고 부른다. 즉, 서비스 제작에 프로토타이핑을 반영한 것이다. 서비스 경험 프로토타이핑은 우리가 제안하는 해결 방안에 결점이 없음을 증명하려는 것이 아니다. 오히려 다양한 이해관계자의 생각과 창의적 의견을 적극적으로 반영하고 발전시켜 더 가치 있는 경험을 고객에게 제공하기 위한 노력의 과정이다.

특히 서비스 경험을 현실화하는 프로토타입 제작 과정에서는 일부가 아니라 전체 콘텍스트가 반영된 총체적 경험 관점으로 접근해 고객이 어떻게 문제를 해결하게 될지 전달해야 한다. 이를 충실히 표현하기 위해 디자이너는 아직 구체화되지 않은 서비스를 실제와 같이 보여줄 적절한 방법을 찾아내야 한다. 서비스 시나리오나 스토리보드를 두고 이해관계자와 논의하거나, 실제 서비스 장소에서 구체적인 목업이나 소품으로 서비스를 구성해 장기적으로 관찰하고 평가할 수도 있다. 특정 방법 하나에 의존해 실행될 수도 있지만 다양한 방법이 함께 활용되는 경우가 많다.

● **서비스를 경험하며 구체화하는 서비스 스테이징**

서비스 프로토타입 Service prototype은 마치 실제 상황처럼 서비스를 경험할 수 있게 구현하는 것이다. 고객의 경험에 초점을 맞춰 문제의 해결책을 직접 체험해보며 어떤 요소로 해결 방법이 구성되야 하고 고객이 어떤 콘텍스트에 놓이게 될지 이해하고 점검해야 한다. 이를 위해 실제 크기의 목업이나 소품 등을 활용하거나 공간을 동일하게 재현하는 것은 물론 역할극이나 인터뷰 등의 다양한 방법을 통해 서비스 프로토타이핑할 수 있다. 특히 서비스 품질의 개선 방안을 단순히 강조하는 것이 아니라, 체험 경제가 다루는 경험의 연출이라는 측면을 반영해 마치 무대 위에서 연출하듯 서비스를 검토하고 고객과의 교감을 확인해야 한다. 따라서 기본적으로 등장인물과 소품을 활용해 서비스 시나리오를 현실화하는 활동을 진행해야 한다.

서비스 프로토타이핑 사례   카페에서 이루어지는 고객의 서비스 경험을 개선하는 프로토타이핑 사례다. 이처럼 고객의 콘텍스트를 이해하기 위해 실물과 유사한 소품을 활용해 서비스 경험을 연출하고 검토하게 된다.

서비스 프로토타입은 일회성이 아닌 반복 개선과 커뮤니케이션이라는 측면을 항상 염두에 두고 수행해야 한다. 특히 실제 상황에서 가장 좋은 테스트가 이루어질 수 있다는 점을 잊지 말자. 서비스 프로토타이핑은 프로젝트 상황에 따라 다양한 방법이 활용되지만 다음의 기본 흐름을 갖는다.

1 서비스 프로토타입을 어떤 형태로 전달할지 콘셉트, 일정, 예산 등을 논의해 정한다.

2 고객 여정과 서비스 콘셉트를 서비스 프로토타입에 어떻게 반영할지 정리한다. 고객이 새로운 서비스를 통해 문제를 해결하는 과정이 충실히 반영되도록 분석 단계의 고객 여정 지도나 제작 단계의 시나리오 등을 참조해 구체적인 사항으로 도출한다.

3 서비스를 현실화하는 데 필요한 소품을 만들고 공간을 구성한다. 프로젝트 목적에 따라 어떤 수준으로 현실화할지는 다르지만 고객의 입장에서 서비스 경험에 집중할 수 있도록 제작해야 하며 이를 위해 다양한 프로토타이핑 방법을 활용한다.

4 프로젝트 목적에 맞는 참여자를 모집해 서비스와 터치포인트가 어떤 경험을 만드는지 체험하고 평가하는 활동을 갖는다. 새로운 서비스에 참여자들이 충분히 몰입해 경험할 수 있도록 충분히 설명하고 도와야 한다. 결국 이를 통해 프로젝트팀은 참여자들로부터 서비스 구현에 필요한 다양한 피드백을 얻고 세부 사항을 점검해야 한다.

5 참여자들의 피드백 내용을 분석해 개선이 필요한 부분을 찾고 수정한다. 프로젝트팀이 미처 예상 못 한 문제점이 나온다면 이를 해결 방안에 어떻게 반영할지 논의하자.

서비스 프로토타입 과정을 상황극 형태로 시연해보면서 실제로 경험해보는 방법을 서비스 스테이징Service staging이라고 한다. 프로젝트팀이 가정한 고객 여정 시나리오를 시뮬레이션해보며 서비스가 현실화되면 생길 수 있는 상황이나 감성적 요인 등에 의한 고객 경험을 관찰한다. 참여자들은 서비스에 등장하는 고객, 직원, 관리자 등의 역할을 서로 바꾸어가며 연기하는 역할극Role play 형태의 과정을 수행하며 서비스 콘셉트를 체험하고 어떤 문제점이 생길 수 있는지 경험한다. 이때 퍼소나를 충실히 반영해 등장인물의 상황을 구체화하면 서비스의 성격과 차별점이 무뎌지는 것을 피할 수 있을 뿐 아니라 참여자들이 고객과의 공감대를 형성하기도 쉽다.

여러 이해관계자가 서비스 속 역할을 연기하며 고객이 경험하게 될 서비스 여정을 재연하고 함께 개선하게 되는데 코크리에이션의 반영이라는 측면에서 중요하다. 다만 프로젝트팀이나 이해관계자 중에는 연기 자체를 두려워하거나 연기에 거부감을 느낄 수 있다. 이러한 경우 역할극 형태지만 서비스 경험 중심의 방법론을 수행하고 있음을 다시 한번 상기시키고, 원활하게 극이 진행되는 것보다는 서비스의 차별점이 잘 드러나는지 미처 예상치 못한 어려움이 발생하지는 않는지에 더 신경을 써야 한다는 점을 강조하자. 이러한 과정에서 생성된 새로운 아이디어가 프로토타입에 반영되고 반복 개선되는 과정을 거치며 서비스는 고객 경험 관점에서 점점 구체화될 수 있다.

● 작은 모형으로 크기를 줄여 현실화하기

서비스 프로토타입이라고 하면 실제 크기의 목업이나 소품 등을 우선 떠올리게 되지만, 레고나 종이 인형과 같은 작은 모형으로도 서비스를 충분히 현실적으로 구현할 수 있다. 이를 데스크탑 워크스루Desktop walkthrough라고 한다. 말 그대로 책상 위에서 작은 모형으로 구현해 살펴보는 방법이다.

작은 모형을 활용한 이 방법은 모두에게 익숙하고 이해하기 쉬워 효과적으로 현실화할 수 있으며, 모형 자체가 주는 재미가 있어 적극적인 참여를 유도하기 좋다. 그만큼 프로토타입에 대한 심리적 부담감도 줄일 수 있다. 서비스를 시뮬레이션해보며 역할이나 동선 등 구성 요소나 상황에 변화가 필요할 때도 참여자들의 피드백을 쉽게 적용해 재구성할 수 있으며 반복적으로 구현하기에도 편하다. 특히 퍼소나별 서비스 여정이 어떤 순서로 진행되고 그때 어떤 움직임과 상황을 맞이하게 될지 가시화해 검토하고 변경해보기도 쉽다.

쉽고 익숙한 모형을 활용해 고객의 전체 여정과 경험을 구체적으로 만들어보고, 서비스에서 다뤄지는 상호작용이나 터치포인트를 함께 검토해 변경 사항을 반영해보자. 실제 규모의 프로토타입 제작 전 미리 구상하고 있는 서비스를 검토해보고 문제점을 반영하기 위해 데스크탑 워크스루 활동을 사전에 실시하는 것도 효과적인 접근이 될 수 있다.

종이 인형으로 구현한 서비스 프로토타입 사례 레스토랑의 주문 시스템에 디지털 사이니지를 도입했을 때 고객 경험의 변화를 구현한 사례다. 이러한 구현 방법은 모형이므로 변화에 대해 쉽게 재구성하고 검토할 수 있으며, 작은 모형이 가지는 재미 요소는 사람들의 참여를 쉽게 이끈다.

● **영상을 활용한 비디오 프로토타입**

서비스 시나리오를 더 극적으로 만들고 싶다면 영상을 활용한 프로토타입을 고려해보자. 비디오 프로토타입은 제작 과정에서 사용자가 겪게 될 경험을 주의 깊게 살펴볼 수 있고 영상 결과물을 확보할 수 있어 유용하다. 비디오 프로토타입도 프로젝트 주제와 영상 촬영 및 편집 기술에 따라 다양한 형태로 제작될 수 있다. 과거에는 영상 제작을 위해 촬영 카메라와 어도비 프리미어 같은 전문 편집 툴이 필요할 뿐 아니라 빠르게 작업하기도 쉽지 않았다. 하지만 이제 스마트폰과 윈도우나 맥OS가 제공하는 영상 편집 프로그램만 적절히 활용해도 비디오 프로토타입으로 활용 가능한 결과물을 누구나 짧은 기간에 손쉽게 제작할 수 있으며 빠르게 편집할 수 있다. 어떤 기기와 편집 툴을 사용할지, 영상에 등장할 배경이나 소품을 어느 정도로 현실감 있게 만들지는 프로젝트팀의 목적에 따라 정한다. 비디오 프로토타입도 영상 스토리텔링을 위한 일반적인 3막 구조를 가지며 긴장이 점점 상승하다가 대립이 해결되며 하강하는 보편적 흐름을 가진다.

- **설정** : 주요 인물과 문제를 보여주며 영상에 대한 흥미를 얻어야 한다. 약 30초

- **전개/대립** : 새로운 해결책이 문제를 어떻게 해결할 수 있는지 과정을 소개한다. 강조해야 할 아이디어나 기술, 인물이 처한 상황 등을 반영해 몇 개의 장면으로 구성해 구체적으로 보여준다. 약 1분

- **해결** : 문제 해결 방법을 통해 변화를 가져오게 되어 결국 사용자는 원하는 바를 얻을 수 있는 새로운 경험을 한다는 내용을 강조해 담는다. 약 30초

단계별 시간인 30초/1분/30초는 보편적인 3막의 영화가 30분/1시간/30분인 것과 유사하며, 물론 전달하고 싶은 내용이나 흐름에 따라 변경할 수 있다.

비디오 프로토타입의 활용 사례 드롭박스는 파일 동기화 기능이나 동작을 사람들에게 이해시키기 위한 짧은 비디오를 만들어 공개했고, 베타 대기 명단을 하룻밤 만에 5천 명에서 7만 5천 명으로 증가시켰다.

예고편 형태로도 가질 수 있는데 1분 정도의 짧은 시간 동안 서비스가 어떤 변화와 경험을 가져올 수 있을지 명확히 보여주는 것이 핵심이다. 실제 영화나 드라마 예고편을 살펴보면 도움이 된다. 영화나 드라마의 좋은 예고편이 갖는 몇 가지 공통점이 있다. 우선 제한된 시간으로 모든 스토리를 다루지 않지만 왜곡하지 않는 범위 내에서 흥미를 유발하는 내용 중심으로 전체의 느낌을 제공한다. 그리고 본편에 대한 기대감을 높여 실제 관람과 흥행으로 연결해야 한다. 우리가 서비스 프로토타입의 하나로 예고편 형태를 제작할 때도 유사하다. 주어진 짧은 시간 내에 서비스가 제공할 경험의 핵심을 보여주고 이해관계자가 주목하도록 해야 하지만, 기술이나 기능에 대한 세부 내용을 모두 알려줄 필요는 없다. 그리고 소개하는 서비스가 새로운 비즈니스 기회 영역을 만들고 고객에게 새로운 가치를 전달할 것이라는 믿음을 줄 수 있어야 한다. 이때 가치를 명확하게 전달하기 위해 적절한 카피를 사용하는 것이 중요하다.

기업의 미래를 전망하는 비디오 프로토타입 경우에는 전문가에 의해 영상미를 갖춘 고품질로 제작되기도 한다. 하지만 서비스 디자인 프로젝트의 영상을 활용한 프로토타입은 새로운 콘셉트와 문제 해결의 제안과 전달이 목적이다. 닐슨노먼그룹을 설립한 브루스 '토그' 토냐치니가 비디오 프로토타입에 대해 언급한 '구현 가능한 프로토타입을 만들 것인가, 아니면 단지 겉만 번지르르한 과장된 선전 일부를 만들 것인가?'를 기억하자. 비디오 프로토타입 역시 프로토타입의 한 종류이므로 결국 기민한 구현에 초점을 맞추고 있다는 점을 잊어서는 안 된다.

프로토타입에 대한 피드백 확인

서비스 프로토타이핑은 예술 행위가 아니므로 작가의 기준에 따라 제작되고 종료되는 활동이 아니다. 오히려 다양한 의견을 반영해 바꾸고 개선하여 고객과 비즈니스에 더 적합한 형태로 제공해야 한다. 따라서 프로토타이핑 활동 중 별도의 피드백 세션을 계획해 프로젝트팀과 이해관계자들이 함께 운영하는 것이 중요하다.

먼저 팀이 함께 프로토타입에 대한 피드백 세션의 목표를 논의하고 정한다. 프로젝트팀이 확인하고 싶은 내용과 진행 과정에서 논의된 방향성 등 피드백 세션에서 놓쳐서는 안 되는 부분을 계획에 반영해 더 효과적으로 세션을 운영하자. 피드백 세션에서 무엇을 반드시 다룰지, 프로토타입을 공유하기 위한 적절한 방식은 무엇일지 의견을 나누고 계획하자.

그리고 피드백 세션에 누가 참여할지 정하고 피드백을 위한 환경을 만들어야 한다. 이해관계자는 물론 인상적이었던 인터뷰나 전문가의 초대 여부를 검토하자. 그리고 프로토타입 결과물과 함께 프로젝트 목표와 일정에 대한 내용, 프로세스를 진행하면서 얻은 고객의 목소리, 아이디어와 콘셉트 등을 준비해 세션에 참여한 사람들이 확인할 수 있게 제공하자. 이때 내용을 가급적 시각화해서 제공하면 더 효과적이다. 이러한 준비를 통해 프로젝트의 방향성에 맞는 의견과 개선 사항을 확보할 수 있다.

피드백 세션은 프로토타입을 참여자에게 소개한 뒤 토론으로 이어진다. 이때 다양한 논의 내용을 제대로 정리하지 않고 활동을 마무리하는 경우를 피해야 한다. 이런 상황을 피하고 피드백이라는 본질에 집중하려면 세션 진행 가이드와 질문 리스트를 미리 준비해야 한다. 구글 벤처스에서는 구조화된 디자인 크리틱 세션Design critique session을 구성할 것을 강조한다. 구글의 디자인 파트너 브레이든 코위츠Braden Kowitz가 디자인 크리틱을 위해 제안한 지침을 세션에 반영한다면 지나치게 부정적인 비판은 피하고 우리가 필요로 하는 더 나은 해결책에 다가설 수 있는 세션을 운영하는 데 도움이 될 것이다.[*]

- 솔직해지자.
- 구체적으로 하자.
- 모든 것을 목표 중심으로 접근하자.
- 잘 작동하는지 항상 확인하자.
- 칭찬도 곁들이자.
- 먼저 문제부터 찾고 해결책을 제시하자.
- 명령하지 말고 제안하자.
- 노는 것은 아니지만 즐겁게 하자.

---

[*]   library.gv.com

피드백 세션이 마무리되면 논의된 내용을 정리하고 제작하기 단계에 반영해야 한다. 제공하고자 하는 가치가 전달되는지, 프로토타입에서 좋게 평가된 부분과 이유는 무엇이고 더 강조해야 할 부분이 있는지, 개선이 필요하다면 어떤 부분이고 단기간에 가능한지, 장기 계획이 필요한지, 프로세스 과정 중에 추가로 진행해야 할 부분이 있는지 등을 공유하고 논의해 정리한다. 그리고 정리된 내용을 중심으로 프로토타입을 반복 개선하는 활동을 진행해 완성도를 높이자. 필요에 따라 새로운 콘셉트를 구현하는 새로운 프로토타이핑 활동이 필요할 수도 있다. 이때 현재 프로젝트에서 수행할 부분인지 다음 계획으로 남겨둘 부분인지 인력, 예산, 시간 등을 종합적으로 판단해 확인한다.

10.2 문제 해결의 전체 지도 그리기

제작하기 단계에서는 서비스 청사진이나 비즈니스 모델 캔버스를 통해 전체 구조를 한눈에 확인할 수 있도록 제시한다. 즉, 가시적으로 보이는 문제 해결의 구성 요소뿐 아니라 보이지 않는 비가시 영역의 구성 요소를 살펴보고 전체 비즈니스 구조를 검토한다. 이 과정은 문제 해결 방법의 구현에 한정지어 접근하기 쉬운 프로젝트의 관점을 비즈니스 혁신이라는 더 큰 그림에서 조망하게 해준다. 그리고 이를 중심으로 앞으로 진행해야 할 활동은 무엇인지 살펴보고 우선순위가 필요하다면 무엇을 기준으로 결정해야 할지 살펴보도록 돕는다.

다만 서비스 전체를 살펴볼 수 있는 지도를 만드는 활동 역시 한 번에 완료되는 것은 아니다. 서비스는 프로세스 활동에 의해 반복 개선되므로 전체 지도 또한 변화가 필요할 수 있다. 따라서 서비스가 어떤 구조를 갖추고 있는지 살펴보고 점검해야 하지만, 결국 우리가 제안하는 서비스와 구조가 고객에게 어떤 경험을 전달하게 될지에 더 집중할 필요가 있다. 고객에게 서비스란 어떤 경험을 주느냐에 따라 한 번 제공받고 찾지 않을 수도 있는 존재이므로, 서비스가 어떤 구성과 방법으로 이루어지는지 고객 입장에서 다시 떠올리고 재이용할 만한 좋은 경험을 주는 것이 더 중요하다. 따라서 서비스 청사진이나 비즈니스 모델 캔버스는 고객 관점에서 진정성 있는 좋은 경험이 제공되도록 프로젝트팀의 방향성을 제시하고, 프로젝트팀이 제안하는 해결 방안을 고객이 선택하기 위해 반드시 고려해야 할 요소가 무엇인지 판단의 기준을 제시할 수 있어야 한다.

서비스 청사진

서비스 청사진 또는 서비스 블루프린트Service blueprint는 고객 및 이해관계자들이 서비스를 구현하고 실행하기 위해 무엇을 준비하고 실행해야 하는지 눈으로 확인할 수 있게 제시하고 점검하는 활동이다. 린 쇼스탁G.Lynn Shostack은 서비스 청사진을 '서비스 사이클에서 고객의 경험을 여러 서비스 제공자가 제공한 개별적 조치들과 연관시켜 작성한 흐름도'로 제안했다. 제조, 건설 등 엔지니어링과 디자인에 대한 전통을 가진 분야에서는 구체적이고 세부적인 설계도에 의한 객관적 프로세스를 운영하며, 서비스 마케팅에서도 고객에게 접촉하는 순간을 적절히 관리하기 위해 플로 차트 형식의 청사진법을 사용한다.

이유재 교수는 《서비스 마케팅》에서 서비스 청사진을 '직원, 고객, 기업 측이 서비스 전달 과정에서 해야 하는 각자의 역할과 서비스 프로세스와 관련된 단계와 흐름 등 서비스 전반을 이해하도록 묘사해놓은 것'으로 설명한다. 서비스 블루프린트는 용어 그대로 서비스를 위한 청사진법을 의미한다. 서비스 마케팅에서 프로세스의 특성이 나타나도록 설명하는 활동을 서비스 디자인 씽킹 프로세스에 반영해 다루는 부분으로 프로젝트에 따라 구성이나 형식에 차이가 있다. 서비스 디자인 씽킹 프로세스가 다루는 서비스 디자인 청사진은 고객에 집중해야 한다는 점이 특히 강조된다. 즉, 청사진을 만드는 기준으로 고객을 두고 그들이 어떻게 활동하고 경험하며, 서비스 요소들은 그들에게 어떻게 제공되는지에 집중해 작성한다.

고객 관점의 활동을 다룰 경우 주로 눈으로 확인할 수 있는 관찰 가능한 가시 영역에 집중한다. 대표적인 서비스 디자인 씽킹 프로세스의 산출물인 고객 여정 지도 역시 고객의 경험을 중심으로 콘텍스트를 이해해 프로세스를 가시적으로 그리고 표현한다. 이때 고객 여정 지도는 고객과 사용자에 집중해 점검할 수 있어 유용하지만, 서비스 제공을 위한 모든 구성 요소를 포함하는 것은 아니며 특히 비가시 영역이라 불리는 부분을 파악할 수 없다. 하지만 보이지 않는 서비스 제공자의 역할과 관계에 의해 제공되는 서비스의 품질이 달라질 수 있을 뿐 아니라, 비즈니스 측면에서는 서비스 구현을 위해 어떤 요소에 비용 투자가 요구될지 모든 영역에서 검토가 필요하다. 따라서 백스테이지에서 이루어져 쉽게 확인하지 못했던 비가시 영역을 서비스의 실행과 전달이라는 측면에서 검토하고 반영하는 서비스 청사진의 제작은 중요하다.

● 숨겨진 부분까지 포착해 시각화하는 서비스 청사진

서비스 청사진은 가시적인 서비스 구성 요소는 물론 고객이 보지 못하는 비가시 영역에서 어떤 요소들이 상호작용하고 활동하는지, 서비스 프로세스를 전체 서비스 구현의 관점에서 더 확장해 살펴볼 수 있다. 청사진(블루프린트)이라는 용어에서 알 수 있듯이 언어적 표현에 그치지 않고 시각적으로 작성해 효과적으로 커뮤니케이션해야 한다. 특히 서비스 청사진을 충실히 작성하려면 가시선Line of visibility의 개념을 반영해 고객에게 보이는 활동과 보이지 않는 후방 활동을 나누어 표현하고 고객 관점을 분명히 표현해야 한다. 그리고 서비스가 초기 계획된 모습에서 콘셉트가 바뀌고 제공 방법이 변화할 경우, 서비스 청사진 또한 변경되고 더 상세하게 구성해서 제공해야 한다. 즉, 서비스 청사진이 꾸준히 생명력을 얻으려면 프로세스 진행 단계에 따라 지속적으로 검토하고 수정하는 활동을 반복 진행해야 한다.

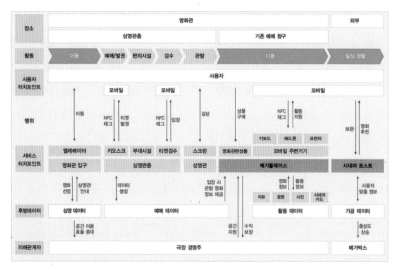

영화관에서의 고객 경험을 개선하는 프로젝트의 서비스 청사진 고객 여정, 터치포인트, 백스테이지 활동 등 다양한 요소가 함께 표현되어 서비스를 구현하는 전체 모습을 확인할 수 있다. 출처 이재웅, 김아영, 임지연, 하영경, 문기아

서비스 청사진은 시간의 흐름에 따라 고객 경험을 중심으로 서비스의 구성 요소와 활동을 상호작용과 함께 표현해 작성하면 된다. 시간의 흐름과 가시선의 개념을 중심으로 다음 구성 요소를 반영한다.

- **서비스스케이프** Servicescape : 고객이 서비스를 경험하는 유·무형의 장소 및 공간으로 물리적, 시간적, 심적 공간 등으로 다양하게 나타난다.

- **고객 여정** Customer journey : 서비스 프로세스에서 관찰되는 고객의 행동과 과정을 표현

- **터치포인트** Touchpoint : 고객과 서비스의 모든 접점으로 특히 물리적 증거라 부르는 유형의 서비스 증거 요소를 적절히 디자인해 서비스 경험을 충실히 전달해야 한다.

- **상호작용선** Line of interaction : 고객과 대면 서비스 제공자를 구분하고 상호작용을 나타내는 가상의 선

- **대면** Front stage **서비스 제공자** : 고객과 직접 만나게 되는 서비스 제공자의 활동

- **가시선** Line of visibility : 서비스가 고객에게 보여지는 부분과 보이지 않고 내부적으로 운영되는 부분을 구분하는 가상의 선

- **비대면** Back stage **서비스 제공자** : 고객과 만나지 않으므로 고객은 확인할 수 없는 서비스 제공자의 활동

- **내부 상호작용선** Line of internal interaction : 비대면 서비스 제공자와 지원 프로세스를 구분하고 상호작용을 나타내는 가상의 선

- **지원 프로세스** Support process : 서비스를 제공하기 위해 필요한 요소. 고객의 입장에서는 보이지 않고 거리가 있지만 원활한 서비스 운영과 제공을 위해 중요한 부분이다.

청사진 초안을 만들기 위해 프로젝트팀 혼자서 보이지 않는 영역을 소화해 표현할 수도 있겠지만 이러한 접근은 2차 조사 자료에 의존해 고객을 묘사하는 것과 크게 다르지 않다. 서비스 청사진을 작성할 때 서비스 전체 구현이 중요하므로 전체 서비스와 관련된 고객, 서비스 제공자, 개발자 등 여러 이해관계자의 코크리에이션이 요구된다. 서비스 구성 요소의 활동과 관계가 어떻게 상호 연결되는지 확인하고, 서비스 흐름 중 취약한 부분이나 재배치되어야 할 자원은 없는지 충분히 검토하려면 이해관계자가 충실히 참여해야 한다. 서비스 청사진은 관계자 전반의 이해와 공감이 바탕이 될 때 서비스를 구현하고 전달하는 로드맵이 될 수 있으며 서비스의 관리라는 측면에서도

이용할 수 있다.

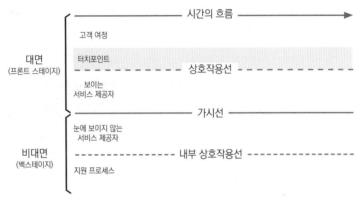

서비스 청사진 템플릿 사례 러브록(Lovelock)이 《서비스 마케팅》에서 제안한 내용을 중심으로 구성한 것이다. 결국 가시선을 중심으로 대면과 비대면을 구분하고 각각의 상호작용선을 표현하는 것이 여기서의 핵심이다.

서비스 청사진의 제작만으로 서비스 구현의 모든 요소를 충분히 전달할수 있다고 생각한다면 오산이다. 특히 서비스 전달을 위한 전체 구조를 조망할 수 있게 제시하지만 청사진 형태의 모습에서 고객이 제공받고 느끼는 차별화된 경험을 완벽히 보여주고 전달하기란 쉽지 않다. 따라서 서비스 청사진이 서비스 전체를 묘사하더라도 이 활동만으로 모든 것이 해결되는 것은아니다. 오히려 서비스 디자인 씽킹 프로세스에서도 서비스 청사진을 서비스 마케팅과 유사한 서비스 관리 차원 정도로 접근할 때도 있다. 하지만 고객이 공감하는 상황과 그때의 독특한 경험에 집중하는 스토리보드와 같은 활동만으로는 비가시 영역의 일을 표현하기는 어렵다. 결국 서비스 청사진을포함해 서비스 디자인 씽킹 프로세스가 제안하는 제작 단계의 여러 활동과결과물을 프로젝트 목적에 따라 다양하게 반영하고 적절히 제시하기 위한고민과 노력이 필요하다.

비즈니스 모델 캔버스

서비스 디자인 씽킹 프로세스를 통한 고객 중심의 차별화된 경험을 비즈니스 측면에서 제대로 제공하려면 비즈니스 모델을 살펴봐야 한다. 비즈니스 모델은 주로 기업이 무엇을 통해 가치를 만들고 전달할지 그리고 이때 비용이 얼마나 들고 그 수익은 어떨지 설명하는 비즈니스의 전략적 청사진 역할을 한다. 특히 우리가 제공할 서비스가 어떻게 차별화되고 고객은 물론 이해관계자에게 어떤 가치를 제공하는지 표현한다. 이러한 비즈니스 모델의 표현에 다양한 방법이 활용되지만 여기서는 비즈니스 모델을 9개의 블록으로 표현하는 캔버스를 소개한다. 9개의 칸으로 구성된 캔버스는 우리가 집중해 온 기회 영역과 문제 해결 방법의 제공을 비즈니스 관점으로 볼 수 있게 시각을 조율해줄 뿐 아니라 현재 상황을 중심으로 우리의 장단점과 우선순위를 가져야 할 부분 등 사업 요소를 빠르게 파악하는 데 도움을 주는 템플릿으로 유용하다.

어쩌면 서비스 디자이너가 고객과 사용자 측면이나 서비스 콘셉트나 모델을 넘어서 전체 비즈니스를 고민해야 할까 의문을 가질 수도 있다. 하지만 서비스 디자이너의 역할을 소극적으로 보지 않기를 바란다. 《서비스 디자인 교과서》에서는 비즈니스 모델에 대한 활동을 '사업 전략과 서비스 디자인을 명확히 일치시키는 것'으로 설명한다. 서비스 디자인 씽킹 프로세스를 진행하는 서비스 디자이너에게 주어진 역할은 사용자에만 집중할 수 있는 UX 디자인 활동과 같은 경험 디자인과 달리 다양한 이해관계자는 물론 비가시적 영역까지 포함한 활동이 필요하다. 따라서 서비스를 통해 고객에게 어떻게 가치를 전달할지에 집중한 서비스 모델의 측면뿐 아니라 이를 기반으로 수익을 만드는 비즈니스 모델에 대한 활동을 당연히 진행해야 한다.

● 블록 9개로 구성된 비즈니스 모델을 위한 캔버스

비즈니스 모델 캔버스는《비즈니스 모델의 탄생》을 통해 널리 알려진 모델이다.

《비즈니스 모델의 탄생》에서는 비즈니스 모델을 '하나의 조직이 어떻게 가치를 포착하고 창조하고 전파하는지, 그 방법을 논리적으로 설명한 것'으로 정의한다. 그에 따라 비즈니스의 주요 4개 영역인 고객, 주문, 인프라, 사업 타당성 분석을 9개 구획(고객 세그먼트, 가치 제안, 채널, 고객 관계, 수익원, 핵심 자원, 핵심 활동, 핵심 파트너십, 비용 구조)으로 나누어 표현할 수 있게 마치 화가의 캔버스처럼 도표로 구성하였는데 이를 비즈니스 모델 캔버스Business model canvas라고 부른다.

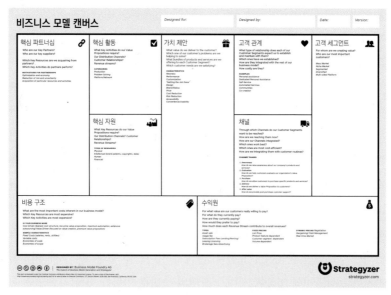

비즈니스 모델 캔버스 비즈니스 모델을 설명할 수 있는 9개의 요소로 구성된 캔버스 형태의 도표 (www.strategyzer.com/canvas)이며, 팀이 함께 비즈니스 모델 캔버스에 포스트잇을 활용해 의견을 공유하고 수정할 때 효과적이다.

비즈니스 모델 캔버스에는 서비스 디자인 씽킹 프로세스에서 강조한 여러 요소와 기법이 포함된다. 우선 고객 인사이트를 중요하게 반영하는 고객 중심 활동으로 고객의 시각으로 기회 영역을 살펴봐야 한다. 또한 시각화에 의한 현실화를 중요하게 다룬다. 비즈니스 모델이라는 다양한 요소와 관계가 담긴 내용을 구체적으로 살펴보려면 시각화가 중요하며 해결 방법을 충분히 검토하기 위한 프로토타이핑 역시 필요하다.

비즈니스 모델 캔버스를 활용하기 위해 종이에 인쇄해 바로 작성할 수도 있지만 이 캔버스 또한 서비스 디자인 씽킹 과정의 다른 활동처럼 활용하면 더 효과적이다. 즉, 캔버스를 큰 종이에 인쇄하거나 보드에 크게 그려 포스트 잇으로 내용을 붙이며 시각화하고, 논의하고, 수정하자. 이렇게 하면 다양한 사람이 더 쉽게 집중하고 공유할 수 있으며 공감에 기반을 둔 더 좋은 생각들을 도출할 수 있다. 또한 포스트잇에 작성해 내용의 수정도 쉽다.

그리고 이렇게 작성된 비즈니스 모델 캔버스의 구성 요소를 연결해 이야기를 만들면 비즈니스 관점에서 시나리오나 스토리텔링 등을 수행하는 데 활용할 수 있으며 비즈니스 모델 캔버스 기반으로 내용이 전개되므로 고객 중심의 서비스 흐름은 물론 수익과 비용에 대한 부분까지 연결해 다룰 수 있다. 글 외에도 그림, 사진, 도표 등을 적절히 포함해 작성하면 제작 단계의 시각화된 결과물로 사용할 수 있다.

● 경쟁과 지표 등을 고려한 더 기민한 린 캔버스

제작하기 단계에서는 한 번에 완성된 결과물이 나오는 것보다는 초기 내용을 지속적으로 개선해나가는 것이 중요하다. 이 단계의 비즈니스 모델 역시 오랜 시간을 들여 완벽에 가깝게 만들 수도 있겠지만, 군더더기 없이 기민하게 작성하고 실행에 옮기는 것이 더 중요할 때가 많다. 이러한 경우 비즈니스 모델 캔버스 대신 고객 개발의 관점에서 적절한 시기에 행동할 수 있도록 린 접근을 반영한 린 캔버스Lean canvas를 활용할 수 있다.

애시 모리아가 제안한 린 캔버스의 기본 형태 역시 비즈니스 모델 캔버스를 수정한 9개의 블록으로 나눠진 캔버스다. 하지만 다루어지는 내용은 비즈니스 모델 캔버스와 차이가 있다. 린 캔버스의 구성 요소는 문제, 고객군, 고유의 가치 제안, 솔루션, 채널, 수익원, 비용 구조, 핵심 지표, 경쟁 우위이다.*

린 캔버스를 작성할 때 생각해야 할 기본 원칙은 다음과 같다.

- **고객 관점에서 접근하기** : 린 캔버스 또한 고객 중심의 접근이 핵심이며 고객 개발을 기준으로 판단한다.

- **가능하면 앉은 자리에서 한 번에 작성하기** : 최초의 작성은 15분 내에 빠르게 생각을 정리하고 이를 발전시켜나가도록 한다.

- **간결하게 핵심 위주로 표현하기** : 결국 캔버스는 한 페이지의 지정된 공간에 작성된다.

- **잘 모르겠다면 고민하지 말고 공란으로 남기기** : 작성하지 못한 내용은 결국 현재 가장 위험한 요소로 우선적으로 고민하고 평가해야 한다.

- **현재에 기반해 생각하기** : 미래를 예측하고 가정해 작성하는 것이 아니라 현재 시점과 지금 알고 있는 내용을 기준으로 작성한다.

린 캔버스는 비즈니스 모델 캔버스에서 다루지 않았던 경쟁 우위, 핵심 지표 등을 반영하고 있으며 문제와 솔루션을 좀 더 부각하고 있으므로 여기에 주의를 기울일 필요가 있다. 이 요소들은 비즈니스 모델 기반의 활동에 우선순위를 정하고 지속적인 개선을 통해 효율적으로 발전할 수 있게 한다. 특

---

* 애시 모리아가 설명하는 린 캔버스와 비즈니스 모델 캔버스의 차이는 www.leanstack.com/why-lean-canvas를 참조하자.

히 여기서 언급하는 고객이란 사용자와는 다르다는 점을 잊지 말자. 즉, 돈을 주고 구입하는 사람으로 일반 고객이 아니라 얼리어답터와 같은 세분화된 특정 고객이 우리의 목표 고객으로 집중해야 할 대상이며, 이들과 상호작용하는 고객이나 사용자가 없는지 확인하는 것 또한 중요하다.

비즈니스 모델을 설명하기 위해 복잡한 사업 계획서를 구성해 활용할 수도 있지만, 사람들과 논의하고 공유하는 데 어려움이 있을 뿐 아니라 특히 빠르게 움직이고 과정을 반복해야 한다면 적절하지 않다. 특히 실행에 속도를 요구받고 있다면 린 캔버스를 제작하기 단계의 활동으로 고려해보자. 한 장으로 구현된 린 캔버스는 빠르고, 간결하고, 간편하게 활용할 수 있다.

문제 List your top 1-3 problems.	솔루션 Outline a possible solution for each problem.	고유의 가치 제안 Single, clear, compelling message that states why you are different and worth paying attention.	경쟁 우위 Something that cannot easily be bought or copied.	고객군 List your target customers and users.
	핵심 지표 List the key numbers that tell you how your business is doing.		채널 List your path to customers (inbound or outbound).	
기존 대안 List how these problems are solved today.		상위 개념 콘셉트 List your X for Y analogy e.g. YouTube = Flickr for videos.		얼리어답터 List the characteristics of your ideal customers.
비용 구조 List your fixed and variable costs.			수익원 List your sources of revenue.	

Lean Canvas
Created by SpiritOS // Online version available at www.leanstack.com/

린 캔버스 린 캔버스는 비즈니스 모델의 설명분 아니라 진행 사항을 평가하고 프로젝트팀과 이해관계자의 소통을 돕는 유용한 도구다. 출처 www.leanstack.com/why-lean-canvas

◆◆◆

　지금까지 문제 해결 방법을 현실화시켜 제공하는 '제작하기' 단계를 살펴보았다. 프로토타입을 만드는 과정과 결과는 중요하다. 프로토타입을 제작 단계에서만 고려해야 할까? 그렇지 않다. 어댑티브 패스는 《사용자 경험에 미쳐라》에서 리서치를 실체가 있는 프로토타입을 통해 디자인과 개발 프로세스 내에 효과적으로 통합할 수 있으며 어느 단계에서도 사용할 수 있다고 설명했다. 아울러 프로토타입의 목적이 사람들에게 실제로 표현된 아이디어를 보여주고 반응을 확인하는 것이라고 강조한다. 예를 들어 리서치에서 스토리보드를 이용해 사람들의 반응을 확인하거나 종이로 제작한 프로토타입을 통해 고객 되어보기 활동을 수행할 수 있다.

놀 프로젝트에서 실제로 아이디어를 구현해 현실화하여 전달하는 과정은 크게 3단계로 진행되었는데 프로젝트팀은 물론 어린이와 학부모도 참여했다.

첫 번째는 놀이 과정을 이야기로 구성해본 뒤 그 과정을 따라가며 대상은 누가 적절한지, 놀이의 규칙은 어떻게 전달할 것인지, 진행을 위해 물리적으로 만들어야 할 것은 무엇인지 등을 검토했다. 여기서 확인한 내용과 프로젝트팀 의견을 바탕으로 지역 커뮤니티에 프로젝트 진행을 알리고 어린이와 학부모의 참여를 요청하는 공지를 올렸다. 프로그램 테스트 진행 장소와 시간은 초등학생들이 많이 올 수 있는지 그리고 방문하기에 접근성이 좋은 위치인지 등을 고려해 선택했다.

두 번째는 해결 방안의 구현에 필요한 프로토타입을 제작했다. 먼저 첫 번째 단계에서 구성한 이야기를 중심으로 놀이를 진행할 모집 대상과 놀이터 환경을 반영해 놀 프로젝트의 놀이 운영 방향을 논의해 문서로 정리하고 구체화했다. 여기서 도출된 주요 결과 중 활동 운영 과정에 대한 가이드라인은 다음과 같다.

1 놀이 시작 전에 주변을 정리하는 활동부터 진행한다. 특히 담배꽁초나 쓰레기 등 아이들이 불편하게 느끼는 부분을 정리하고 흡연과 같은 활동이 놀이터에서 이루어지지 않도록 미리 양해를 구한다.

2 아이들과 진행을 돕는 놀 프로젝트 인원 모두 별명을 사용하고 이때 각자 개성을 표현할 수 있는 배지를 부착한다. 그리고 놀이는 크게 1교시와 2교시로 나누어 진행한다는 것을 알려준다.

3 우선 1교시 다들 접해보거나 구경했던 적이 있는 시작 놀이를 진행자 주도로 먼저 운영한다. 이 부분은 아이들이 일단 놀이터에 도착하면 누군가

먼저 놀고 있는 놀이에 쉽게 관심을 보였다는 관찰 활동의 발견점을 반영한 것이다.

4 놀이가 시작되면 "비켜봐요, 먼저 해볼게요"와 같이 적극적으로 참여하려는 아이가 나타나는데 이들을 중심으로 놀이 방법을 알려주며 나머지 아이들도 놀이를 이해할 수 있게 함께 진행한다. 비사치기, 고누 놀이 등 준비된 놀이를 운영하고 참여자 대부분 놀이가 이해되면 1교시를 마무리한다.

5 간단히 휴식하며 주위를 정리한 후 2교시를 시작한다. 2교시는 새로운 놀이를 스스로 만들고 즐기는 과정이다. 2교시 시작은 배운 놀이를 그대로 진행해보며 기본 룰을 다시 한번 확인해보는 과정으로, 자유롭게 의견을 교환하여 룰을 바꿀 수 있으므로 다음부터는 어떻게 해보면 좋을지 함께 생각해보자고 알려준다.

활동에 필요한 프로토타입 제작 사례   놀이 진행을 위해 필요한 프로그램 안내 팸플릿(좌), 참여자들의 참여를 돕는 배지(우측 상하) 등 여러 도구를 실물로 제작했다.

6 아이들이 새롭게 제안하는 내용에 따라 새로운 놀이 방법을 정한다. 서로 의견을 나누고 어느 정도 진행 방향이 정리되면 변경된 방법으로 함께 해보며 이야기를 나눈다. 진행자는 이 과정이 원활하게 운영될 수 있도록 다양한 의견을 자유롭게 꺼낼 수 있는 촉진자의 역할을 한다.

그리고 놀이 진행에 필요한 다양한 요소를 제작하는 과정이 이어졌다. 소개를 위한 팸플릿, 배지, 놀이에 필요한 도구를 종이로 구현한 후 디자인 작업을 거쳐 실제로 제작해 활동에 사용했다.

세 번째는 놀이터에서 실제 아이들과 새로운 놀이를 경험해보며 프로젝트팀이 의도한 방향으로 운영되는지 확인하고 활동에 대한 의견을 나누는 과정을 진행했다. 이때 진행 순서나 시간은 아이들의 나이나 적극성, 날씨와 같은 환경적 요인 등을 고려해 조절했다. 진행 과정과 피드백 세션을 통해 확인하고 반영된 여러 내용 중 인상적인 몇 가지를 소개하면 다음과 같다.

- 사전 놀이가 진행되고 있다는 것을 시각적으로 보여줘야 한다. 예를 들어 1교시 시작 놀이로 윷놀이를 진행할 때도 아이들이 쉽게 관심을 보일 수 있게 큰 윷놀이 판을 사용하는 것이 중요했다.

- 진행자부터 참여자까지 모두 별명을 사용하는 것은 자연스럽고 편안한 분위기를 만드는 데 도움이 되었다. 이때 자신을 상징한 동물 배지는 처음 만난 아이끼리 쉽게 환경에 적응할 수 있게 도와주는 효과적인 시각 요소였다.

- 아이들의 창의성이 다양하게 제시될 수 있게 진행자는 의견보다는 중재자 역할에 충실해야 한다. 예를 들어 아이들 스스로 놀이 방법을 정하도록 하자, 비사치기도 새로운 형태로 바뀔 수 있었다. 탑을 쌓아 터널을 만들어 통과시키기 놀이로 변경하거나 가장 독특하게 던지기 콘테스트 등으로 바꾸기도 했다.

진행 가이드라인과 프로토타입 등을 활용한 활동 사례　큰 윷을 사용해 놀이의 시작을 알렸고(좌), 프로그램 후반부터 아이들은 탑을 쌓아서 터널 통과 시키기(중), 가장 독특하게 맞히기(우) 등 자유롭고 새로운 형태의 놀이를 만들며 발전시켜나갔다.

　　프로젝트팀 중심으로 피드백 세션을 진행한 후 도출된 내용에 대한 새로운 아이디에이션 세션을 실시했다. 첫 번째는 놀이터 안의 잉여 공간을 활성화하기 위한 접근이다. 다양한 아이디어 중 놀이터 안의 잉여 공간을 진행자가 가상으로 구조화해 포스트를 정하고 레이스 퀴즈처럼 역사 문제를 풀어 맞추면 한 칸씩 이동해 결승점에 먼저 도착하는 놀이가 제안되었다. 두 번째는 몇 해 동안 진행한 프로젝트 내용이나 제작물을 어떻게 기록하고 후배들과 의견을 나눌 것인가에 대한 부분이다. 여러 의견이 논의된 후 우선 놀 프로젝트의 소통 채널로 활용하기 위한 홈페이지의 프로토타입을 제작해보기로 했다.

피드백 세션을 통한 후속 작업 운영 사례 소통 채널 활용에 대한 논의를 거쳐 홈페이지의 프로토타이핑 활동을 진행했다.

성장하기

측정, 학습, 제시

‘성장하기’ 단계에서는 서비스 디자인 씽킹 프로세스를 통해 프로젝트가 도출한 해결 방안을 실제 현장에 적용하고 평가한다. 그리고 여기에서 학습한 내용을 토대로 앞으로 어떻게 발전시킬지 확인하고 다음 활동을 제시해야 한다.

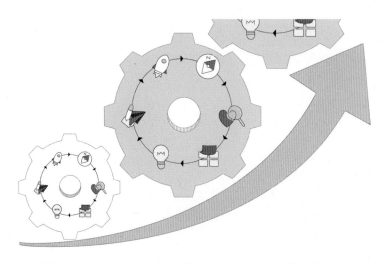

성장을 위한 서비스 디자인 씽킹 프로세스의 적용과 반복　프로세스를 진행한 내용과 결과를 분석하고 학습해 진행한 프로세스의 내용과 결과를 분석하고 학습하며 꾸준히 반복 개선하면 우리가 진정으로 원하는 장기적 관점의 혁신과 성장을 이룰 수 있다.

　　좋은 아이디어를 프로토타입으로 검토하는 것과 현장에 적용해 실천하는 것 사이에는 엄청난 차이가 있다. 전략적 선택 과정을 거쳐 진행 여부가 정해지면 불확실한 환경과 조건에서의 실행과 평가가 기다릴 것이다. 지금까지 우호적으로 보이던 주변의 시선이 냉정해지고 현실의 불안이 늘어날수록 점점 위험을 줄이고 싶은 마음이 커지게 되며 결국 혁신의 방향보다는 익숙한 기존의 방법과 타협해 위험 요소를 줄이고 싶어지기 마련이다. 그 결과, 제작 단계까지 서비스 디자인 씽킹 프로세스를 진행해온 프로젝트팀은 다시 한번 혼란에 빠지기 쉽다. 이렇게 되면 지금까지 고객 중심으로 진행한 서비스 디자인 씽킹 과정은 단지 좋은 프로세스를 경험한 것에 그칠지 모른다. 그리고 또 다시 숫자에만 의존해 논리를 검증하는 환경으로 돌아갈 수 있다. 이때가 바로 프로세스 실행 결과를 분석하고 학습해 서비스 디자인 씽킹 프로세스가 성공적으로 다음 활동까지 연결되도록 노력해야 하는 순간이다.

서비스 디자인 씽킹 프로세스는 정성적 가치를 중요하게 다룬다. 하지만 그러한 접근이 결과에 대해 확인 및 측정을 하지 않는다는 의미는 아니다. 지속적인 혁신을 이끌려면 프로젝트팀이나 전체 조직에 전문 데이터 분석 인원이 없더라도 결과를 확인하고 해석하는 기본적인 방향성을 미리 제시해야 한다. 그러한 방향성은 고객에게 제시한 해결 방안에서 무엇을 확인하고 앞으로 고객에 어떤 변화가 있을지 가늠해보는 기준이 된다. 결국 서비스 디자인 씽킹 프로세스가 궁극적으로는 원하는 것은 비즈니스 또는 커뮤니티 활동의 성장이다. 단기 성장을 원할 수도 있지만 대부분 단순한 이벤트로 그치지 않고 장기적 성장으로 이어지길 원한다. 따라서 일회성 서비스 디자인 씽킹 프로세스가 아니라면 정성적 활동 중심으로 프로세스가 운영되더라도 해결 방안을 적용한 결과를 분석하고 학습해야 한다. 또한 그 내용을 기반으로 꾸준히 반복 개선하는 활동을 진행해 긴 안목에서의 혁신과 성장을 이끌어야 한다.

11.1 사람 중심의 측정 활동

서비스 디자인 씽킹 과정의 측정 활동은 데이터 과학에서 흔히 소개되는 데이터 활동과 다른 시각을 갖는다. 데이터 과학은 대규모의 데이터를 중심으로 인사이트를 확보하는 데 주안점을 두지만 여전히 활동은 연구실 안에서 주로 이루어진다. 서비스 디자인 씽킹은 상대적으로 작은 데이터로 고객 중심의 인사이트를 확보하는 데 집중하며 활동 중 다시 고객을 직접 관찰하기 위해 현장으로 나가게 될 수 있다. 즉, 서비스 디자인 씽킹 프로세스의 측정 활동 그 중심에는 사람이라는 관점이 존재한다. 얀 칩체이스가 《관찰의 눈》에서 강조한 '빅데이터를 마법의 열쇠로 보려는 유혹이 강하게 다가오더라도 데이터가 알려주는 것에 한계가 있다는 것을 이해하고, 훌륭한 현장 조사를 통해 데이터에 관한 영리한 질문을 던져라'라는 말 역시 같은 시각의 접근을 보여 준다.

디자인 프로세스는 고객 니즈(인간 가치)를 확인한 후 실현 가능성(기술)과 경제성(사업)을 고려해 평가 기준을 정한다. 서비스 디자인 씽킹 프로세스에서 다루는 측정 활동은 다른 방법론과 유사하게 기술과 사업을 주요 요소로 다루게 되지만, 그 기반에 인간 가치라는 관점을 반드시 반영해야 한다. 이때는 세부 사항에 너무 얽매이기보다는 큰 그림에서 살펴보면 된다. 어떤 측정 기준이 결과를 학습하는 데 필요하고, 또 문제 해결을 위한 새로운 활동을 반영할 수 있을지 고민하는 데 집중하자. 새로운 문제 해결 방법이 고객에게 제대로 제공되고 이를 통해 고객의 니즈가 충분히 해결됐다는 점을 이해관계자에게 제시할 수 있을 정도면 족하다.

성과 확인의 방향 제시

서비스 디자인 씽킹 프로세스가 다루는 성과 확인 활동은 고객에게 가치를 주는지에 대한 확인에서 출발한다. 고객의 니즈를 해결할 거라고 믿고 제공한 우리의 서비스와 제품이 과연 고객에게 어떤 가치를 주고 있을까? 이는 제공자가 아니라 고객의 관점에서 가늠하고 판단할 부분이다. 즉, 고객들이 자신이 생각하는 가치를 제공받고 있다고 생각하는지 확인해야 한다. 이때 현재에 대한 부분만을 다루는 것이 아니라 앞으로도 그럴지에 대한 지속성을 판단할 수 있어야 프로세스의 다음 방향을 제시할 수 있다.

이때 기존 산업에서 이어온 기술과 제품 중심의 측정 지표를 그대로 적용해보면 어떨까 생각할 수 있다. 하지만 그러한 지표가 지금 우리가 다루는 고객 중심의 모델에서도 올바른 기준점이 될 거라는 보장은 없다. 최근 강조되는 사물 인터넷, O2O, 핀테크 등의 트렌드는 소프트웨어와 하드웨어, 온라인과 오프라인 등 지금까지 따로 관리해온 여러 기준을 유기적으로 연결해야만 고객의 니즈를 충분히 해결할 수 있다는 점을 보여준다. 따라서 이러한 변화와 영향이 성과 확인 활동에 충분히 반영될 때 비로소 올바른 해석의 잣대를 가질 수 있다.

우리가 서비스에서 중요하게 다루는 부분 역시 고객에게도 중요할 거라 생각해서는 안 된다. 특히 비즈니스 프로젝트의 경우 성과에 집중할수록 재무적 성과와 지표에만 몰두하기 마련이다. 하지만 재무적 성과가 고객에게 고객 가치를 충실히 전달하는지를 전부 대변할 수는 없다. 우리가 제공하는 가치와 고객의 생각 사이에 존재하는 간극이 크면 클수록 시간이 흐를수록 비즈니스 성과는 물론 존재 자체도 위협받게 된다.

프로젝트팀이 속한 조직의 성격, 형태, 규모 등에 따라 무엇을 성과로 정하고 무엇에 집중해야 할지가 다르다. 프로젝트마다 비즈니스 상황과 주변 환경에도 차이가 있어 '무조건 이렇게 해야 한다'와 같은 가이드라인을 정할 수도 없다. 하지만 성과 측정의 전반적인 방향을 제안하고자 기본적으로 살펴봐야 할 내용은 다음과 같다.

- **대기업, 중견 기업** : 장기적인 관점에서 성장 방향을 검토할 때가 많다. 기존 조직이 중심이 된 협업 형태나 새로운 조직을 별도로 신설해 운영하게 되므로 그에 따라 성과를 바라보는 관점을 판단하자. 기존 서비스의 개선에 초점을 맞추거나, 태스크포스(TF) 형태로 제작 단계까지 프로젝트를 운영한 뒤 본격적으로 확장할 것인지 다루게 된다.

- **스타트업, 소규모 완결형 조직** : 대부분 단기적 관점에 집중한다. 따라서 즉시 반영해서 해결할 수 있는 부분인지 확인한 후, 빠른 실행을 통한 학습과 반복 활동을 거듭하며 프로젝트의 성장 여부를 살펴보자.

- **비영리 단체, 커뮤니티** : 장기적 관점에 가깝지만 내부적으로 가능한 영역과 한계를 서둘러 확인하고 협력 관계의 필요 여부를 검토하는 것이 중요하다. 서비스의 운영에 대한 성과 확인뿐 아니라 외부 기관의 투자, 커뮤니티의 자발적 참여 등이 지속 가능한지도 확인하자.

특히 서비스 디자인 씽킹 프로세스 초기에 관심을 보여야 할 대상은 서비스의 모든 사용자가 아니다. 선도 사용자나 얼리어답터 등 그동안 프로세스를 진행하며 더 큰 관심을 가져왔던 고객이 새로운 기회 영역과 문제 해결 방법에 어떻게 반응하는지 살펴보는 것이 더 중요하다. 그리고 그 결과를 통해 앞으로 무엇을 개선할지 찾고 반영해야 한다.

내가 속한 기업과 서비스 또한 비즈니스를 둘러싼 다양한 환경 변화와 혁신 요구에서 자유로울 수 없다. 결국 현실화된 혁신 방법이 시장에서 제대로 동작해 고객에게 전달되는지 검토하고 개선이 필요하다면 그에 대한 기준을 제시해야 한다.

● 성과 확인을 위한 측정

성과 확인과 측정은 어느 정도 완성도를 갖춘 개발과 본격적인 구현 이후의 활동을 의미할 때가 많다. 그렇지만 서비스 디자인 씽킹 프로세스는 제작 단계 직후 프로토타입 수준의 해결책을 고객에게 제시할 때부터 성과의 확인과 반영이라는 측면을 고민하므로 기존의 접근과 시각차가 있다. 대부분의 서비스 디자인 씽킹 프로세스, 특히 고객 개발 관점을 반영한 프로젝트에서는 실행 상태와 성과 확인을 위해 적어도 어떤 부분에 대한 측정이 필요할지 또 그 내용과 지표 설정의 방향을 어떻게 가져가야 할지 제시해야 한다.

서비스 디자인 씽킹 프로세스는 고객의 니즈가 반영된 성과 확인이 필요하다. 현재 상태를 확인하는 데 그치기보다 (고객 측면이 포함된) 성과의 이유를 아는 데 초점을 맞춘다. 따라서 고객이 생각하는 가치를 정의하고 이를 얼마만큼 충족시키는지 확인하는 것이 성과 확인의 출발점이다.

그리고 측정 활동과 이를 통해 확보한 내용이 고객과 얼마나 밀접한 상관관계를 보이는지 주의 깊게 살펴봐야 한다. 단순히 사업 실적을 정량화하는 측정 요소로 접근한 지표의 개념으로는 해결 방법에서 주목할 부분은 무엇이고 어떤 문제가 있는지 그 근본 이유까지 구체적으로 파악하기란 쉽지 않다. 특히 지금까지 습관적으로 활용해온 성과를 확인하는 지표가 있다면 그대로 받아들이기보다는 세부 내용을 다시 한번 점검하고, 과연 이를 그대로 사용해도 지속적인 혁신을 위한 학습과 반영이 가능할지 판단해야 한다. 만약 고객이 생각하는 가치가 변화했다면 이를 점검하고 확인하기 위한 측정 기준 또한 바뀌어야 한다. 그리고 지표에서 감지된 현상을 심층적으로 분석하기 위해 고객이나 사용자를 관찰하고 조사해 그들이 가진 숨겨진 니즈와 문제를 찾는 활동이 이 단계에서도 요구될 수 있다.

또한 고객 입장에서 서비스의 적정성도 확인해야 한다. 즉, 고객의 기대 가치를 충분히 만족시키더라도 제공 형태나 방법이 너무 크거나 복잡할 수도 있다. 고객의 니즈를 해결한 혁신의 방법이 너무 과도하게 제공되는 것도 부족한 것만큼 경계해야 한다.

성과 확인을 위한 측정 과정은 현재 상태를 확인하기 위한 부분인 동시에 앞으로의 방향을 판단하고 변화를 이끌기 위한 부분이라는 점을 항상 기억하자. 시장의 빠른 변화 속도를 고려해 앞으로 고객이 무엇까지 요구하게 될지 고민하고 측정 활동과 지표에 얼마나 반영해야 할지 가늠해야 한다. 성과를 확인하고 학습하는 데서 활동이 마무리되는 것이 아니다. 앞으로 무엇이 필요한지 제시할 수 있어야 한다.

시장에서의 학습과 실험

시장에서 처음 실험하는 서비스 결과물은 프로토타입보다 조금 더 개선된 수준일 때가 많다. 특히 스타트업은 초기에 선보이는 제품의 질을 높이고자 출시를 늦추기보다는 오히려 특정 문제를 해결하는 최소한의 제품을 소개하는 MVP 관점을 가진다. 하지만 막연히 허술하거나 서둘러 만들어진 서비스나 제품을 의미하지는 않는다. 서비스는 시장과 약속된 가치를 제공해야 하며, 고객은 구매 결정을 내리기 위해 가치 평가를 하게 된다. 즉, 자신이 지불할 비용을 기준으로 그보다 높은 기대를 충족할 때 서비스 제공과 획득이 이루어진다. 이러한 고객 가치는 결과물은 물론이고 전달되는 과정과 방법도 중요하다. 단순히 절대적인 가격도 중요하지만 획득 비용이 적절한가도 판단의 기준이 된다. 제임스 헤스켓이 《서비스 수익 모델》을 통해 소개한 가치 제공 방정식은 '가치=품질/비용'이라는 기본 구조에 서비스 요소를 반영한다.

$$
가치 = \frac{품질}{비용} \xrightarrow{\text{서비스 요소 반영}} 가치 = \frac{고객에게 \ 제공된 \ 결과의 \ 품질 + 프로세스 \ 품질}{고객이 \ 지불한 \ 서비스 \ 가격 + 서비스 \ 획득 \ 비용}
$$

고객 가치를 다루며 고객에게 제공된 결과의 품질과 서비스 가격으로 '가치=품질/비용'을 간단히 치환해 접근하는 경우도 흔하지만, 이 방정식은 고객 가치를 높이기 위해 시장에서 이루어지는 고객과 서비스의 관계를 다시 한번 짚어볼 필요가 있음을 보여준다.

품질이라고 하면 고객이 제공받는 결과물의 품질을 먼저 떠올리기 쉽다. 그런데 품질이 결과물에만 적용되는 건 아니다. 결과물을 전달하는 프로세스 품질도 중요하다. 그러므로 서비스를 제공하는 과정의 품질도 관리해야 한다. 그리고 서비스 가격은 물론 서비스를 획득하기 위한 비용도 중요하므로 이를 줄이는 방안이 있는지도 살펴봐야 한다. 이처럼 프로세스와 전달 과정에서의 품질과 비용을 포함해 전체 관점에서 고객 가치를 바라봐야 한다.

시장에서 실험을 하면 여러 어려움에 부딪히게 되는데 이런 어려움의 대부분은 익숙함을 유지하고 싶은 막연한 두려움의 표현이다. 따라서 고객 중심의 혁신을 원한다면 이런 어려움은 극복해야 할 대상이다. 이때 시장에서의 성공 사례만큼 강력한 혁신의 증거는 없다. 프로세스 운영(특히 비즈니스 측면)이 좋은 결실로 이어지려면 시장 내 활동을 중요하게 다루어야 한다. 유영진 교수는 '삼성은 어떻게 디자인 강자가 됐을까'*에서 급진적인 변화를 이끌어내려면 공감과 시각화만으로는 역부족일 때가 있으므로 삼성 TV와 PC 모니터 등을 예로 들며 실제 시장에서 아이디어를 실험하고 시장 데이터를 동원해 이해관계자의 지지를 키워나가야 한다고 강조했다.

지금까지 서비스 디자인 씽킹 프로세스는 정성 접근을 통해 고객의 목소리를 중심으로 기회 영역을 찾고 해결 방안을 만들어왔다. 프로젝트가 전체 단계를 모두 진행해 하나의 큰 이터레이션(순환 반복되는 진행 주기)을 완료하면 제안한 해결 방법이 충실히 수행되는지 시장 내 고객 행동을 측정해 확인하는 활동이 필요하다. 따라서 프로젝트팀은 정량적 접근을 위한 지침과 방향성을 제시해야 하며, 이때의 지표는 단지 현재 상태를 확인하는 숫자가 아니라 고객과 사용자를 이해하기 위한 도구로 동작해야 한다.

● 핵심 지표의 파악과 관리

이 단계에서 서비스 디자인 씽킹 프로세스를 진행해온 프로젝트팀이 기대하는 지표의 역할은 2가지다. 첫 번째는 제품 사용에서 문제가 발생하면 사

---

* www.hbrkorea.com/magazine/article/view/1_1/page/1/article_no/579

람들은 급속히 서비스에서 이탈하기 쉬운데, 이러한 문제 상황을 빠르게 파악하게 돕는 것이다. 서비스 디자인 씽킹 프로세스가 진행될수록 고객의 니즈가 반영된 해결 방법이 제공된다면 고객들은 긍정적인 반응을 보일 것이라는 막연한 기대가 점점 커진다. 하지만 현실은 고객과 사용자는 아직까지는 단지 흥미를 느끼는 수준에 그칠 수도 있다. 오히려 사소한 문제에도 우리에게 호의를 보이는 대신 서비스를 재빠르게 떠나는 쪽을 선택할 확률이 더 높다.

두 번째는 문제의 발생 여부와 함께 어디에서 발생했는지 파악할 수 있게 도와 프로젝트팀이 이유를 찾는 활동을 진행할 수 있게 하는 것이다. 이 단계에서 우리는 흔히 설문 조사를 고려하는데 이는 학습이 아닌 확인에 효과적이다. 《린 스타트업》에서 애시 모리아는 지표를 통해 문제 발생을 파악할 수 있지만 그 이유는 결국 사람들과 이야기해야 알 수 있다고 설명하며, 숫자 이면의 사용자를 이해할 수 있는 사람 중심의 지표로 강조한다. 따라서 지표를 통해 문제를 신속하게 파악했다면 프로젝트팀은 인터뷰나 관찰 등을 통한 정성적 측면의 검토와 실행을 진행해야 한다.

물론 프로젝트팀이 데이터 분석 전문가를 포함하지 않았다면 필요한 모든 지표를 제시할 수 없을 것이다. 하지만 서비스 디자인 씽킹 프로세스의 진행 상황과 함께 측정과 학습을 필요로 하는 현재 단계를 파악해 가장 신경 써야 할 하나의 기준에 초점을 맞추도록 조직 전체에 제안할 필요가 있다. 이때 현재 단계에서 중요한 한 가지 지표를 OMTM^{One Metric That Matters}이라고 부른다.

● 그렇다면 좋은 지표란 어떤 형태를 가질까?

숫자와 시간의 개념을 포함하고 있느냐는 좋은 지표의 가장 기본 속성이다. 숫자는 가급적 비율로 표시되어야 하며, 시간은 변화와 비교를 위해 필요하다. 예를 들어 A 매장의 방문자 수는 홍보나 대외 활동에서 규모나 가능성을 쉽게 제시할 수 있다. 하지만 문제를 빠르게 파악하고 이유를 찾는 데 적절하지는 않다. 반면에 A 매장을 하루에 두 번 이상 방문해 구매하는 고객의 몇 %가 어떻게 변하는지 확인하는 것은 사업 현황을 파악하는 데 도움이 된다.

쉽고 단순해야 한다. 너무 많고 복잡한 숫자와 의미를 제공하면 사람들이 이해하기 어렵다. 사람들이 잘못된 숫자의 의미에 빠져 잘못 이해할 경우 오히려 지표는 우리가 제공하는 서비스를 잘못된 방향으로 보낼 수 있다.

《린 분석》에서는 '좋은 지표는 행동 방식을 바꿀 수 있어야 하며 이것이 지표의 가장 중요한 조건'이라고 설명한다. 좋은 지표는 일을 하며 발생할 수 있는 혼선을 줄여주는 기준이 되어야 한다. 지표가 변화하는 방향에 따라 프로젝트팀이 무엇을 해야 할지 논의하고 서비스의 최적화 방향을 정할 수도 있다. 특히 지표상 변화에 따라 고객의 행동 변화가 어떻게 바뀌는지 명확하게 답할 수 있다면 이를 기준으로 서비스가 지향하는 방향으로 고객의 행동을 변화시킬 수 있다. 이처럼 좋은 지표를 통해 프로젝트 목표에 부합하는 방향으로 프로젝트팀의 행동은 바뀔 수 있다.

서비스가 제공하는 가치를 고객이 제대로 전달받고 있는지 확인하고, 고객은 서비스를 어떻게 이해하고 어떤 방법으로 사용하고 있는지 파악해야 한다. 단순히 현재 상태를 보여주는 숫자를 확인하는 활동이 중요한 것은 아니다. 더 나은 서비스를 제공하려면 개선해야 할 부분을 찾고, 나아가야 할 방향을 반영해 지속적인 성장을 제안해야 한다. 따라서 지표는 프로젝트 초기에 정한 그대로 활용되기보다는 진행 상황에 따라 변한다. 특히 프로젝트 후반으로 갈수록 적절한 지표를 선정해 운영하는 것이 중요하다.

11.2 제안하고 나아가기

우리는 사람들의 니즈를 찾고 콘텍스트를 파악해 새로운 기회 영역을 확인했고, 분석 과정을 거쳐 다양한 아이디어를 도출해 문제 해결 방법을 찾아

냈다. 그리고 이를 실행해 시장에서의 반응과 피드백을 확보했다. 이제 지금까지의 진행 내용과 결과를 바탕으로 앞으로 더 성장하기 위해 무엇이 필요한지 확인하고 계획을 세워 제안하는 활동을 운영하게 된다. 앞으로의 프로젝트 행보를 결정할 이 단계에서도 고객 관점을 놓쳐서는 안 된다. 그래야 실질적인 개선 방안과 더 나은 해결책 제시가 가능하기 때문이다. 관련하여 이 단계에서 기억해야 할 2가지를 간단히 살펴본다.

하나는 비즈니스의 정체성과 이어지는 진정성 측면이며, 다른 하나는 고객을 이해하기 위한 정성과 정량의 상호 보완적 관점이다. 그리고 미래를 위한 실행 전략을 어떻게 계획할 것인지 살펴보자.

진정성에 대한 기준

서비스 디자인 씽킹 프로세스를 통해 사람들의 니즈를 충족시키고 새로운 기회 영역을 찾아내고자 노력한 프로젝트팀이 가장 피하고 싶은 결과물에 대한 평가는 보편적이라는 피드백일 것이다. 이는 우리가 새롭게 제공한 서비스에 대해 고객은 독창적이고 진실하다고 인식하지 못하고 인위적인 모사품으로 느끼는 것과 동일한 의미다.

진정성을 제공한다는 것은 어떤 의미일까? 물론 사회 속 인간관계에 대한 내용이 아니라 경제적 관점의 얘기다. 서비스 경제의 부상과 체험 경제의 등장을 주장한 조셉 파인 2세와 제임스 길모어는 기업이 자사의 진실성에 대한 소비자들의 인식을 형성하는 활동이 진정성을 연출하기 위한 노력이라고 소개한다. 사람들은 서비스나 제품이 얼마나 진실하다고 인식하는지에 따라 구매하고 사용할 것인지 결정하게 되며, 자연스러운 사람들의 참여를 이끄는 인상적인 사건인 체험이라는 측면에서는 서비스나 제품이 아니라 이를 제공하는 시간에 비용을 지불하게 된다.

그렇다면 서비스 디자인 씽킹 프로세스의 실현이라는 측면에서 우리가 진정성을 충실히 제공하고 있는지 또 고객이 제대로 전달받고 있는지 확인하려면 어떤 요소를 살펴봐야 할까? 이를 위해 《진정성의 힘》에서 다음과 같이 소개한 5가지 영역의 **진정성**이 적용되었는지 살펴보자.

- **자연성** : 가공되거나 합성되지 않은 상품
- **독창성** : 복제나 모방이 아닌 차별화된 제품
- **특별함** : 독특하고 뻔하지 않은 방식을 가진 진솔한 서비스
- **연관성** : 공통된 추억과 열망을 이끌어내는 움직임
- **영향력** : 더 높은 목표로 이끄는 의미 있는 방식의 제시

진정성을 가졌다면 5가지 영역 중 한 가지 이상을 접할 수 있을 것이다.

우리는 서비스 디자인 씽킹을 통해 제공되는 비즈니스에서 고객들이 진정성을 찾길 원한다. 즉, 우리가 서비스를 제공하면서 연출한 배려심(특별함), 공통된 소망(연관성), 더 높은 목표(영향력) 등 다양한 영역의 요소 중에서 사람들이 진실함을 느끼고 인식한 부분이 무엇인지 발견해내자. 그리고 찾아낸 영역을 강화해 비즈니스에 분명히 반영하고 정체성을 명확히 한다면 지속적으로 더 나은 해결책을 만들고 제공할 수 있다.

직관과 분석의 상호 보완

서비스 디자인 씽킹 프로세스에서 고객을 인터뷰하고 관찰해 분석하는 활동과 많은 양의 데이터를 통해 고객의 행동과 맥락을 파악하는 활동은 모두 고객이 무엇을 원하고 상황과 환경은 어떠한지 이해해 어떤 해결책을 제공할 것인지 찾는 과정이다. 정량적 접근과 정성적 접근의 상호 보완 관계는

고객에 대한 선입견을 지우고 그들의 콘텍스트를 이해하고 싶다는 동일한 목표에서 시작된다.

서비스 디자인 씽킹 프로세스를 통해 확보한 결과물이 새롭고 혁신적이라는 반응을 얻을 수도 있지만, 한편으로는 이미 조직 내 누군가는 알고 있던 내용이라는 의견을 들을 수도 있다. 이러한 상황은 둘 중 하나를 의미한다. 먼저 프로젝트 진행 과정에서 조직 내 이해관계자와의 협력이 제대로 이루어지지 못한 경우다. 서비스 디자인 씽킹의 기반에 협력을 통한 실행이 있다는 점을 잊지 말자. 다른 상황은 정말 누군가는 파악하고 있었던 부분을 다시 끄집어낸 경우인데, 정량적으로 고객 데이터를 분석해 확인한 내용이지만 기존에는 그 중요성을 무시했기 때문에 대부분 지나친 경우다. 안타깝게도 이런 상황은 숫자의 가치만을 최우선으로 여기는 기업 문화에서는 낯설지 않다.

정량적 분석을 통해 이미 발견했지만 일종의 에피소드로 치부해버린 핵심 가치를 실행 단계로 다시 한번 끄집어 강조하는 것은 정량과 정성의 상호 보완 관계를 구성하는 서비스 디자인 씽킹 프로세스의 역할 중 하나다. 이러한 활동은 선도 기업에서 이미 반영하고 있는데, 인텔은 정성(에스노그라피)과 정량(데이터 마이닝)의 결합을 표현하는 에스노마이닝Ethno-mining이라는 방법을 활용해 많은 양의 데이터로부터 에스노그라픽 스토리텔링을 개발한다고 알려져 있다.*

고객에게 혁신적인 서비스를 제공하려면 직관의 유용성과 분석의 가치가 균형 잡힌 상태를 유지해야 한다. 《린 분석》에서도 저자는 실무 적용을 다루며 '직관을 무시하지 말라'고 충고한다. 즉, 데이터를 기반으로 지표를 분석하는 활동은 직감을 무시하는 것이 아니라, 직감이 옳은지 틀린지 판단하

---

* 《MIT 슬론 매니지먼트 리뷰》(2014년 겨울호), '비즈니스 인사이트를 제공하는 이야기', 질리앙 카일라 외 저

는 일이다. 그리고 디자인 씽킹의 의미 속에도 직관과 분석의 균형이 포함되어 있다는 것을 항상 기억하자.

실행 전략 계획하기

여기서 다루는 실행 전략 계획은 현재가 아닌 미래로 시야를 확장해 전략 방향을 그려보는 활동이다. 즉, 혁신이 지속적으로 이루어지려면 무엇이 필요한지 단기·중기·장기 관점에서 살펴보며 실행 측면에서 어떤 이슈가 있을지 점검하고 실행 계획을 검토하게 된다. 서비스 디자인 씽킹 프로세스를 진행한 주체가 어떤 형태인지에 따라 이 단계를 대하는 입장이 다를 수 있다. 규모가 큰 조직이라면 지금까지의 프로젝트 결과를 실제 서비스 운영팀에 전달할 것이고, 스타트업이라면 순환 단위의 이터레이션 개념으로 접근해 이번 서비스 디자인 씽킹 프로세스 과정에서 학습한 내용을 다음 이터레이션으로 이어가려 할 것이다. 또 조직에 대한 부분은 물론 다양한 환경적 요인으로 인해 프로젝트에서 도출한 비즈니스를 언제까지 어떤 규모로 어떻게 운영할 것인지 구체적으로 정의 내리기 힘든 부분도 발생할 것이다. 향후를 계획하며 모든 것을 정하고 계획한다는 건 어려운 일이므로, 이 단계는 혁신을 지속적으로 가치 있게 성장시키겠다는 가정 안에서 무엇이 필요한지 함께 논의하고 같은 방향을 제시하기 위한 활동으로 접근해야 한다.

● 전략 계획 워크숍 운영

프로젝트가 제안한 해결 방법의 성과를 어떻게 판단할지 정한 후 학습하고 실험하는 과정을 거쳤다. **전략 계획 워크숍**에서는 그 결과를 중심으로 앞으로 더 발전하기 위해 무엇이 필요할지 논의하게 되며, 이 과정은 비즈니스 상황과 서비스 형태에 따라 차이가 있겠지만 크게 진행 내용을 점검하는 세션과 앞으로 계획을 세우는 세션으로 운영할 수 있다. 워크숍을 통해 도출된 내용이 조금이라도 더 현실적인 실행의 관점을 가지려면 프로젝트팀 만의 활동으로 그쳐서는 안 된다. 마지막까지 프로젝트 관련 이해관계자들이 함께 워크숍에 참여해 몰입할 수 있도록 유도해야 한다.

첫 번째 세션은 진행된 내용을 점검하는 과정이다. 이때의 핵심은 프로젝트가 제안한 문제 해결 방법이 실제 현장에서 유의미한 결과를 얻었는지 확인하고 그 과정이 지속적으로 이어질 수 있는지 살펴보는 것이다. 이를 위해 다음의 활동이 진행된다.

1 고객이 가치를 어떻게 느꼈는지 확인한 내용을 공유한다. 사람들에게 직접 물어본 정성적 결과와 수치를 통해 확인한 정량적 결과 모두 해당된다. 이때 기업에서 진행한 프로젝트라면 고객들이 서비스에 대한 가격을 얼마로 생각하는지 파악할 필요가 있다. 가격은 서비스에 대한 인식을 바꾸는 요소인 만큼 프로젝트가 염두에 둔 목표 고객이 이 부분을 어떻게 생각하고 있는지 파악하는 것은 중요하다.

2 새로운 해결 방법이 사람들에게 어떤 변화를 만드는지 의견을 나눈다. 긍정적인 측면과 부정적인 측면, 장기적 관점과 단기적 관점 등 다양한 시각으로 관찰한 내용을 소개한다.

3 지금까지 프로젝트가 진행해온 과정과 결과를 하나의 이야기로 만들어본다. 즉, 프로젝트를 통해 학습한 내용을 전달하기 좋은 형태로 구성하는 작업이다. 프로젝트팀이 집중한 사람들의 니즈는 무엇이고 이를 어떻게 해결했으며 그 결과는 무엇인지 공유해보자.

만약 워크숍 전후로 프로젝트팀이 해결 방법을 실행하며 비즈니스 모습에 어떤 변화가 있는지 기민하게 업데이트하고 싶다면 린 캔버스를 이용해보기 바란다.

두 번째 세션은 앞으로의 계획을 세우는 과정으로 어떻게 하면 실행을 통해 더 개선될 수 있을지 논의하고 반영한다. 여기서 소개하는 활동은 이를 위한 가장 기본 활동이다. 이 외에도 조직의 역량을 성장시키고 지속적인 혁신을 이끌 수 있는 다양한 활동을 검토하고 논의해 실행에 반영하자.

1 실현 가능성이라는 측면으로 조직이 가진 역량을 살펴본다.

조직을 검토하는 과정에서 요구되는 것은 보유 역량에 대한 솔직함이다. 문제 해결 방법의 지속성을 조직이 유지할 수 있는지, 진행 계획에 따라 조직이 지원할 수 있는 범위는 어느 정도인지, 추가로 필요한 역량은 무엇인지 등 실행 측면에서 냉정하게 바라봐야 한다. 실행과 결과에 대한 긍정적 가능성이 크다면, 지금까지의 프로젝트 학습 내용이 다음 단계에 이어질 수 있도록 참여할 필수 인원을 가급적 미리 선정한다.

2 실행 일정을 논의한다.

우리가 도출한 아이디가 파격적이고 새로운 방법이라면 더욱 장기적인 계획을 중심으로 단기와 중기로 나눠 접근해야 한다. 반면에 기존의 아이디어를 기반으로 확장된 형태라면 비교적 단기 활동으로 우선 접근해도 좋다. 이때 논의된 기간에 따라 상황별 운영 가능한 인력, 예산 등의 자원을 반영해 계획한다.

3 현재까지 학습하고 실험한 내용을 토대로 앞으로 시장에서 만나게 될 기회 요인과 위험 요인을 찾아보고 어떻게 대응할지 논의한다.

조직의 자체 역량에 의해 모든 것을 해결하고 대응할 수 없다면 외부 파트너십의 필요 여부를 살펴봐야 한다. 부족한 역량을 채워줄 외부 파트너와의 협력이 필요할 수도 있고, 활동을 지지하고 도움을 줄 커뮤니티를 원할 수도 있다. 특히 비영리 조직 주도의 프로젝트는 파트너십을 기본적으로 고려할 때가 많은데, 참여하고 싶은 누구라도 괜찮은 것이 아니라 원하는 역량을 충실히 가진 사람이 필요하다는 것을 잊지 말자.

우리는 해결 방안을 구현하고, 결과를 확인하고, 학습한 내용을 반영해 고객에게 전달하는 가치를 지속적으로 성장시켜 진정성을 가진 더 좋은 경험을 전달해야 한다. 전략 계획 워크숍은 이를 위해 이해관계자들이 함께 미래를 설계한다는 점에서 중요하다.

11.3 혁신의 다음 출발을 위한 준비

"프로젝트 과정 중 가장 어려운 일이 무엇일까요?"라고 물으면 다양한 답을 내놓는다. 그런데 프로젝트 횟수가 거듭될수록 의외로 공통된 답을 내놓는다. 바로 사람에 대한 부분이다. 프로세스를 함께 이끌 전문 역량을 갖춘 진행자의 필요부터 진행 과정에 발생한 사람 간의 갈등과 이를 조정하며 생기는 부담감까지 다양하다. 그러므로 사람 사이에서 생기는 어려움을 극복하고 의견을 조율하는 일은 프로세스 활동에 있어 손꼽히는 중요한 부분이다. 혁신을 이끄는 다른 방법론과 서비스 디자인 프로세스의 큰 차이점으로 함께 참여한다는 코크리에이션이 있다. 고객과 이해관계자의 관점을 놓쳐서는 안 되기 때문이다.

서비스 디자인 씽킹 프로세스를 (특정 조직으로부터) 의뢰받아 진행했다면 요청한 조직의 내부 관계를 주의 깊게 살펴보고 그들의 시각은 어떠한지 확인해야 한다. 물론 내부 관계 및 관련자의 시각에 맞추려고 결과를 조절해야 한다는 의미는 아니지만, 요청한 조직이 그리는 전체 그림을 파악하는 것은 중요한 활동이다. 그리고 그 안에서 서비스 디자인 씽킹 프로젝트만이 채울 수 있는 부분을 찾아 해당 영역을 반드시 채워줘야 한다. 특히 상업적 측면으로 기울어지기 쉬운 프로젝트라면 사람 중심의 철학이 충실히 반영되도록 꾸준히 점검하고 피드백하자(그러려면 제안 사항 확인과 계약 점검이 필요하다).

대부분의 프로젝트 요청자는 단순히 데이터를 수집하면 확인할 수 있는 현황보다는 복잡하지 않고 명확하지만 깊이 있는 인사이트를 서비스 디자인 씽킹 프로젝트를 통해 얻길 기대한다. 이러한 기대 산출물은 결국 현장의 살아 있는 목소리와 관찰 내용을 치밀하게 분석할 때 나올 수 있다.

그리고 프로젝트에서 현재 해결하지 못한 부분이나 추가 활동이 필요한 부분이 다음 단계로 이어질 수 있도록 준비해 전달해야 한다. 프로젝트를 진행하며 수집된 각종 조사 자료, 중간 결과물, 보고 자료 등의 다양한 산출물을 잘 정리해야 하며, 현장에 나가 확인한 관찰 내용이나 아이디에이션 활동을 통해 확보한 아이디어 시트 등도 잘 분류해 보관하도록 하자. 현재 프로젝트팀이 그대로 넘어가지 않는다면 다음 단계를 진행하는 담당자들이 요청하게 될 것이다.

● 비전 기술서

비전 기술서 Vision statement나 비전 포스터Vision poster는 프로젝트를 한 장의 포스터로 구체화해 보여주는 것이다. 서비스의 핵심 메시지를 쉽게 전달할 수 있어야 하며, 보는 사람 역시 별도의 부연 설명이 없어도 이해하기 쉬워야 한다.

비전 기술서는 다음의 내용을 포함하는 한 장의 포스터 형태로 구성한다.

- **제목** : 서비스 콘셉트를 명확히 전달할 수 있어야 하며 대부분 가장 큰 글씨로 구성한다.
- **표어** : 서비스 키워드를 중심으로 전달할 결과물을 명확하게 표현할 수 있는 압축된 문장으로 작성한다.
- **핵심 이미지** : 최종 전달될 결과를 한눈에 확인할 수 있도록 스케치, 프로토타입, 다이어그램 등의 이미지로 전달한다.

- **설명** : 어떠한 문제점이 있으며 이를 어떻게 해결할 것인지 간결하고 짧은 문장으로 표현한다.

비전 기술서는 결과의 핵심을 간결하게 전달해야 한다. 이를 통해 프로젝트팀은 물론 이해관계자와 앞으로 참여할 인원들도 빠르게 프로젝트 목표와 결과에 대한 일치된 시각을 가지고 같은 방향으로 활동을 진행할 수 있다.

서비스 디자인 씽킹 프로세스를 통해 해결 방안을 도출해 의미 있는 결과를 얻었다면 이제 이를 '성장하기' 단계에서 지속적으로 발전시키고 앞으로 나아갈 계획을 세워야 한다. 프로젝트가 제공한 결과물에 대한 성과와 그 이유를 확인하고, 이를 바탕으로 전략 계획 워크숍과 같은 다음 단계를 위한 활동을 통해 프로젝트가 더 성장할 방향을 잡는 데 집중하자. 프로젝트 진행 내용과 확보된 산출물을 잘 정리해 공유하는 것 또한 다음 단계를 준비하는 데 꼭 필요한 일이다. 이러한 서비스 디자인 씽킹 프로세스의 적용 결과를 분석하고 학습해 반복 개선하는 과정은 우리가 원하는 혁신과 장기적 관점에서의 성장을 가능하게 해줄 것이다.

놀 프로젝트는 참관한 아이들의 부모를 대상으로 진행 프로그램에 대한 인터뷰와 간단한 설문을 통해 기존 놀이터를 이용할 때보다 두 배 정도 높은 놀이 만족도를 확인할 수 있었다. 그리고 인터뷰를 통해 설문 결과에 대한 이유를 자세히 탐색했다. 아이들이 자기 생각과 의지를 마음껏 표출할 기회를 제공받은 점과 다양한 놀이를 준비해 프로그램으로 제공한 점이 긍정적으로 평가되었다. 참여 아이 숫자와 시간이 제한적이라는 불편함과 대체 공간을 확보해 날씨에 상관없이 프로그램이 운영되기를 바라는 니즈 또한 확인할 수 있었다.

놀 프로젝트에 대한 성과를 확인한 후 이 내용을 중심으로 다음 계획을 논의하는 워크숍을 진행했다. 놀 프로젝트의 운영 목표부터 진행 내용과 결과 그리고 앞으로 나아갈 방향을 의논했다. 그중 다음 프로젝트 진행에서 반영할 부분으로 학교 내 다른 커뮤니티와의 협업을 통한 다양한 프로그램 제공에 대해 자세히 논의했다. 세부 실행 의견으로는 베이킹 체험을 하는 '우리 밀 프로젝트', 음악과 악기 체험을 하는 '꽃코더 프로젝트' 등과의 협력 활동이 제안됐다. 마지막으로 놀 프로젝트를 진행한 문화디자인팀의 비전에 대해 의견을 나누고 이번 프로젝트의 결과물을 간단히 제작했다.

더 나은 사회를 위한 디자인.
<u>문화디자인</u>

문화디자인은 대안학교 꿈피는학교 고등과정의 학생들이 2014년 봄, 더 나은 문화를 디자인하자는 뜻을 갖고 모여 만들어진 프로젝트 팀입니다. 학교 내부의 문화를 디자인 하는 것 외에도 사회 속에서 우리가 할 수 있는 문화활동에 기여하기 위해 다양한 프로젝트들을 진행해왔고, 해나가고 있습니다.

<u>디자인 원칙</u>

- 모두를 위한 문화를 디자인 하자
- 생각하는 머리보다 움직일 수 있는 머리를 키우자
- 대안에서 또 다른 대안을 찾자

<u>문화의 가치</u>

1. 사람과 사람의 관계를 위한 문화.
2. 환경문제를 개선할 수 있는 문화.
3. 윤리적인 해이를 쇄신하는 문화.
4. 세상의 불균형을 바로잡는 문화.

팀의 비전 기술 결과물　놀 프로젝트를 진행하면서 문화디자인팀이 고민한 내용을 한 장의 글에 담았다.

　　문화디자인팀이 진행한 놀 프로젝트는 놀이터에서 아이들이 즐겁게 놀이를 즐길 수 있도록 서비스 디자인 씽킹 프로세스를 통해 해결 방법을 찾고 실험하는 과정을 진행했다. 놀 프로젝트가 제공한 프로그램의 참여자는 물론 프로젝트 팀원 역시 다른 사회 구성원들과 함께 하는 능동적인 활동을 통해 즐거운 배움의 경험을 얻을 수 있었다. 이제 문화디자인팀은 지금까지의 활동을 바탕으로 더 나은 다음 단계를 준비하고 있다.

처음부터 다시 배우는 서비스 디자인 씽킹(개정판)

차별화된 서비스 경험과 비즈니스 혁신을 만드는 고객 중심 접근법

개정판 1쇄 발행 2022년 9월 15일

지은이 배성환

펴낸이 최현우 **기획·편집** 최현우 **마케팅** 조수현
디자인 Nu:n. **조판** SEMO **일러스트** 김경환

펴낸곳 골든래빗(주)
등록 2020년 7월 7일 제 2020-000183호
주소 서울 마포구 신촌로2길 19, 302호
전화 0505-398-0505 **팩스** 0505-537-0505
이메일 ask@goldenrabbit.co.kr
SNS facebook.com/goldenrabbit2020
홈페이지 goldenrabbit.co.kr

ISBN 979-11-91905-17-5   93000